Rigidez

Fidelidade ou Heterodoxia?

Pedro Gabriel

En Route Books and Media, LLC
Saint Louis, MO, USA

⊛ENROUTE
Make the time

En Route Books and Media, LLC
5705 Rhodes Avenue
St. Louis, MO 63109

Cover credit: Pedro Gabriel

Copyright © 2024 Pedro Gabriel

ISBN-13: 979-8-88870-207-9
Library of Congress Control Number: 2024942933

Todos os direitos reservados. Impresso nos Estados Unidos da América. Nenhuma parte deste livro pode ser utilizada ou reproduzida, seja de que forma for, sem autorização escrita, exceto no caso de breves citações incluídas em artigos de revisão e crítica.

Para mais informações, contacte: pedrogabrielbooks@gmail.com

Dedicação

Dedico este livro a Nossa Senhora Desatadora dos Nós, de quem o meu querido Papa Francisco é particularmente devoto. Que a Santíssima Virgem desate os nós da rigidez no nosso coração – ela que sempre foi um modelo de ternura e de misericórdia maternas, sempre aberta à vontade de Deus, mesmo quando esta era surpreendente e estranha, guardando humildemente todas as coisas no seu coração.

Dedico este livro também a S. Paulo Apóstolo, a Sto. Agostinho de Hipona, a Sto. Afonso de Ligório e a S. Francisco de Sales, pelas suas intuições espirituais que tanto me ajudaram a escrever estas páginas. Peço a intercessão deles para que esta publicação seja bem sucedida.

Que Deus, por intercessão destes santos, me mostre o caminho da verdade e me ajude a ajudar a Igreja neste momento de necessidade. Que eu nunca caia no erro, mas que ajude a trazer clareza onde há confusão, um espírito misericordioso onde há rigidez, e unidade onde há desunião. Que eu, servo inútil, seja sempre um instrumento da Sua vontade, e nunca da minha própria. Amém.

Índice

Agradecimentos v
Lista de abreviaturas vii

Prefácio ix
Introdução 1

Capítulo 1: Laxismo e a Média Dourada 17
    Aristóteles e virtude 24
    Aquino e as virtudes teologais 31
    Discernimento e epikeia 35

Capítulo 2: Escrupulosidade e a Escravidão da Lei 41
    O perigo espiritual dos escrúpulos 45
    A liberdade dos filhos de Deus 48
    Obediência: o antídoto contra a rigidez escrupulosa ... 54

Capítulo 3: Farisaísmo e a Vida Dupla 63
    Os fariseus nos ensinamentos do Papa Francisco 68
    A máscara exterior 74
    Espírito vs. letra da Lei 79
    Dureza de coração vs. cumprimento da Lei 91

Capítulo 4: Os Judaizantes e o Indietrismo 101
    Permanecer fixado durante a jornada 104
    Pedro e "o Deus das surpresas" 111
    A geografia da salvação de Paulo 118
    Sinodalidade e o Concílio de Jerusalém 124
    Paulo corrige o indietrismo de Pedro 131

Capítulo 5: Donatismo e falta de Misericórdia 137
    Pecados mortais e Comunhão 142
    Submissão às urgências dos tempos 150
    Pureza, Misericórdia e Unidade 154
    Clemência corroborada 163
    A história repete-se 167
    Desconfiança e falta de amor 172

Capítulo 6: Pelagianismo e Autossuficiência 181
    Atletas morais e humanos frágeis 188
    A possibilidade de impecabilidade 193
    Redefinindo a graça 201
    A lei vitoriosa do amor 208

Capítulo 7: Heresias Medievais e Mundanidade Espiritual 219
    Os cátaros 225
    Os *fraticelli* 238
    Os flagelantes 255

Capítulo 8: Jansenismo e Rigorismo 266
    As vésperas do Jansenismo: Calvino e Baio 270
    Factos que não eram direitos 277
    Rigorismo, Laxismo e Probabilismo 289
    Eucaristia: não um prémio para a virtude 298

Conclusão 314

Bibliografia 322

Agradecimentos

Quero agradecer à minha bela esposa Claire Navarro Domingues pelo seu apoio durante a escrita deste e de todos os meus outros livros. Eu não poderia ter conseguido estes objetivos sem a sua valiosa ajuda.

Agradeço ao Prof. Rocco Buttiglione por rever o meu livro, por aceitar escrever o prefácio e pela sua gentileza durante todo este processo.

Também agradeço ao Prof. Robert Fastiggi pelo seu apoio e encorajamento, bem como pelos seus contributos, as suas revisões e o seu endosso.

Finalmente, agradeço ao Prof. Rodrigo Guerra López, Mike Lewis e Andrew Likoudis pela sua leitura beta e pela sua ajuda na divulgação deste livro.

Lista de abreviaturas

Abreviaturas bíblicas:

1 Cor – Primeira Epístola do Apóstolo S. Paulo aos Coríntios
2 Cor – Segunda Epístola do Apóstolo S. Paulo aos Coríntios
1 Sam – Primeiro Livro do Profeta Samuel
Ap – Livro do Apocalipse
At – Livro dos Atos dos Apóstolos
Ex – Livro do Êxodo
Ez – Livro do Profeta Ezequiel
Gal – Epístola do Apóstolo S. Paulo aos Gálatas
Gen – Livro do Génesis
Jer – Livro do Profeta Jeremias
Jo – Evangelho segundo S. João
Lc – Evangelho segundo S. Lucas
Lev – Livro do Levítico
Mc – Evangelho segundo S. Marcos
Mt – Evangelho segundo S. Mateus
Rom – Epístola do Apóstolo S. Paulo aos Romanos

Abreviaturas não bíblicas:

CIC – Catecismo da Igreja Católica.
CDF – Congregação para a Doutrina da Fé.

"Outra atitude que nos impede de ir em frente no conhecimento de Jesus, na pertença de Jesus, é a rigidez: a rigidez do coração... Isto não é fidelidade: a fidelidade é sempre um dom a Deus; a rigidez é uma segurança para mim".

– Francisco, Homilia "Atitudes que impedem de conhecer Cristo"

Prefácio

Este livro do Pedro Gabriel sobre a rigidez oferece um critério para aprofundar a discussão em curso na Igreja entre os chamados "inovadores" e os chamados "tradicionalistas". Ao lê-lo, lembrei-me de um diálogo que tive há muitos anos com Nickolaus Lobkowicz, um grande filósofo e militante pela liberdade. Falávamos da Igreja pré-conciliar, com a firmeza da sua doutrina, o esplendor da sua liturgia, a certeza das suas convicções morais... E, no entanto, toda essa grandeza estava exposta a um risco: o de presumir ser-se salvo apenas pela observância de regras, ou seja, basicamente pelos próprios méritos e perfeição moral.

Há alguns dias, estava a falar um pouco sobre as mesmas coisas com o Padre Wojciech Giertyk OP, Teólogo da Casa Pontifícia. O Padre Giertych falava-me do risco da prática educativa de colocar as virtudes cardeais em primeiro lugar e só depois as virtudes teologais. As virtudes cardeais são as virtudes do bom Homem e do bom cidadão que os antigos já conheciam: prudência, justiça, fortaleza e temperança. As virtudes teologais, por outro lado, são as virtudes do cristão: fé, esperança e caridade. Em inglês, essas virtudes são chamadas, muito apropriadamente, de virtudes divinas. Divinas porque não são o resultado do esforço humano, mas um dom gratuito que vem de Deus e que nos leva à própria vida de Deus. O risco que o Padre Giertyk previu foi o de pensar que o Homem devia e podia, pelo seu esforço moral, conquistar as virtudes cardeais e que Deus o recompensaria concedendo-lhe as virtudes teologais.

S. Paulo diz-nos o contrário: o Homem não é capaz de cumprir a Lei apenas com o esforço da sua vontade. E mesmo que o conseguisse, de nada lhe serviria, porque cairia inevitavelmente no mais grave de todos os pecados: o da soberba, da pretensão de se salvar sozinho. O Papa Francisco, seguindo as pegadas de Paulo, adverte-nos: a graça não é um prémio concedido aos perfeitos. É um apoio dado aos pecadores que muda os seus corações e lhes permite tornarem-se justos.

Tentemos colocar a questão de outra forma. Muitos têm-se esforçado por descobrir uma diferença entre a doutrina moral de Jesus e a dos fariseus. As diferenças não existem e, se existem, são muito pequenas, pelo menos se nos referirmos à escola de Gamaliel. A diferença é a pessoa de Cristo e o anúncio da misericórdia, ou seja, da graça.

A graça e a misericórdia não subtraem à Lei, mas mudam o modo de a abordar: não como um servo cheio de medo, mas como um filho cheio de confiança e esperança. É exatamente esta atitude que Pedro Gabriel tenta explicar e comunicar.

Pensemos na parábola dos talentos. Os servos que traficaram os seus talentos são recompensados. Aquele que guardou os seus talentos, pelo contrário, é castigado. O Evangelho comenta: "A quem tem, ser-lhe-á dado; a quem não tem, ser-lhe-á tirado até o que tem". Para compreender este comportamento tão estranho do Mestre, devemos colocar uma questão: o que teria acontecido se os dois primeiros tivessem traficado os seus talentos e os tivessem perdido? Traficar não é simplesmente conservar e aumentar com o seu trabalho. Traficar é vender e comprar com a esperança de ganhar, mas também expor-se ao risco de perder tudo. E se tivessem realmente perdido tudo, o que teria feito o Mestre?

Um grande santo que me explicou certa vez esta parábola disse simplesmente: "Ter-lhes-ia perdoado". Então, o erro do terceiro servo é não ter confiado na misericórdia, pois esta era a ideia que tinha do Mestre. Os dois primeiros servos olham para o Mestre como um Pai, ou pelo menos como um Amigo. O terceiro tem um espírito de medo e desconfiança.

Na linguagem do Papa Francisco, poderíamos dizer que os dois primeiros servos são animados por um espírito missionário. É evidente que sabem que devem cumprir a Lei do Senhor, mas a sua primeira preocupação não é comprometer-se. A sua primeira preocupação é a de traficar os talentos que receberam, ou seja, levar o dom da fé aos outros. Isto expõe-nos a problemas imprevistos, para os quais temos de inventar soluções novas, por vezes arriscadas.

Pensemos em S. Paulo que foi pregar Jesus aos pagãos e que depois esses pagãos não quiseram observar as prescrições rituais da Lei de Israel. Estavam habituados a comer presuntos e salsichas e não viam por que isso havia de ser um obstáculo para seguir Cristo. De facto, não é um obstáculo, embora não tivesse sido fácil fazer compreender este facto aos cristãos judeus apegados às práticas da Lei.

Ainda assim, os problemas de Paulo foram pequenos perante os de S. José de Anchieta. Ele teve de pregar o Evangelho aos índios tupis, que estavam habituados a pôr na brasa não salsichas, mas cativos inimigos. Aqui o missionário não pôde fazer concessões.

Pensemos nos problemas do pobre Matteo Ricci que foi em missão para a China e descobriu que os chineses queriam ser baptizados juntamente com os seus antepassados. Neste caso, foi necessária uma extensa reflexão teológica que se prolongou por centenas de anos.

Paulo de Tarso, José de Anchieta, Matteo Ricci, não tiveram uma preocupação obsessiva com a sua impecabilidade individual. Todos eles foram homens de grande integridade moral, mas a sua integridade moral não estava no centro dos seus pensamentos, não os fez fugir à aventura da vida. Pelo contrário, a integridade moral é um dom de Deus para aqueles que tomam a peito a sua vocação, a missão da sua vida.

O dom da fé, a memória do encontro com Cristo, conserva-se comunicando-o aos outros, criando comunidade e, neste movimento, assumindo as dificuldades e os problemas daqueles que se encontram, acompanhando-os no seu caminho de fé.

A rigidez é a atitude daqueles que ouvem o anúncio do Evangelho...

mas têm medo de romper com a segurança que a Lei lhes dá. Sejamos claros: não estou a dizer que a observância da Lei não é importante. Estou a dizer que a observância da Lei só se torna verdadeiramente possível no seguimento e na liberdade de Cristo. Jesus foi criticado por comer com publicanos e prostitutas, por ir ao encontro dos pecadores. Ele não ficou no círculo dos bons, dos puros e dos perfeitos, mas foi ao encontro dos pecadores nos lugares da vida real, onde eles se encontravam. É, este, o modelo da "Igreja em saída".

Pedro Gabriel dá-nos um livro maravilhoso sobre uma "Igreja em saída", um apelo à educação de uma personalidade cristã flexível mas com uma espinha dorsal forte e que descobre na fé não um obstáculo à plenitude da vida humana mas um caminho não só para a vida eterna mas também para uma vida cem vezes mais humana na terra.

Introdução

"Estás a ser tão rígido!" Qualquer católico que leve a sua fé a sério já deve ter ouvido esta frase. O Zé pode estar a escusar-se de um passeio dominical espontâneo que os colegas improvisaram, uma vez que tem de ir à missa. O António não pode comer um hambúrguer, porque é uma sexta-feira da quaresma. O Miguel, de dezasseis anos, não quer jogar com um tabuleiro Ouija com os amigos. O Jeremias está chateado porque um certo programa de televisão está a ridicularizar a sua religião.

Esta terrível frase pode surgir noutros contextos, que o mundo pode não reconhecer como estando diretamente relacionados com a fé, mas com a moral – em particular com a moralidade sexual. A Maria não quer ver um certo filme, porque tem demasiado conteúdo explícito. A Inês diz ao namorado que quer esperar até ao casamento antes de ter relações sexuais. O Luís e a Zélia dizem a um professor que estão preocupados com a educação sexual que está a ser dada aos seus filhos sem o seu conhecimento ou consentimento. O ginecologista da Gianna repreende-a, porque a sua família, apesar de saudável, já é demasiado numerosa, pelo que ela deveria tomar contracetivos. O Tomás está numa reunião familiar quando se começa a discutir um tema controverso – por exemplo, o aborto – e ele exprime a sua opinião como qualquer outra pessoa.

"Estás a ser tão rígido!" Em todas estas situações e tantas outras, os católicos já ouviram esta frase. Vinda dos seus amigos e familiares, daqueles que mais amam, das pessoas que lhes são mais próximas. Vindo de não-católicos ou mesmo de outros católicos, que não praticam a sua fé, mas têm uma mentalidade mais secularizada, do tipo "viver e deixar viver". "Estás a ser tão rígido!" Ouviram-no simplesmente porque seguiram ou exprimiram a sua fé, como ela deve ser seguida e expressa.

Devo ser muito claro: em todos estes exemplos, esta calúnia está a ser aplicada injustamente. O mundo está a ser excessivamente laxista, permitindo e tolerando coisas que um católico não pode crer ou fazer, por uma questão de princípio. De um ponto de vista laxista, tudo o que não valida ou não alinha com esta leniência é considerado "rígido", mesmo que fosse considerado simples decência ou senso comum numa sociedade menos relaxada.

No entanto, há aqui um perigo oculto para os nossos irmãos católicos, escondido como uma armadilha debaixo da folhagem do chão. Um mundo laxista chama-os de "rígidos" por serem fiéis, e os católicos rejeitam esse rótulo com razão. Mas os católicos podem então começar a ver o termo "rigidez" como sendo um insulto significando "fidelidade".[1] Podem então começar, por um processo de associação, a equiparar "rigidez" a "fidelidade".[2] A partir desse momento, sempre que alguém critica a rigidez, isso pode ser tomado como um distintivo de honra.[3] Estes católicos reagiram forte e

---

[1] Pokorsky. "Rigidity Dog Whistle."

[2] Lambert, "What Does the Pope Mean By 'Rigid'?" (a tradução e a ênfase a partir de agora são sempre minhas, salvo indicação em contrário): "O problema torna-se claro a partir deste mesmo facto: os católicos vêem a rigidez – a fidelidade – como uma coisa boa! Claro que sim! Lembro-me, quando era jovem, de um padre que me disse que a Igreja Católica era como uma grande âncora no mar do caos... Mantém-se firme. É a Rocha. Nós somos fiéis, firmes... Rígidos. O uso deste termo como um pejorativo parece contra-intuitivo para qualquer católico, porque somos, por definição, rígidos na nossa fé".

[3] "Being 'Rigid' Is a Badge of Honor, Your Holiness." *One Peter Five*.

adequadamente contra uma falsa acusação, mas depois permaneceram fixados na reação.

A situação complica-se quando o Papa, o chefe visível da Igreja Católica, o garante da unidade e da ortodoxia, começa a criticar a rigidez como um vício. Mais do que isso, quando eleva essa crítica a uma marca caraterística do seu pontificado. Isto foi precisamente o que aconteceu com o Papa Francisco. Nestas circunstâncias, o que deve um católico fazer? Na minha experiência, há duas respostas possíveis, que partem de premissas diametralmente opostas.

A primeira resposta é: o católico senta-se por um momento a digerir as palavras do Papa. Medita sobre elas. E chega à conclusão de que o Papa está, de facto, a alertar para um perigo espiritual real, como um bom pastor deve fazer. O católico deve, então, fazer um exame de consciência para avaliar se está ou não a praticar esta rigidez. Isto torna-se ainda mais urgente se o católico perceber que as palavras de Francisco estão a tocar-lhe num ponto nevrálgico. Obediente, humilde, desejoso de progredir no seu caminho espiritual, este católico procura assimilar as lições do pontífice no seu ser e na sua práxis,[4] mesmo que isso seja acompanhado de

---

Ver também LiMandri, "Faithful Catholics are condemned for being too rigid. They should wear the label proudly."

[4] Ver, por exemplo, Lewis. "Why does Pope Francis pick on 'rigid Christians'?": "É bastante claro que Francisco a tocar num ponto nevrálgico com este tipo de discurso, dada a reação que recebe de cada vez que o faz... Quando as pessoas começam a abrir-se à pessoa de Cristo e a desejar construir uma relação com Ele, é então que os seus corações se abrem a ensinamentos morais difíceis... Para aqueles de nós que têm uma tendência para a rigidez na nossa fé, levemos a sério as palavras do Santo Padre, em vez de troçarmos ou criticarmos o Papa por nos chamar à atenção. Devemos, como nos recorda Francisco, examinar os nossos

muitas dificuldades e quedas pelo caminho.

A segunda resposta é invariavelmente: "Por que está o Papa Francisco a implicar com católicos fiéis?"⁵ Aqui, podemos ver a associação mental inerente entre "rigidez" e "fidelidade". O Papa Francisco não criticou a fidelidade, apenas a rigidez. Mas o católico aqui afirma que Francisco está a atacar "católicos fiéis", definidos como tal pelo próprio católico que sente o ferrão das palavras do pontífice.⁶ Uma vez que não é próprio de um papa recriminar católicos fiéis pela sua fidelidade, então algo mais deve estar em jogo. "Rigidez" deve ser – assim argumentam – um termo inventado por Francisco para simplesmente eliminar a resistência contra ele.⁷ Ou

---

corações e consciências para discernir onde é que nos fechámos aos outros e ao movimento do Espírito Santo nas nossas vidas. Só então poderemos tornar-nos a Igreja evangelizadora que somos chamados a ser".

⁵ Chretien, "Pope Francis on the young": "O Papa Francisco critica frequentemente *os católicos fiéis* usando este tipo de retórica. Ele tem criticado a 'rigidez excessiva' dos católicos que acreditam em absolutos morais". Ver também "Pope Spits At Faithful Catholics Again," *Catholicism Pure & Simple*.

⁶ Lawler. "Pope Francis has become a source of division": "Se o Santo Padre me estivesse a repreender pelos meus pecados, eu não teria razões de queixa. Mas, dia após dia, o Papa repreende-me a mim – e a inúmeros milhares de outros católicos fiéis – por nos agarrarmos, e por vezes sofrermos, pelas verdades que a Igreja sempre ensinou. Somos rígidos, diz-nos ele".

⁷ Lambert, "What Does the Pope Mean By 'Rigid'?": "Este termo [rígido] não aparece nas Escrituras ou na Tradição da Igreja, é uma inovação bergogliana. É algo que ele usa como um martelo contra aqueles de quem discorda". Ver também "Pope Spits At Faithful Catholics Again," *Catholicism Pure & Simple*: "Será que toda esta conversa de 'rígido é mau' faz parte de uma estratégia para nos fazer engolir a Amoralis Lamentia?" (um jogo de palavras com o título do documento magisterial *Amoris*

Introdução

deve ser uma cortina de fumaça erguida por um papa liberal, uma distração para esconder o verdadeiro inimigo: o laxismo do mundo, tão difundido nos nossos dias.[8] Ou talvez o Papa esteja apenas confuso e não saiba o que está a dizer. Seja como for, uma coisa parece ser uma certeza entre os que respondem assim: se um católico se pretende manter fiel, as advertências do Papa devem ser ignoradas.[9]

Parece-me evidente que estas duas respostas são irreconciliáveis. Assim, para tomar uma decisão sólida, é preciso perguntar: qual das duas abordagens é a correta? Haverá tal coisa como "rigidez" na tradição católica? Existe algo como ser "demasiado fiel"?

Laetitia de Francisco, de modo que significaria "lamentação amoral" em latim).

[8] Ibid.: "O que é que se responde a isto para além de 'Demente!' – É simplesmente demente! Demente é ficar a olhar para o próprio umbigo e exacerbar as divisões dentro da Igreja, quando temos tantos desafios ao Evangelho vindos da cultura secular. O relativismo e o culto da auto-idolatria e da auto-adoração estão a pressionar o Cristianismo em todos os ângulos e tudo o que a Igreja Católica parece fazer é acomodar-se e apaziguar. O poderoso remédio que a Igreja Católica tem para estes males da sociedade – que estão a causar danos reais à nossa cultura e aos nossos filhos neste momento – está fechado num armário enquanto o Papa arregaça as mangas e lida com... RIGIDEZ". Ver também "Pope Spits At Faithful Catholics Again", *Catholicism Pure & Simple*: "Já repararam quantas vezes ele nos agride, mas não emite um único pio contra aqueles que brincam com os ensinamentos de Jesus Cristo relativos à fé e à moral?"

[9] "Being 'Rigid' Is a Badge of Honor, Your Holiness." *One Peter Five*: "Francisco espera isso mesmo; ele quer que os seus insultos públicos nos levem a renegar a rigidez, a arrepender-nos... Em vez disso, regozijar-nos-emos... Por isso, desejamos permanecer apegados, mesmo de forma rígida, às tradições da Igreja, que foram protegidas e transmitidas para a honra e glória de Deus ao longo de todas as gerações".

Permitam-me que comece por responder à última pergunta. Não, não existe isso de ser "demasiado fiel". Deus exige de nós uma fidelidade radical, mais radical do que aquela que alguma vez poderemos oferecer. Por isso, a nossa fidelidade nunca pode, por definição, ser suficiente. Mas mesmo que não exista "ser demasiado fiel", isso não implica que não exista rigidez, porque "rigidez" e "fidelidade" são dois conceitos distintos. O problema é: a rigidez pode, de facto, ser confundida com "ser demasiado fiel". É aí que reside o espinho.

Se me permitem a ousadia, gostaria de pedir emprestada uma metáfora do famoso apologista C.S. Lewis. É certo que ele utilizou esta analogia com outra finalidade, mas penso que posso adaptá-la adequadamente para ilustrar melhor o que quero dizer. Imaginemos que somos caminhantes, que deixamos a azáfama da cidade para fazer uma caminhada na montanha em direção a uma pequena aldeia no campo (doravante, a tradução e a ênfase nas citações estrangeiras são sempre minhas, salvo indicação em contrário):

> Ao meio-dia chegamos ao cimo de um penhasco onde estamos, espacialmente, muito perto da aldeia, porque esta está mesmo por baixo de nós. Podíamos atirar uma pedra, que cairia lá. Mas como não somos montanhistas, não podemos descer. Temos de dar uma grande volta, talvez oito quilómetros. Em muitos pontos durante esse *percurso*, estaremos, estaticamente, mais longe da aldeia do que estávamos quando nos sentámos em cima do penhasco. Mas apenas *estaticamente*. Em termos de *progresso*, estaremos

muito mais "perto" dos nossos banhos e chás.[10]

A pequena aldeia do interior é o nosso objetivo, a meta da nossa viagem espiritual. É muito provável que só a alcancemos no momento da nossa decisão final, aquando da nossa morte. No entanto, é nosso dever de cristãos posicionarmo-nos o mais próximo possível dessa aldeia, para que a morte seja apenas o último passo. Quanto mais perto estivermos da aldeia, mais perto estaremos da meta, e mais perto estaremos da fidelidade total.

Assim, o católico tem duas maneiras de avaliar a sua proximidade com a meta: em termos de *distância estática* e em termos de *progresso*. Se voltarmos à analogia, penso que é óbvio que pensar em termos de progresso é um esforço muito mais proveitoso. Pensar em termos de distância estática pode ser muito interessante quando se entretêm considerações teóricas e abstratas, mas ninguém organiza uma caminhada com o objetivo de chegar ao ponto matematicamente mais próximo possível sem qualquer desvio. Isso significaria que não se poderia chegar à aldeia, porque não se poderia ir além da ponta do penhasco – sem cair para a morte, pelo menos. Mas é de facto possível chegar à aldeia se considerarmos o nosso caminho como um progresso. É este o princípio que está por detrás do famoso axioma do Papa Francisco: "o tempo é maior do que o espaço".[11] O progresso em direção à fidelidade é mais

---

[10] Lewis. *The Four Loves*, 5.

[11] Francisco, *Evangelii Gaudium*, 222-223: "O 'tempo', considerado em sentido amplo, faz referimento à plenitude como expressão do horizonte que se abre diante de nós, e o momento é expressão do limite que se vive num espaço circunscrito. Os cidadãos vivem em tensão entre a conjuntura do momento e a luz do tempo, do horizonte maior, da utopia que nos abre

importante do que a distância absoluta. Alguém sentado no topo do penhasco – visto ser esse o ponto de menor distância estática – congelou a sua jornada espiritual nesse ponto. Está, portanto, numa posição menos favorável do que alguém que avança obstinadamente em direção à meta, mesmo que este último ainda esteja no início da viagem.[12]

Um crítico pode objetar que ele não está estático, que também está a progredir. Muitos destes católicos tiram as suas conclusões a partir das suas próprias experiências. Eles lutaram e progrediram, de facto. Abandonaram – ou estão corajosamente em processo de abandonar – certas crenças erradas, comportamentos sexuais ou outros vícios considerados normais ou mesmo saudáveis pela nossa sociedade laxista. A sua "rigidez" deriva de uma sede de verdade, sede essa que só foi saciada quando alguém lhes falou da plenitude da fé católica. Só então se curaram das mentiras do mundo, que antes os enredaram e anestesiaram. É evidente que desejam que toda a humanidade experimente a mesma libertação – e isso é muito

---

ao futuro como causa final que atrai. Daqui surge um primeiro princípio para progredir na construção de um povo: *o tempo é superior ao espaço*. Este princípio permite trabalhar a longo prazo, sem a obsessão pelos resultados imediatos. Ajuda a suportar, com paciência, situações difíceis e hostis ou as mudanças de planos que o dinamismo da realidade impõe. É um convite a assumir a tensão entre plenitude e limite, dando prioridade ao tempo" (tradução original do website do Vaticano).

[12] Buttiglione, *Risposte Amichevoli*, 119: "Se ninguém pode escapar à sua cruz, também é verdade que nenhuma história começa com a cruz. Ela é um caminho. Neste caminho, 'o tempo é maior do que o espaço'. Em que direção caminha o pecador? Em direção à casa do Pai ou para longe dela? A direção do movimento (marcada pelo tempo) conta mais do que a distância absoluta".

generoso da sua parte.

Mas atenção que o caminhante sentado no topo da falésia *também* progrediu. Ele não se teletransportou para esse ponto. Abandonou as comodidades da cidade, com os seus salões e os seus bares, com os seus motéis e os seus Wi-fis, com as suas lojas de marca e os seus cinemas, para fazer uma viagem pelos trilhos escarpados, ásperos e perigosos da montanha. Certamente, chegar ao cimo desse penhasco foi um triunfo que não se deve minimizar.

No entanto, repare-se que C.S. Lewis coloca o caminhante no penhasco ao meio-dia. A viagem está apenas a meio. O caminhante conquistou a montanha, mas, para atingir o seu objetivo, tem agora de descer até à aldeia. Tendo vencido os pecados da carne – uma jornada ascendente de luta – ele deve agora vencer os muito mais perigosos pecados do espírito – uma jornada descendente de humildade.[13]

Posso até completar a metáfora de Lewis com uma ideia de outro apologista formidável: G.K. Chesterton disse certa vez que desejava escrever sobre alguém viajando pelo mundo inteiro, apenas para chegar ao mesmo sítio, a casa que tinha deixado no início do livro.[14] Talvez o nosso caminhante tenha de descer da montanha e regressar à cidade de onde veio, não para se entregar de novo aos prazeres da vida citadina, mas para tentar convencer os que estão mergulhados

---

[13] Francisco. "Coletiva de Imprensa durante o Voo de Retorno do Chipre e Grécia": "Isto é pecado, mas não é dos pecados mais graves, porque os pecados da carne não são os mais graves. Os pecados mais graves são os que têm mais 'angelicidade': o orgulho, o ódio... estes são mais graves". Este raciocínio é, de facto, muito tradicional, como o prova decisivamente Schneider. "Aquinas: Some Sins Worse Than Sexual Sins."

[14] Chesterton. *The Everlasting Man*, 9.

na sua alienação a virem com ele respirar o ar puro da montanha.

Pode-se argumentar que é mais seguro ficar no topo da montanha, sem descer. Afinal de contas, esse é o ponto mais próximo do destino que se pode alcançar sem desvios. Se concebermos a fidelidade como um estado da alma, ou como uma espécie de lugar sagrado que dimana o seu brilho na nossa direção, então podemos sentir que a melhor opção é esforçarmo-nos por estar o mais próximo possível dela sem necessariamente a alcançar – o que, nesta definição, seria impossível. Seria um pouco como uma pessoa com frio que tenta ficar o mais perto possível da lareira sem estar dentro dela. Por outro lado, o nosso caminhante pode perder-se se se afastar mais do penhasco, por caminhos que, à primeira vista, parecem afastar-se do objetivo. Porquê correr esse risco se já se está o mais próximo possível do objetivo? Da mesma forma, pode-se argumentar que o enfoque excessivo de Francisco na rigidez é contraproducente. Mesmo que ele tenha razão, não será mais seguro pecar por excesso de rigidez do que de laxismo?

Voltaremos a este ponto no capítulo 8. Para já, devo dizer que considero esta ideia errada por três razões. Em primeiro lugar, não é suposto estarmos "seguros" na nossa viagem. Um outro cume de montanha, mencionado na Bíblia, diz-nos isso mesmo. Durante o episódio da transfiguração no cimo do Monte Tabor, Pedro proclamou: "Mestre, é bom estarmos aqui. Podemos levantar três tendas".[15] Pedro estava tão deslumbrado com a majestade do milagre que queria montar tendas e ficar por ali. Mas a Bíblia acrescenta rapidamente que ele não sabia o que estava a dizer.[16] A

---

[15] Lc 9,33.
[16] Ibid.

transfiguração rapidamente terminou e Jesus e os discípulos tiveram de descer do monte, onde os esperava a labuta – e até a cruz.

    Seguir Cristo não é suposto ser um esforço "seguro". Mesmo aqueles que defendem a rigidez como uma virtude admitem este facto, embora normalmente o defendam para evitar teologias laxistas. Este laxismo tenta acalmar-nos com uma visão do mundo tranquilizadora, dizendo-nos que não precisamos de sair da nossa zona de conforto.[17] Mas Jesus pede-nos um seguimento radical: "Se alguém vem a mim e se não me ama mais que seu pai, sua mãe, sua mulher, seus filhos, seus irmãos, suas irmãs e até a sua própria vida, não pode ser meu discípulo. E quem não carrega a sua cruz e me segue, não pode ser meu discípulo".[18] Seguir Cristo não é permanecer na posição mais segura, mas antes uma viagem contínua, em que nos é pedido que sacrifiquemos tudo por Ele: até a nossa rigidez.

    Mas por que temos de sacrificar a nossa posição segura em nome da viagem? Isto leva-nos ao segundo ponto: enquanto estamos a viajar, não há posições seguras. Quer fiquemos parados ou prossigamos, o perigo virá bater-nos à porta. O caminhante no topo do nosso penhasco metafórico pode pensar que está melhor naquele

---

[17] "Being 'Rigid' Is a Badge of Honor, Your Holiness." *One Peter Five*: "Satanás não fala em termos que nos assustam; ele fala palavras de encorajamento. Tudo o que Deus disse não é o que Ele realmente quis dizer! É tudo realmente muito equívoco. A morte não é um castigo para a desobediência: 'Ele disse que morrerás? Certamente não morrerás!' Ele usa a misericórdia de Deus para nos consolar: 'Ordena a estas pedras que se transformem em pães!' 'Ele encarregará os seus anjos de te guardarem e de te sustentarem pelas suas mãos, para que não tropeces em alguma pedra'".

[18] Lc 14,26-27.

lugar, tão matematicamente perto do objetivo quanto possível. Quem sabe quais os perigos que o esperam se prosseguir o seu caminho? Talvez seja atacado por lobos ou caia numa vala de onde não conseguirá sair. Se o caminhante se sentar no topo do penhasco, conseguirá ver o perigo a aproximar-se de todas as direções. Mas isso é uma ilusão, causada pelo sol luminoso do meio-dia. Mais cedo ou mais tarde, cairá a noite e os lobos vaguearão tanto perto da falésia como em qualquer outro sítio. Ou pode acontecer que o penhasco não seja tão firme como o caminhante pensava. Pode rachar, mergulhando-o na sua perdição. Ou o caminhante pode ficar demasiado confiante na sua posição segura e aventurar-se demasiado perto do penhasco, tropeçando e caindo na escuridão.

O único sítio seguro é a casa. Nenhum local ao longo da viagem é uma casa: quando muito, é um acampamento. Só uma estalagem na aldeia, com as suas paredes e o seu teto, os seus chás e os seus banhos, é segura. Podemos ter a ilusão de que ao nos afastarmos da segurança do penhasco, estamos a ser conduzidos a uma posição insegura. Mas, ao aproximarmo-nos do nosso objetivo através do progresso – e não da distância estática – a viagem está, na verdade, a levar-nos em direção à posição mais segura, a única que realmente existe.

Por fim, o terceiro erro é pensar que a rigidez é, à partida, a atitude mais prudente. Como já disse, é fácil confundir fidelidade com rigidez. Mas os precedentes históricos mostram-nos que a rigidez é tão propensa à infidelidade como o laxismo. Ao longo da história da Igreja, houve tantas heresias rigoristas como laxistas. O objetivo deste livro é precisamente trazê-las à luz, para que o leitor possa compreender como o cálculo prudencial em favor do

Introdução

rigorismo não é tão favorável à sua alma como se poderia pensar à primeira vista.

Mas alguém poderá argumentar: estas heresias rígidas do passado não têm nada a ver com o que Francisco denuncia! Os tradicionalistas ou conservadores atuais não são fariseus ou donatistas. Não partilham os mesmos princípios. Há diferenças teológicas e ideológicas substanciais entre os rigorismos de outrora e os alegados rigorismos de hoje. Afinal de contas, mesmo aqueles que criticam o Papa Francisco admitem frequentemente que *há* um certo perigo na rigidez.[19]

É uma objeção justa. No entanto, deve haver algo em comum entre estes diferentes tipos de rigidez, caso contrário não partilhariam a mesma categoria. Mesmo que não devamos confundi-los, talvez possamos aprender com as lições do passado.

Além disso, se reconhecermos que há, de facto, diferentes tipos de rigidez, estamos a questionar a premissa de que rigidez e fidelidade são uma e a mesma coisa. Se há uma diferença entre a rigidez donatista e a rigidez condenada atualmente pelo Papa

---

[19] Ver, por exemplo, Pokorsky. "Rigidity Dog Whistle": "Mas o bispo mediano teme a obstinação clerical – um medo que, *segundo creio, tem fundamento*. Por isso, os seminaristas viviam com medo de serem acusados de 'rigidez', ou seja, de se manterem fiéis à Fé... Cometi muitos pecados, e sei que um apego rígido aos meus defeitos predominantes está entre eles. Mas ainda bem que as minhas confissões estão protegidas pelo rígido 'Selo de Confissão' da Igreja. Que esta e muitas outras tábuas rígidas da Barca de Pedro apoiem a nossa fé agora e para sempre". Ver também Williamson. "Moral Rigorism and the Jansenist Monster": "No mundo moderno, o rigorismo moral não é o flagelo que já foi. *Sim, todos temos de nos precaver contra ele, pois é fácil cair nele, especialmente para os católicos praticantes piedosos. No entanto...*"

Francisco, então também pode haver uma diferença entre a rigidez condenada pelo Papa Francisco e a rigidez da fidelidade. Ao olharmos com nuance para o fenómeno da rigidez na história católica, podemos aceitar que o Papa Francisco pode estar a avisar os fiéis de um verdadeiro perigo espiritual, e não a repreendê-los pela sua fidelidade.

Mas, afinal, o que é que Francisco quer dizer com "rigidez"? Aqueles que não aceitam os seus ensinamentos têm afirmado que o termo é ambíguo, e que é impossível saber o que o Papa realmente quer dizer, a menos que ele esclareça o seu significado.[20] Infelizmente, o termo "ambiguidade" tem sido usado reflexamente ao longo do pontificado de Francisco como uma etiqueta para todos os seus ensinamentos que não se conformam com uma certa mentalidade[21] – ironicamente a mentalidade que tende a defender a rigidez. Este uso da palavra "ambiguidade", ao minar efetivamente o magistério de Francisco, evita os esclarecimentos que alegadamente procura.

No entanto, no momento em que este livro foi escrito, uma pesquisa pela palavra-chave "rigidez" no website do Vaticano gerou um total de 144 resultados para o Papa Francisco. É difícil

---

[20] Lambert, "What Does the Pope Mean By 'Rigid'?": "Sejamos honestos, este termo é tipicamente bergogliano. Ninguém sabe ao certo o que significa exatamente. Não percebo por que ninguém no Vaticano o agarra e lhe diz para se explicar ou para se calar... Na melhor das hipóteses, o termo é uma metáfora vaga que, por si só, exige esclarecimentos – quão típico do Papa Francisco!... Brian Holdsworth faz um excelente trabalho ao apontar as razões pelas quais o Papa deveria PARAR de usar este termo confuso e ambíguo neste vídeo".

[21] Ver, por exemplo, Hitchens. "An Ambiguous Exhortation".

Introdução

argumentar que uma palavra usada com tanta frequência permaneça ambígua. É mais plausível afirmar que um uso tão generalizado da palavra pode ser, na verdade, uma tentativa de fornecer o "esclarecimento" tão frequentemente solicitado. E, de facto, quando começamos a ler estes discursos e escritos papais com um espírito aberto, começamos a notar certas ideias recorrentes. Estas formam padrões que nos ajudam a elucidar o que o Papa quer dizer com a palavra "rigidez".

Neste livro, eu peguei nestes padrões recorrentes e tentei relacioná-los com o que partilham com as heresias rigoristas do passado. Mais uma vez, não se trata de estabelecer um paralelo perfeito entre a rigidez denunciada pelo Papa Francisco e essas heresias do passado, mas de realçar o que podemos aprender com essas heresias antigas e aplicá-lo hoje. Ao fazê-lo, espero, pelo menos, ajudar o leitor a compreender a distinção fundamental entre rigidez e fidelidade, para que não tenha medo de seguir o magistério de Francisco.

Por isso, dividi este livro nos seguintes capítulos:

Capítulo 1: Como se opor tanto ao laxismo como à rigidez, recorrendo à ética da virtude tomista-aristotélica.

Capítulo 2: O problema espiritual da escrupulosidade, em contraste com a liberdade proporcionada pelo Evangelho.

Capítulo 3: Os doutores da Lei no tempo de Jesus à luz das preocupações do Papa Francisco sobre uma "vida dupla".

Capítulo 4: A heresia judaizante e o erro de ficar parado no passado.

Capítulo 5: A controvérsia donatista e a necessidade de misericórdia.

Capítulo 6: Os pelagianos e a questão da autossuficiência.

Capítulo 7: As heresias medievais dos cátaros, dos *fraticelli* e dos flagelantes, considerando a tentação da mundanidade espiritual.

Capítulo 8: Os jansenistas e o erro do Rigorismo.

Espero que esta leitura seja proveitosa para o leitor, quer do ponto de vista espiritual, quer do ponto de vista apologético. Espiritual, para que ajude o leitor a identificar o perigo espiritual da rigidez, ainda mais pernicioso porque tende a escapar ao radar da alma, disfarçando-se de fidelidade. Apologético, para que mais católicos conheçam a espiritualidade e o magistério do Papa Francisco, dissipando ideias erradas e preconceituosas em torno do seu pontificado, para que os seus ensinamentos sejam mais proveitosos para a Igreja em geral e para cada um em particular. Assim, sem mais delongas, comecemos.

Capítulo 1

Laxismo e a Média Dourada

E é preciso evitar os dois extremos opostos: o rigorismo e o laxismo. Nem um nem outro fazem bem, porque na realidade não se ocupam da pessoa do penitente. Pelo contrário, a misericórdia ouve deveras com o coração de Deus e quer acompanhar a alma no caminho da reconciliação

— Francisco, Discurso a um Curso organizado pela Penitenciária Apostólica

A primeira grande controvérsia do pontificado de Francisco estalou quando este publicou a exortação apostólica *Amoris Laetitia*. Neste documento, o pontífice instituiu uma nova disciplina sacramental. Antes de *Amoris Laetitia*, os casais divorciados e recasados só podiam comungar se vivessem sem relações sexuais, "como irmão e irmã". Mas agora, os divorciados e recasados podiam comungar se, após um exame de consciência, tivessem constatado que não tinham cometido um pecado mortal devido a circunstâncias atenuantes diminuindo a sua culpabilidade subjetiva.[1]

Os críticos de Francisco apontaram que tal afrouxamento das restrições previamente em vigor incorria no perigo de laxismo,[2]

---

[1] Para uma explicação mais detalhada sobre a razão pela qual esta é a interpretação mais plausível para a *Amoris Laetitia* e por que é perfeitamente ortodoxa, ver Gabriel. *The Orthodoxy of Amoris Laetitia*.

[2] Ver, por exemplo, Leone. "The Church and the Asmodeus": "Como

especialmente quando recebido por uma sociedade hedonista e secularizada. Alguns desses críticos, mais moderados, disseram que *Amoris Laetitia* não era expressamente laxista, mas que, ainda assim, poderia ser interpretada de forma laxista.³ Outros argumentaram que esta ambiguidade era intencional, para que os laxistas pudessem conseguir o que queriam, enquanto se negava que tal era verdade.⁴

---

já foi referido, a grande novidade da *Amoris Laetitia* é a defesa do adultério. À luz deste laxismo, não podemos deixar de ficar alarmados com a análise que o Papa faz da sexualidade dos jovens contemporâneos em termos exclusivamente sociológicos e psicológicos, sem qualquer referência à moral. A impureza, a sós ou com outrem, não é condenada em lado nenhum. De facto, como observámos acima, parece ser ativamente encorajada". Ver também Harrison, "*Amoris Laetitia* Laxity Trickles Down."

³ Ver, por exemplo, van den Aardweg *et al. Correctio filialis*: "As afirmações [em *Amoris Laetitia*] que, à primeira vista, contradizem a fé podem dever-se a um simples erro da parte do Papa Francisco, e não a uma rejeição voluntária da fé. No entanto, quando se trata do documento em si, não há dúvidas de que ele constitui um grave perigo para a fé e a moral católicas. Contém muitas afirmações cuja indefinição ou ambiguidade permitem interpretações contrárias à fé ou à moral, ou que sugerem uma afirmação contrária à fé e à moral sem de facto a afirmarem". Ver também Longley, "*Amoris Laetitia*: Pope Francis Has Created Confusion Where We Needed Clarity": "[*Amoris Laetitia*] é uma confusão. Nessas circunstâncias, o único conselho possível é seguir os instintos e intuições da própria consciência da forma mais honesta possível, consultando qualquer pessoa durante este processo. Deixe-se os liberais interpretarem o documento de forma liberal e os conservadores de forma conservadora. Mas não se deixe que alguém lhes diga que estão errados, porque ninguém tem a certeza disso".

⁴ Ver, por exemplo, Reno. "A Stubborn Givenness": "Francisco não diz, de facto, que os católicos divorciados e recasados podem receber a comunhão. *Amoris Laetitia* afirma explicitamente o ensinamento da Igreja

Capítulo 1: Laxismo e a Média Dourada

Outros ainda, mais ousados, chegaram ao ponto de dizer que o Papa Francisco estava a promover ativamente o adultério,[5] um laxismo extremo na doutrina católica.

Será esta uma leitura exata das manifestas mente e vontade do Papa Francisco sobre o assunto? Parece difícil afirmar isso, uma vez que o pontífice condenou explicitamente uma interpretação laxista do documento. Uns dias após a publicação de *Amoris Laetitia*, Francisco deu uma entrevista durante o voo de regresso da sua visita à ilha grega de Lesbos. Nesta entrevista, Francisco foi questionado por Frank Rocca, correspondente do *Wall Street Journal*, se existiam novas e concretas possibilidades de acesso eucarístico aos divorciados e recasados que não existiam antes da publicação da exortação. Francisco remeteu os jornalistas para a apresentação feita pelo Cardeal Christoph Schönborn durante a conferência de imprensa de apresentação da *Amoris Laetitia*, alguns dias antes.[6]

Nesta apresentação, os jornalistas literalmente perguntaram a

---

sobre o matrimónio. Mas em longas digressões sobre as complexidades do discernimento moral e pastoral, Francisco fornece muitas justificações para outros dizerem que, sim, em situações particulares, os católicos divorciados e recasados podem receber a comunhão. Ao mesmo tempo, Francisco insiste que o ensinamento católico sobre o matrimónio deve ser afirmado. A ambiguidade parece intencional, concebida para aumentar o espaço para a discrição pastoral".

[5] Ver, por exemplo, McCusker. "Key Doctrinal Errors and Ambiguities of *Amoris Laetitia*": "A implicação disto é que, por vezes, pode ser apropriado tolerar, ou mesmo, talvez, como seria a consequência lógica, encorajar, o adultério". Ver também, mais uma vez, Leone. "The Church and the Asmodeus": "Como já foi dito, a grande novidade de *Amoris Laetitia* é a defesa do adultério".

[6] Francisco. "Conferência de Imprensa no Voo de Regresso de Lesbos".

Schönborn se *Amoris Laetitia* não favorecia um certo laxismo, um desrespeito pela doutrina. O cardeal respondeu:

> O Papa não deixa margem para dúvidas sobre o ensinamento da Igreja e, para evitar qualquer interpretação errónea, recorda que "de modo algum, deve a Igreja renunciar a propor o ideal pleno do matrimónio, o projeto de Deus em toda a sua grandeza" (AL 307). Mas afirma também, usando palavras fortes, que "é mesquinho deter-se a considerar apenas se o agir duma pessoa corresponde ou não a uma lei ou norma geral, porque isto não basta para discernir e assegurar uma plena fidelidade a Deus na existência concreta dum ser humano". (AL 304). Não sejamos mesquinhos![7]

Noutra parte da mesma apresentação, Schönborn volta a colocar o laxismo e o rigorismo como dois extremos igualmente erróneos do mesmo espetro:

> A [*Amoris Laetitia*] é realista e não cede ao alarmismo: não há obsessão com casos críticos ou situações complexas. Francisco escreve sobre as coisas do nosso tempo: os riscos, os desafios, os sofrimentos com uma profunda compaixão pelo que está a ser vivido, *sem cair no rigorismo ou no laxismo...* Temos aqui a exposição de uma moral que se inspira na grande tradição inaciana (o discernimento da consciência) e na grande tradição dominicana (a moral das

---

[7] Schönborn, "Conversation with Cardinal Schönborn."

virtudes). *Voltámos as costas às moralidades da obrigação, cujo extrinsecismo gera tanto laxismo como rigorismo.* Em vez disso, voltamos a ligar-nos à grande tradição moral católica.[8]

Isto não é para ser tomado de ânimo leve. O próprio Francisco sublinhou esta ideia, para que as pessoas não a ignorassem. Alguns meses mais tarde, Francisco voltou a referir-se à apresentação de Schönborn, ecoando a crucial distinção feita pelo cardeal:

Nenhuma delas é verdadeira: *nem o rigorismo nem o laxismo são verdades*. O Evangelho escolhe outro percurso… Para vossa tranquilidade, devo dizer-vos que tudo o que está escrito na Exortação — e retomo as palavras de um grande teólogo que foi secretário da Congregação para a Doutrina da Fé, o Cardeal Schönborn, que a apresentou — tudo é tomista, do início ao fim. É a doutrina segura. Mas muitas vezes nós queremos que a doutrina segura tenha aquela certeza matemática que não existe, *nem com o laxismo, de mãos-largas, nem com a rigidez*.[9]

Esta dicotomia aparece noutras ocasiões do seu pontificado, não necessariamente relacionadas com a *Amoris Laetitia*. Francisco é muito claro quando diz que as suas críticas à rigidez não devem ser interpretadas como um apoio ao laxismo. Numa das suas habituais

---

[8] Ibid.
[9] Francisco. "Discurso na Abertura do Congresso Eclesial" (tradução do website do Vaticano).

meditações matinais, intitulada "A fé não se vende", Francisco explicou que existe a tentação de cercear a fé, de se comportar mais ou menos "como toda a gente", de *"não se ser demasiado rígido"*.[10] Francisco explicou então que devemos resistir a essa tentação, pois esse caminho termina em apostasia. A fé não é negociável.[11] Segundo Francisco, devemos viver uma atitude diária de conversão, que exige "vigilância tanto sobre a rigidez, como sobre a tolerância excessiva e confortável".[12]

Outro aspeto em que Francisco evita frequentemente o laxismo diz respeito ao sacramento da Reconciliação. Tal como a rigidez é por vezes confundida com fidelidade, também o laxismo é por vezes confundido com misericórdia (ver capítulo 5).[13] Mas nem o confessor indulgente, nem o severo são verdadeiramente misericordiosos. O confessor severo pontifica "Não, a Lei diz...", enquanto o laxista advoga: "Vai, tranquilo, Deus perdoa tudo. Vai, vai!"[14] Ambos estão, de facto, a "lavar as próprias mãos do penitente": o primeiro simplesmente "fixa-se na Lei entendida de modo insensível e rígido", o segundo "minimizando o pecado", não levando "a sério o problema daquela consciência".[15] A este respeito, *"nem o laxismo nem o rigorismo fazem crescer a santidade"*.[16] Ao limitarem-se a repetir mantras pré-fabricados ao penitente, tanto os

---

[10] Francisco. "Faith is not sold."

[11] Ibid.

[12] Francisco. "Discurso aos Participantes dos Capítulos Gerais".

[13] Francisco. "Discurso a um Curso organizado pela Penitenciária Apostólica".

[14] Ibid.

[15] Francisco. "Discurso aos Párocos da Diocese de Roma".

[16] Ibid.

Capítulo 1: Laxismo e a Média Dourada

confessores indulgentes como os severos estão a eximir-se da exigente tarefa de acompanhar o pecador. Mas ser misericordioso significa "ocupar-se do irmão ou da irmã e ajudá-los a caminhar".[17] "A verdadeira misericórdia interessa-se pela pessoa, ouve-a atentamente, aproxima-se com respeito e com verdade da sua situação, acompanhando-a no caminho da reconciliação".[18] Por isso, pede-se aos sacerdotes que estejam atentos a duas tentações opostas: a rigidez, conducente a um clericalismo estéril, e o secularismo, que conduz à mundanidade.[19]

Mas estarão todos estes ensinamentos fundamentados em teologia católica tradicional? Se se deve evitar o laxismo, como o Papa Francisco nos exorta a fazer, isso não significa que se deve abraçar a rigidez? E se opor-se ao laxismo é fidelidade, não significa isso que a rigidez é fidelidade? Para responder a estas questões, temos de mergulhar na ética da virtude tomista-aristotélica, o tipo de ética que informa grande parte do pensamento católico contemporâneo.

---

[17] Francisco. "Discurso a um Curso organizado pela Penitenciária Apostólica".

[18] Francisco. "Discurso aos Párocos da Diocese de Roma". Ver também Francisco, "Carta por Ocasião dos 160 anos do Cura d'Ars": "Obrigado por celebrar diariamente a Eucaristia e apascentar com misericórdia no sacramento da Reconciliação, *sem rigorismos nem laxismos*, ocupando-se das pessoas e acompanhando-as no caminho da conversão à vida nova que o Senhor nos dá a todos".

[19] Francisco. "Discurso aos Peregrinos da Eslováquia".

Aristóteles e virtude

Estamos habituados a pensar na virtude e no vício como dois pólos contrários, que se opõem um ao outro (ver figura 1). De acordo com esta perspetiva dualista, cada indivíduo situa-se num continuum entre dois extremos: um dos extremos é a virtude, o outro é o vício. Quanto mais nos afastamos do vício, mais nos aproximamos da virtude e vice-versa.

Este modelo dualista pode ser exacerbado pela nossa sociedade hedonista e laxista de duas maneiras. Por um lado, o católico observa como o laxismo é um vício e procura contrariá-lo. Por outro lado, esta sociedade não reconhece a existência de um bem ou de um mal puros. Numa sociedade relativista como esta, tudo é moralmente ambíguo e "cinzento". Por isso, um católico pode sentir-se justificado em opor-se a este relativismo "cinzento", defendendo a existência de uma moralidade a "preto e branco". Assim se afirma o modelo dualista.

Figura 1. Modelo dualista

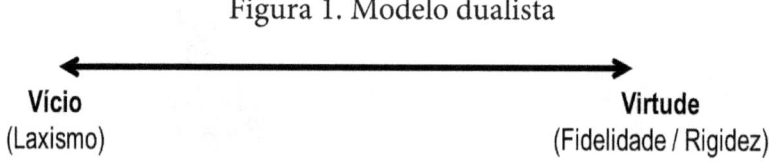

Vício
(Laxismo)

Virtude
(Fidelidade / Rigidez)

Segundo este modelo dualista, se se considera o laxismo um vício, então o que está mais longe do laxismo deve ser uma virtude. A partir daqui, é possível formular uma espécie de silogismo:

Premissa 1: A rigidez opõe-se ao vício do laxismo.

Premissa 2: Quanto mais nos afastamos do laxismo, mais fiéis nos tornamos.

Conclusão: Portanto, quanto mais rígido se é, mais fiel se é.

Parece um modelo à prova de falhas, mas na realidade falha. Erra porque é demasiado simplista. A teologia moral católica está profundamente imbuída de teologia tomista, que por sua vez se baseia na filosofia aristotélica. Aristóteles, por sua vez, não postula um modelo dualista, mas um modelo baseado no princípio da "média dourada".

De acordo com este modelo aristotélico da média dourada, a virtude é uma média entre um defeito e um excesso. O defeito e o excesso são o que estão diametralmente opostos um ao outro, enquanto a virtude é um estado intermédio entre os dois extremos. O excesso é uma forma de falha. O defeito é também uma forma de fracasso. Só o estado intermédio é um sucesso.[20] Assim, por exemplo, a coragem não é apenas a virtude que se opõe à cobardia. Pelo contrário, a coragem é um estado intermédio entre a cobardia (um defeito de confiança) e a temeridade (um excesso de confiança).[21] A temeridade não é coragem, porque a temeridade não é uma virtude. Uma pessoa corajosa é aquela que tem a quantidade certa de confiança, sem ser cobarde ou temerária.

Podemos tentar aplicar este modelo da média dourada à rigidez. Antes de prosseguir, duas advertências. Primeiro: Aristóteles não enumera a rigidez como uma das suas virtudes ou vícios. Mas também não enumera a fidelidade, pois ele era um filósofo pagão.

---

[20] Aristóteles. "The Nicomachean Ethics," 27.
[21] Ibid., 28.

Mais adiante, complementarei a filosofia de Aristóteles com a teologia de S. Tomás de Aquino. Para já, vejamos o que podemos aprender com Aristóteles e o que podemos aplicar ao tema em questão, mesmo que o próprio Aristóteles não o tenha feito.

Segundo: a média dourada aplica-se às virtudes, não às ações. As virtudes e os vícios não são ações, e sim inclinações. Algumas ações – como, por exemplo, o adultério ou o homicídio – são *sempre* erradas. Por isso, não admitem defeitos ou excessos. O adultério não é um meio-termo entre um excesso de adultério e um defeito de adultério.[22] A Igreja codificou isto na sua doutrina de *intrinsece malum*, ou seja, "atos intrinsecamente malignos": são preceitos negativos da lei moral universal, em que certos atos (como o adultério) são errados de acordo com a sua espécie (os seus "objetos"), independentemente das intenções ou circunstâncias.[23]

É disto que estamos a tratar quando falamos de laxismo e rigidez? Considero que não. Se assim fosse, a rigidez seria *sempre* o curso virtuoso de ação, porque o laxismo seria *sempre* errado. Mas mesmo aqueles que rejeitam os ensinamentos do Papa Francisco sobre a rigidez admitem frequentemente que a rigidez nem sempre é boa.[24] Além disso, o resto deste livro dará vários exemplos de heresias rigoristas. Portanto, não estamos perante um ato intrinsecamente maligno. Consequentemente, os excessos e os

---

[22] Ibid., 28.

[23] João Paulo II. *Veritatis Splendor*, 52, 79-80.

[24] Ver, por exemplo, Pokorsky. "Rigidity Dog Whistle": "Mas o bispo mediano teme a obstinação clerical – um medo que, *segundo creio, tem fundamento*". Ver também Williamson. "Moral Rigorism and the Jansenist Monster": "Os pastores devem advertir tanto contra o rigorismo moral como contra o laxismo moral".

defeitos são possíveis, e o modelo do média dourada é aplicável.

Apliquemos então o modelo da média dourada. Se a fidelidade é uma virtude, então deve ser um estado intermédio entre um defeito e um excesso. O defeito é obviamente o laxismo. Mas o excesso é a rigidez. A fidelidade é, portanto, diferente da rigidez. De facto, este modelo pressupõe que, se alguém quer ser fiel, então não pode ser rígido (ver figura 2). O erro do católico dualista está em acreditar que está a ser bem sucedido apenas ao evitar o fracasso do laxismo. Mas não há uma única maneira de falhar. Pelo contrário, há uma única maneira de ter sucesso e muitas maneiras de falhar.[25]

Figura 2. Modelo da "média dourada"

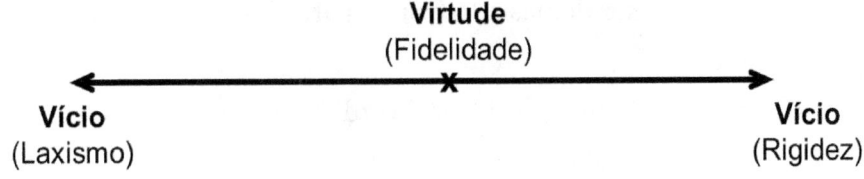

Há algumas nuances que devemos considerar. A média dourada não se situa necessariamente no centro geométrico exato entre os dois extremos. Como o leitor pode ver na figura 2, a virtude está ligeiramente mais próxima de um dos extremos do que do outro. Um dos extremos pode ser mais erróneo.[26] Isto acontece porque um dos extremos é mais parecido com a virtude do que o outro. Assim, por exemplo, a temeridade é mais parecida com a coragem do que a cobardia, pelo que a cobardia é um vício maior do que a

---

[25] Aristóteles. "The Nicomachean Ethics," 27.
[26] Ibid., 32.

temeridade.[27] Neste sentido, podemos argumentar que a rigidez está mais próxima da fidelidade do que o laxismo.[28]

Mas mesmo admitindo este ponto, há outras subtilezas que temos de reconhecer. Se é verdade que a virtude não está equidistante dos extremos, também é verdade que a distância entre cada extremo não é a mesma em cada pessoa. Numa perspetiva puramente aritmética, cem quilogramas estão na média entre zero e duzentos quilos. Isto acontece sempre e em todo o lado. No entanto, relativamente a um indivíduo em particular, levantar cem quilos pode ser demasiado difícil para uma pessoa sedentária e demasiado fácil para um halterofilista profissional.[29] De igual modo, o que pode ser demasiado rígido para alguém que ainda está no início de uma conversão, pode ser demasiado frouxo para alguém que já está mais avançado na fé.

Isto representa um perigo. Se é verdade que os dois extremos se opõem entre si, também é verdade que os dois extremos se opõem ao estado intermédio virtuoso. Os vícios de defeito são contrários aos vícios de excesso, mas ambos os vícios são contrários à virtude.[30] Isto produz um efeito interessante: as pessoas de cada extremo

---

[27] Ibid., 31.

[28] Williamson. "Moral Rigorism and the Jansenist Monster": "Em termos simples, Aristóteles propôs a virtude como o meio entre dois vícios. Mas a virtude, continuou ele, não se situa diretamente entre os dois. Em vez disso, está mais próxima de um do que do outro... Os pastores de almas, em especial, são chamados a ler os 'sinais dos tempos' e a preparar os seus rebanhos para os erros particulares da época... No mundo moderno, o rigorismo moral não é o flagelo que já foi".

[29] Aristóteles. "The Nicomachean Ethics," 26-27.

[30] Ibid., 31.

reclamam o lugar intermédio para si.³¹ Assim, para o cobarde, o corajoso é visto como temerário. Inversamente, para o temerário, o corajoso é visto como um cobarde. No entanto, o corajoso é aquele que é virtuoso.³²

Se aplicarmos esta lógica ao nosso tema, podemos inferir que uma pessoa laxista verá o fiel como sendo demasiado rígido (como vimos na introdução deste livro). Mas para a pessoa rígida, o fiel pode ser visto como demasiado laxista. É o que, na minha experiência, está a acontecer quando alguns católicos afirmam que os ensinamentos do Papa Francisco são laxistas. Por isso, mais uma vez, não devemos considerar apenas a virtude em si mesma, mas também em relação a nós próprios. Segundo Aristóteles, as coisas para as quais nós próprios tendemos mais naturalmente parecem mais contrárias à intermédia.³³ Por outras palavras, uma pessoa laxista tende mais naturalmente para o laxismo, pelo que esta pessoa deve precaver-se mais contra o laxismo do que contra a rigidez. Mas se alguém tende mais naturalmente para a rigidez, então é sensato que essa pessoa se guarde mais da rigidez do que do laxismo. Daí a importância do discernimento, tão continuamente sublinhado pelo Papa Francisco. Voltaremos à importância do discernimento mais adiante neste capítulo.

Para já, digamos que a figura 2 acima é ainda demasiado redutora para abarcar toda a riqueza da ética de Aristóteles. Não é totalmente exato colocar a virtude num continuum entre dois vícios opostos, porque isso significaria que a virtude se situa no mesmo

---

[31] Ibid., 29.
[32] Ibid., 31.
[33] Ibid., 31-33.

plano que os vícios. Neste modelo, perdemos o espetro entre a virtude e o vício com que começámos este capítulo. Para que o modelo dê conta de toda a complexidade da realidade, temos de o ver em três dimensões.

Figura 3. Modelo aristotélico

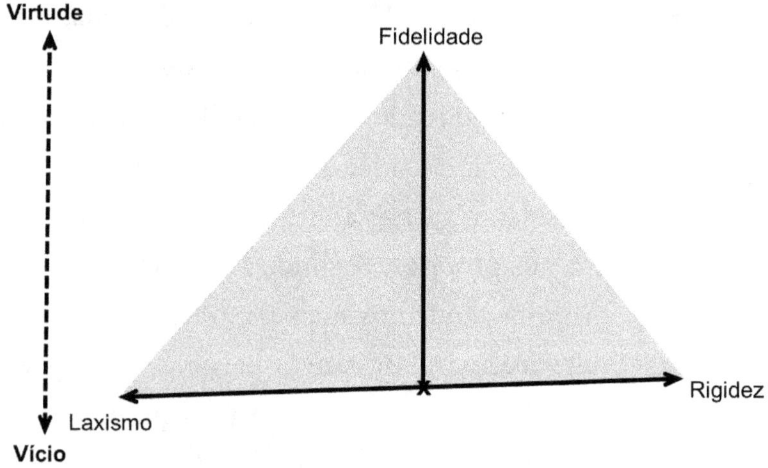

Aqui, cada indivíduo não se insere numa linha, mas está situado num determinado ponto nesta área cinzenta triangular. A virtude não é apenas um meio-termo entre dois vícios. A virtude é também uma excelência.[34] Situa-se num plano superior a cada vício. A virtude é fazer a coisa certa à pessoa certa, na medida certa, no momento certo, com o motivo certo e da maneira certa. Encontrar o meio-termo não é uma tarefa fácil.[35]

A fidelidade não é rigidez pelo simples facto de a rigidez se opor ao laxismo. Pelo contrário, a fidelidade situa-se num plano mais

---

[34] Ibid., 29.
[35] Ibid., 32.

elevado do que a rigidez ou o laxismo, mesmo admitindo que a rigidez possa ser ligeiramente mais virtuosa do que o laxismo. Um católico que procura viver fielmente deve, portanto, tentar evitar a rigidez, especialmente se esse católico se sente mais naturalmente atraído pela rigidez do que pelo laxismo.

Aquino e as virtudes teologais

Passemos agora a S. Tomás de Aquino. Como é sabido, a teologia e a doutrina católicas têm uma grande dívida para com Aquino, que é tido em singular honra pela Igreja.[36] Mesmo nos tempos modernos, a Igreja recomenda-nos a "ir a Tomás".[37] Uma das marcas da teologia de Aquino é o seu profundo aristotelismo. Tomás resgatou Aristóteles das garras do paganismo, cristianizando completamente o filósofo grego.

Será que Aquino também tomou emprestado de Aristóteles uma ética da virtude da média dourada? Esta questão é explicitamente abordada numa pergunta da *Summa Theologiae*, a obra-prima de Aquino. Por um lado, S. Tomás diz que, nas coisas que podem ser governadas ou medidas, o bem é o que está em conformidade com a sua regra. Do mesmo modo, o mal é a discordância com essa mesma regra. A partir daqui, parece que Aquino seria um defensor do modelo dualista da figura 1. Mas ele rapidamente acrescenta que *a discordância com a regra pode acontecer quer por exceder a medida,*

---

[36] Leão XIII. *Aeterni Patris*, 17-24.
[37] Ver, por exemplo, Vaticano II. *Gravissimum educationis*, 10, e Francisco."Discurso ao Congresso Tomista Internacional".

quer por ficar aquém dela.[38]

S. Tomás reconhece que a virtude é, de certa forma, sempre um máximo. A virtude é um extremo. Por outro lado, como já disse, a virtude é um meio-termo entre ultrapassar a regra e ficar aquém dela.[39] Como é que isto pode ser assim? Depende da forma como olhamos para a virtude. Tal como no meu exemplo dos cem quilogramas, podemos considerar a virtude em relação ao seu valor absoluto, ou em relação às circunstâncias.[40]

Se considerarmos a virtude em relação ao seu valor absoluto, então a virtude é um máximo. A virtude é quando se faz o que é correto, onde é correto, quando é correto e para um fim que é correto.[41] Aqui não há excesso. Quanto mais nos conformarmos com isto, mais virtuosos seremos. Se a virtude é vista como uma excelência,[42] então a virtude é um extremo.

Mas se considerarmos a virtude em relação às circunstâncias,

---

[38] Aquino. *Summa Theologiae*, I-II, q. 64, a. 1, co.

[39] Ibid., I-II, q. 64, a. 1, ad. 2.

[40] Ibid., I-II, q. 64, a. 1, ad. 1: "A virtude moral deriva a sua bondade da regra da razão, enquanto a sua matéria consiste nas paixões ou operações. Se, portanto, compararmos a virtude moral com a razão, então, se olharmos para o que é da razão, ela ocupa a posição de um extremo, ou seja, a conformidade; enquanto o excesso e o defeito ocupam a posição do outro extremo, ou seja, a deformidade. Mas se considerarmos a virtude moral em relação à sua matéria, então ela ocupa a posição de média, na medida em que faz com que a paixão se conforme à regra da razão. Daí o Filósofo dizer (Ethic. ii, 6) que 'a virtude, quanto à sua essência, é um estado médio', na medida em que a regra da virtude é imposta à sua matéria própria: mas é um extremo em referência ao 'melhor' e ao 'excelente', isto é, quanto à sua conformidade com a razão".

[41] Ibid., I-II, q. 64, a. 1, ad. 2.

[42] Ibid., I-II, q. 64, a. 1, arg. 1.

então a virtude é um meio-termo entre dois extremos. Há uma deficiência quando se deixa de fazer o que é correto. Mas há um excesso quando se tende ao máximo quando não é correto, ou onde não é correto, ou para um fim indevido.[43]

Em resumo, e considerando as nossas figuras anteriores, parece que Aquino propõe a figura 2 quando estamos a falar da virtude como um meio-termo entre dois extremos, e a figura 3 quando falamos da virtude como uma excelência.

Em tudo isto, parece que Aquino concorda com Aristóteles em tudo o que dissemos anteriormente. Mas há um senão. Tudo o que dissemos antes diz respeito às virtudes *morais*. Mas, como católicos, também promovemos as chamadas virtudes *teologais*, que eram estranhas ao pagão Aristóteles. As virtudes teologais são as três enumeradas por S. Paulo em 1 Cor 13,13: *a fé, a esperança e a caridade*. Estas são as virtudes mais excelentes. Este facto é particularmente importante, porque parece que a fidelidade se insere, por definição, na virtude da fé (daí o seu nome). Assim, para sabermos se a fidelidade tem uma média dourada, temos de verificar se as virtudes teologais também admitem uma média dourada, tal como as virtudes morais.

A mesma questão da *Summa Theologiae* que aborda a média dourada nas virtudes morais também aborda a questão de saber se as virtudes teológicas têm uma média dourada. Aqui, a resposta é diferente, pois Aquino diz: "Onde quer que a virtude observe o meio, é possível pecar por excesso ou por deficiência. Mas não há *pecado por excesso contra Deus*, que é o objeto da virtude teologal".[44]

---

[43] Ibid., I-II, q. 64, a. 1, ad. 2.
[44] Ibid., I-II, q. 64, a. 4, sc.

Por outras palavras, Aquino postula o que eu já disse na introdução deste livro: não existe tal coisa como ser demasiado fiel. Qualquer que seja a nossa fidelidade, ela será sempre demasiado curta em relação ao que Deus merece e exige.

No entanto, mesmo aqui a resposta não é tão direta. De facto, não há excesso no que diz respeito às virtudes teologais. Mas, mais uma vez, tudo depende da perspetiva que adotamos. Se medirmos uma virtude teologal em relação a Deus, então as virtudes teologais não aceitam uma média. Não é possível amar demasiado a Deus ou acreditar demasiado em Deus.[45] Mas se, pelo contrário, medirmos uma virtude teologal em relação a nós próprios, "devemos aproximar-nos d'Ele acreditando, esperando e amando, *segundo a medida da nossa condição. Por conseguinte, é possível encontrar uma média e um extremo na virtude teologal, acidentalmente e em relação a nós*".[46]

Aquino dá o exemplo da esperança. Relativamente a Deus, a esperança não tem extremos, pois não é possível esperar demasiado em Deus. Mas relativamente a nós, a esperança é o meio-termo entre os extremos do desespero (defeito) e da presunção (excesso),[47] sendo esta última quando uma pessoa tem tanta esperança na salvação de Deus, que se considera salva, independentemente dos seus pecados

---

[45] Ver Ibid., I-II, q. 64, a. 4, co: "Esta medida ultrapassa todo o poder humano: de modo que nunca podemos amar a Deus tanto quanto Ele deve ser amado, nem acreditar e esperar n'Ele tanto quanto deveríamos. Muito menos, portanto, pode haver excesso em tais coisas. Por conseguinte, o bem de tais virtudes não consiste numa média, mas aumenta quanto mais nos aproximamos do cume".

[46] Ibid., I-II, q. 64, a. 4, co.

[47] Ibid., I-II, q. 64, a. 4, ad. 3.

continuados.

Relativamente à virtude da fé, S. Tomás dá também o exemplo da heresia, um pecado contra a fé. As heresias não costumam aparecer isoladamente, mas muitas vezes surgem em pares opostos. Assim, por exemplo, temos a heresia do nestorianismo, em que se acredita que Jesus Cristo era duas pessoas (uma humana, uma divina) com duas naturezas (novamente, uma humana, uma divina). Por outro lado, a heresia do monofisismo defendia que Jesus era uma só pessoa com uma só natureza. Mas a ortodoxia mantém um meio-termo entre esses dois extremos, acreditando que Jesus é uma única pessoa com duas naturezas.[48]

De um ponto de vista puramente tomista-aristotélico, quer se considere a fidelidade como uma virtude teologal da fé, quer como uma virtude moral, é possível considerar um meio-termo entre dois extremos, um o laxismo (defeito) e o outro a rigidez (excesso). Isto acontece mesmo que a fidelidade, considerada em si mesma, não tenha extremos, pois nunca é possível ser demasiado fiel.

Discernimento e epikeia

Se um católico deve evitar tanto o rigorismo como o laxismo, o que deve fazer? Como distinguir entre a fidelidade e a mera rigidez? Se estudarmos as intervenções do Papa Francisco, encontraremos vários remédios tanto para o laxismo como para a rigidez. O primeiro é a "perseverança", a verdadeira e saudável "rigidez". Como ensina Francisco, a perseverança define-se como "ser muito rigoroso". Mas não rigoroso consigo mesmo (considerando que não

---

[48] Ibid., I-II, q. 64, a. 4, arg. 3 e ad. 3.

se está à altura), nem com os outros (tornando-se rígido e inflexível). Pelo contrário, é preciso ser rigoroso, intransigente, resoluto e persistente em "construir sobre o que não passa. Eis então o que é a perseverança: *construir o bem todos os dias*. Perseverar é permanecer constantes no bem, sobretudo quando a realidade à nossa volta nos impele a fazer outra coisa... Perseverar, ao contrário, é permanecer no bem".[49]

Como se permanece na bondade? Francisco dá-nos quatro palavras: "acolher, acompanhar, discernir e integrar".[50] Destas, o discernimento parece ser a mais recorrente no pensamento de Francisco. Quando uma novidade aparece nas nossas vidas, é através do discernimento que podemos reconhecer se essa novidade é uma ilusão "enganadora do espírito do mundo ou do espírito maligno", ou o "vinho novo que vem de Deus" (nesse caso, resistir-lhe rigidamente seria impedir "que atue o Espírito Santo").[51]

> O discernimento é uma escolha de coragem, *ao contrário das vias mais cómodas e soluções redutoras do rigorismo e da negligência [laxismo no original inglês], como reiterei várias vezes*. Com efeito, educar para o discernimento significa fugir da tentação de se refugiar atrás de uma norma rígida ou da imagem de uma liberdade idealizada.[52]

---

[49] Francisco. "Angelus", 13 de novembro de 2022 (tradução do website do Vaticano).

[50] Francisco. "Discurso na Abertura do Congresso Eclesial".

[51] Francisco. *Gaudete et Exsultate*, 168 (tradução do website do Vaticano).

[52] Francisco. "Discurso à comunidade do Pontifício Seminário" (tradução do website do Vaticano).

Até agora, temos vindo a explorar o aristotelismo tomista. Será que podemos encontrar exemplos deste discernimento neste modelo filosófico e teológico? Neste ponto, gostaria de apelar ao conceito de *epikeia*, também chamado "equidade". Segundo Aristóteles, a equidade é um tipo de justiça, mas um tipo bizarro. A justiça consiste em dar a cada um o que lhe é devido, nomeadamente aplicando corretamente uma lei ou um princípio universal. Mas a equidade determina que, se um determinado caso particular não é corretamente abrangido pela regra universal, é justo corrigir essa omissão ao não aplicar a regra. Para Aristóteles, ser justo é bom, mas ser equitativo é melhor.[53]

Ora, poder-se-á argumentar: como pode a equidade fazer parte da justiça? Não é exatamente o contrário: uma rutura da lei e, consequentemente, a própria negação da justiça? Tanto Aristóteles como Aquino concordam que não é esse o caso. A *epikeia* não está a julgar nem a lei nem o legislador. Tanto a lei como o legislador são bons. Pelo contrário, a *epikeia* está a emitir um juízo sobre a natureza de uma circunstância particular, que não está adequadamente coberta pela lei.[54] Portanto, a lei e o legislador permanecem fiáveis, uma vez que a *epikeia* corrige uma omissão: julga de acordo com o que "o próprio legislador teria decidido se estivesse presente, e teria posto na sua lei se tivesse sabido".[55]

A lei considera o caso comum, mas reconhece a possibilidade de

---

[53] Aristóteles. "The Nicomachean Ethics", 88-89.
[54] Ibid., 89. Ver também Aquino. *Summa Theologiae*, II-II, q. 120, a. 1, ad. 2.
[55] Ibid., 89.

erro, uma vez que não pode cobrir todas as circunstâncias particulares. Isto não se deve a uma maldade da lei, mas à natureza das coisas. A complexidade da realidade é tal que nenhuma lei pode dar conta de todas as contingências possíveis. É o que diz Aristóteles:

> Assim, o equitativo é justo, e melhor do que um tipo de justiça – não melhor do que a justiça absoluta, mas melhor do que o erro que surge da absolutez da afirmação. E esta é a natureza do equitativo, uma correção da lei onde ela é defeituosa devido à sua universalidade... a regra adapta-se à forma da pedra e *não é rígida*, e assim também o decreto se adapta aos factos.[56]

Aquino concorda com Aristóteles neste ponto:

> As ações humanas, a que se referem as leis, são compostas por singulares contingentes e são inumeráveis na sua diversidade, não sendo possível estabelecer regras de direito que se apliquem a todos os casos. Os legisladores, ao elaborarem as leis, têm em conta o que acontece habitualmente: embora se a lei for aplicada a certos casos, frustrará a igualdade da justiça e será prejudicial para o bem comum, que a lei tem em vista.[57]

S. Tomás dá um exemplo prático de *epikeia*. A lei exige que os depósitos sejam devolvidos aos depositários, porque isso é justo na

---

[56] Ibid., 89.
[57] Aquino. *Summa Theologiae*, II-II, q. 120, a. 1, co.

Capítulo 1: Laxismo e a Média Dourada 39

grande maioria dos casos. Mas se um homem tivesse depositado uma espada e a pedisse de volta quando estivesse num estado de loucura, não seria justo devolver a espada. De facto, isso seria uma loucura tão grande como a do louco.[58]

A partir desta discussão, podemos ver que a equidade é, de facto, uma parte da justiça. Por conseguinte, é uma virtude. Não é virtuoso seguir a letra da lei sempre e em todo o lado. O que é virtuoso é seguir a letra da lei *quando ela deve ser seguida*. S. Tomás de Aquino diz explicitamente que seguir a letra da lei quando ela não deve ser seguida é *pecado*. Aquele que segue a letra da lei para contrariar a intenção do legislador é também um transgressor da lei (ver capítulo 3).[59] Não podemos então dizer que é esta a razão pela qual a rigidez é pecaminosa e, ironicamente, uma transgressão da própria lei que pretende defender?

Antes de terminar este capítulo, gostaria de salientar que não estou a equiparar o discernimento à equidade.[60] Estou simplesmente

---

[58] Ibid., II-II, q. 120, a. 1, co.

[59] Ibid., II-II, q. 120, a. 1, ad. 1.

[60] Também não estou a argumentar que a disciplina sacramental delineada em *Amoris Laetitia* se baseia na *epikeia*. Embora tenha começado este capítulo falando da *Amoris Laetitia*, fi-lo no contexto de sublinhar a oposição do Papa Francisco tanto ao laxismo como à rigidez. Noutro lugar, defendo que *Amoris Laetitia* não se baseia na *epikeia*, mas na aplicação aos divorciados e recasados de uma regra geral da qual eles estavam anteriormente excluídos. Ver Gabriel. *The Orthodoxy of Amoris Laetitia*, 102, 198-199. Ver também Buttiglione, *Risposte amichevoli*, 144-45: "Antes, os divorciados e recasados eram pecadores de um tipo particular, quase excomungados (mesmo que não formalmente excomungados, não podiam participar da comunhão a menos que vivessem 'como irmãos e irmãs'). Agora, tornaram-se pecadores comuns".

a mostrar um exemplo do pensamento tomista-aristotélico em que o discernimento é obviamente necessário para ultrapassar uma rigidez inadequada. Como vimos acima, a virtude é fazer a coisa certa à pessoa certa, na medida certa, no momento certo, com o motivo certo e da maneira certa. *A epikeia* preocupa-se apenas com as leis que admitem exceções e em definir *quando* a lei deve ser seguida. Portanto, há ainda muitas outras considerações a discernir para seguir o caminho da virtude. No entanto, pelo que foi dito acima, é inegável que o discernimento tem um papel a desempenhar na ética tomista-aristotélica e, portanto, na tradição católica.

Capítulo 2

Escrupulosidade e a Escravidão da Lei

A lei não foi estabelecida para nos tornar escravos, mas para nos tornar livres, para nos tornar filhos. Os rígidos sofrem muito quando são sinceros e se dão conta disso, sofrem porque não podem ter a liberdade dos filhos de Deus.

– Francisco, Meditação matinal "Nunca Escravos da Lei"

Em 2016, o Papa Francisco provocou outra grande controvérsia numa entrevista dada pelo Padre Antonio Spadaro. Durante a entrevista, Francisco questionou por que razão alguns jovens preferiam celebrar a missa de acordo com a liturgia anterior ao Vaticano II: "Porquê tanta rigidez? Para sabermos, temos de escavar, escavar. Essa rigidez esconde sempre algo, insegurança ou mesmo outra coisa. A rigidez é defensiva. O verdadeiro amor não é rígido".[1]

Os comentadores tradicionalistas e os seus aliados mostraram-se muito críticos em relação a estas observações do Papa. Mais uma vez, estavam confusos sobre o que o Papa Francisco queria dizer com rigidez.[2] Mais importante ainda, consideraram as palavras do Santo Padre como um estereótipo injusto,[3] baseado em preconceitos

---

[1] Wooden. "Texts of Argentina homilies."

[2] Olson. "Digging into Pope Francis' remarks": "E porquê o uso constante do termo 'rígido'? A que se refere, exatamente, aqui? Será às rubricas da missa tradicional latina? Às orações? À cultura das paróquias que a celebram? À atitude dos que a celebram?"

[3] DeVille. "Rigidity in defense of the liturgy is no vice."

e injúrias. O Papa Francisco estaria a soar mais como um psicólogo do que como um pastor.[4]

Pelo contrário, mostrarei ao longo deste capítulo como, por vezes, é assim que um pai espiritual atua e fala com aqueles que estão ao seu cuidado. Mas, no que respeita à acusação de rigidez, gostaria de salientar que as opiniões de Francisco sobre este assunto são mais matizadas do que as que ele exprimiu nesta entrevista. Para o Santo Padre, há vários tipos de rigidez. É verdade que a rigidez "esconde sempre alguma coisa", segundo o seu pensamento. Mas nem sempre a mesma coisa. Pode ser insegurança, ou não. Daí a necessidade de "escavar".

Pela mesma altura, o Papa Francisco pregou uma meditação matinal na sua capela da *Domus Sanctae Marthae*, sugestivamente intitulada: "Never slaves to the law" ("Nunca escravos da lei"). Nesta meditação, o pontífice reafirmou a sua posição de que "por trás da rigidez há algo escondido na vida de uma pessoa". No entanto, fez uma distinção entre dois tipos de pessoas rígidas: 1) os hipócritas que vivem uma "vida dupla" e 2) aqueles que são "sinceros" e que "sofrem", porque têm "algo como uma doença". Em ambos os casos, a pessoa rígida é "escrava da Lei", não tendo "a liberdade dos filhos de Deus".[5] Abordarei o primeiro tipo de pessoa rígida no meu próximo capítulo. Aqui, gostaria de me concentrar num subtipo específico do último tipo de pessoa rígida: a pessoa escrupulosa.

Para o Papa Francisco, há dois caminhos que uma pessoa pode seguir na vida: há aqueles que vêem Deus como um Pai, e que por isso esperam n'Ele porque sabem que Ele é perdão; e depois há

---

[4] Olson. "Digging into Pope Francis' remarks"
[5] Francisco. "Never slaves to the law."

aqueles que se refugiam na escravidão da rigidez, porque não conhecem a misericórdia de Deus.[6] Aqueles que seguem o primeiro caminho recebem os tesouros de Deus como um dom: por outras palavras, recebem os dons do Pai em liberdade. Mas os que seguem o segundo caminho não sabem receber essas coisas como dádiva, mas como justiça. Por isso, refugiam-se na rigidez dos mandamentos[7] : "para ser justificado, é preciso fazer isto, isto e isto".[8] Inevitavelmente, esta trajetória leva-os a pensar que os mandamentos são demasiado poucos e que deveriam engendrar mais.[9]

Para se justificarem e se verem como bons, os rígidos substituem o espírito da liberdade de Deus pela rigidez.[10] Mas o Espírito de Deus é liberdade. A justificação é gratuita, isto é, dada de graça. Aqueles que tiram a gratuidade da salvação estão também a tirar a liberdade ao Espírito de Deus[11]... e também a sua própria liberdade.

Isto cria uma realidade trágica: ao contrário das pessoas que seguem o primeiro caminho, a pessoa rígida vê Deus como um mestre, e não como um pai. Ou seja, esta pessoa faz-se um órfão cósmico, sem pai.[12] Perde, portanto, a sua capacidade de alegria e de louvor.[13] No entanto, se olharmos para a vida dos santos, vemos que

---

[6] Francisco. "A grandmother's lesson."
[7] Francisco. "Two wonders."
[8] Francisco. "O relacionamento com Deus é gratuito".
[9] Francisco. "Two wonders."
[10] Francisco. "A daily struggle."
[11] Francisco. "O relacionamento com Deus é gratuito".
[12] Francisco. "Flour and yeast."
[13] Francisco. "A daily struggle". Ver também Francisco. "O relacionamento com Deus é gratuito": "Uma religião de prescrições, e com

eles experimentaram alegria, mesmo no meio de muitas tribulações.[14] Sem alegria, a fé torna-se um exercício rigoroso e opressivo, e corre o risco de adoecer de tristeza. Francisco cita Evágrio Pôntico – um Padre do Deserto – dizendo que a tristeza é "um verme" que se entranha "no coração, que corrói a vida".[15]

O antídoto para esta doença é a liberdade. Não a liberdade laxista, contra a qual alertámos no capítulo anterior, mas a liberdade de Jesus, que contrasta com a falta de liberdade dos doutores da Lei. Estes últimos estavam paralisados por uma interpretação rigorosa da Lei. Mas Jesus, mesmo obedecendo à Lei, não se contenta com uma observância superficialmente "correta" da Lei. Pelo contrário, Jesus obedece à Lei, levando-a à sua plenitude (ver capítulo 3).[16]

Com estas bases, creio que podemos agora aprofundar o fenómeno da escrupulosidade e como a escravidão da Lei pode destruir uma alma.

---

isto tiravam a liberdade do Espírito. E as pessoas que os seguiam eram rígidas, pessoas que não se sentiam à-vontade, que não conheciam a alegria do Evangelho... O espírito de rigidez leva-nos sempre à perturbação: 'Mas será que fiz bem isto? Não o fiz bem?'. O escrúpulo. O espírito de liberdade evangélica leva-vos à alegria, porque foi precisamente isto que Jesus fez com a sua ressurreição: Ele trouxe alegria!" (tradução do website do Vaticano).

[14] É revelador o facto de a alegria desempenhar um papel central no magistério do Papa Francisco, estando presente nos títulos de muitos dos seus documentos: *Amoris Laetitia* ("a alegria do amor"), *Evangelii Gaudium* ("a alegria do evangelho"), *Gaudete et Exsultate* ("alegrai-vos e exultai") e *Veritatis Gaudium* ("a alegria da verdade").

[15] Francisco. "Angelus", 1 de novembro de 2021.

[16] Francisco. Homilia no Aeroporto Enrique Olaya Herrera.

Capítulo 2: Escrupulosidade e a Escravidão da Lei

O perigo espiritual dos escrúpulos

Etimologicamente, "escrúpulos" provém da ideia de uma pedra denteada presa no calçado, impedindo a pessoa de andar corretamente.[17] Segundo a *Enciclopédia Católica*, o escrúpulo é "uma apreensão infundada e, consequentemente, um receio injustificado de que algo seja pecado quando, de facto, não o é. Não é considerado aqui tanto como um ato isolado, mas antes como um estado de espírito habitual".[18] Vários santos sofreram de escrúpulos ao longo da sua vida. No entanto, eles foram salvos e agora desfrutam da visão beatífica *apesar* desses escrúpulos, não *por causa* deles. Ou melhor, eles foram salvos porque superaram os seus escrúpulos, juntamente com muitas outras provações durante as suas santas vidas.

Um desses santos foi Afonso de Ligório. No seu tratado de teologia moral, Sto. Afonso distingue vários tipos de consciência. Um desses tipos é a "consciência escrupulosa", em que uma pessoa, sem uma base razoável, vive frequentemente com medo de pecar quando, de facto, não há pecado.[19] Normalmente, uma consciência escrupulosa é atormentada por um ou mais de três medos: 1) medo de maus pensamentos nos quais a pessoa supõe erradamente ter consentido; 2) medo de ter sido demasiado incompleta em confissões passadas, pondo em perigo a validade do sacramento da Reconciliação; e 3) medo de pecar em qualquer coisa que se faça.[20]

---

[17] Ligório. *Conscience*, 171.
[18] Delany. "Scruple."
[19] Ligório. *Conscience*, 16-17.
[20] Ibid., 21-22.

Poder-se-á argumentar que a escrupulosidade pode, ao obrigar a pessoa escrupulosa a ser tão excessivamente cautelosa em relação ao pecado, ser espiritualmente benéfica. Afinal de contas, é improvável que alguém com tanto medo do pecado venha a cometer um pecado mortal, com pleno conhecimento ou pleno consentimento. No entanto, não é assim. A *Enciclopédia Católica* intitula esta crença errada sobre os supostos benefícios espirituais da escrupulosidade um "erro grave".[21] Isto porque as pessoas escrupulosas irão desgastar-se em busca de uma perfeição que é inatingível deste lado da eternidade. Eventualmente, a pessoa escrupulosa cairá em desespero ou, desistindo dessa tentativa fútil de perfeição, entregar-se-á aos seus vícios.[22] O resultado final da escrupulosidade é "isto é impossível, Deus vai inevitavelmente condenar-me", ou "isto é impossível, mais vale parar de tentar".

Mais uma vez, podemos olhar para o fenómeno da escrupulosidade através da lente da média dourada, como vimos no último capítulo. A escrupulosidade não é virtude, porque se situa num extremo, não no meio-termo virtuoso. Sto. Inácio de Loiola – ele próprio um santo que sofreu de escrupulosidade – escreveu nos seus famosos *Exercícios Espirituais* que o Diabo tenta a consciência laxista a tornar-se ainda mais laxista, subestimando o pecado mortal da mesma forma que subestima o pecado venial. Mas, para a consciência escrupulosa, o Demónio tentará torná-la ainda mais escrupulosa. Se Satanás vê que não consegue fazer com que a pessoa caia em qualquer pecado – seja ele mortal, venial ou mesmo a mera aparência de pecado – então ele faz a pessoa julgar como pecado algo

---

[21] Delany. "Scruple."
[22] Ibid.

que não o é. O Inimigo pode, então, enredar a alma nesta espiral descendente, afastando-a de Deus e levando-a a naufragar num destes escolhos gémeos: ou o desespero ou a indulgência.[23]

A escrupulosidade, evidentemente, não é uma heresia. Não é uma negação, ou mesmo negligência, em relação a uma verdade revelada em que se deve acreditar com fé divina e católica.[24] Também não quero sobrecarregar um leitor escrupuloso com a ideia de que ele é, de alguma forma, heterodoxo. Não. Tenho de ser muito claro quanto a isso. No entanto, incluí a escrupulosidade neste livro porque podemos aprender com ela e extrapolar as nossas lições para o domínio doutrinal. Os escrúpulos podem funcionar um pouco como a heresia, uma vez que, etimologicamente, a palavra heresia significa "escolher". Tal como o herege, a pessoa escrupulosa "escolhe e deita fora" o conteúdo do Evangelho, concentrando-se em certas partes e ignorando outras. Nomeadamente, como nos adverte o Papa Francisco, os escrupulosos ignoram inconscientemente a paternidade de Deus, para O entenderem apenas como um mestre. Por isso, para serem amados por Deus, os escrupulosos acreditam que devem tornar-se perfeitos escravos. Por outras palavras, o escrupuloso é um escravo da Lei, o mesmo perigo espiritual contra o qual o Papa Francisco adverte.

Uma vez que os escrúpulos são um perigo espiritual tão grande, como nos podemos livrar deles? Antes de avançar com uma resposta, há uma advertência importante que deve ser feita. A escrupulosidade pode ser associada à perturbação obsessivo-compulsiva: ambos consistem em obsessões e compulsões. O

---

[23] Inácio. *The Spiritual Exercises*, 210.
[24] CIC, 2089.

escrupuloso é obcecado pelo pecado e alivia essa ansiedade confessando-se ou praticando atos de piedade, transformando-os em compulsões. Os católicos são particularmente propensos a este tipo específico de perturbação obsessivo-compulsiva associada à religião.[25] Se houver uma componente psicológica nos escrúpulos, a pessoa deve também abordá-la através de meios terapêuticos apropriados, orientados por um profissional adequado. Mas, para os efeitos deste livro, vou centrar-me na escrupulosidade enquanto fenómeno religioso e explorar a sua cura de um ponto de vista puramente espiritual.

Para saber como curar a escrupulosidade, é preciso primeiro saber como é o estado saudável, para determinar o nosso objetivo final. O Papa Francisco já deu a entender a solução, ao distinguir dois caminhos: o caminho da escravatura da Lei e o caminho da liberdade dos filhos de Deus.

A liberdade dos filhos de Deus

Alguns católicos poderão desconfiar da forma como o Santo Padre utiliza a palavra "liberdade" em oposição à "rigidez" (que consideram ser fidelidade). Afinal de contas, a palavra "liberdade" tem sido frequentemente empregue para se opor à Igreja e à sua doutrina desde os tempos da Revolução Francesa, pelo menos. A temida ideologia do "liberalismo" deriva de *liber*, a palavra latina para "livre". A liberdade é aqui concebida como uma "condição de estar livre de quaisquer restrições, sejam elas familiares, sociais,

---

[25] Buchholz *et al.* "Scrupulosity, Religious Affiliation and Symptom Presentation in Obsessive Compulsive Disorder."

Capítulo 2: Escrupulosidade e a Escravidão da Lei

governamentais ou morais".²⁶ É vista como um fim em si mesmo, quase como uma idolatria.²⁷

No entanto, isto deriva de um moderno mau uso da palavra "liberdade". Mas a liberdade faz tanto parte da tradição cristã como do léxico moderno. Os ensinamentos do Papa Francisco estão perfeitamente alinhados com esta tradição católica. As lições do Santo Padre estão consagradas no próprio Catecismo, na sua secção sobre as virtudes teologais:

> A prática da vida moral animada pela caridade dá ao cristão *a liberdade espiritual dos filhos de Deus*. O cristão já não está diante de Deus como um escravo, com temor servil, nem como o mercenário à espera do salário, mas como um filho que corresponde ao amor d'Aquele que nos amou primeiro.²⁸

O Catecismo prossegue citando o grande Padre da Igreja do século IV, S. Basílio de Cesareia:

> Nós, ou nos desviamos do mal por temor do castigo e estamos na atitude do escravo, ou vivemos à espera da recompensa e parecemo-nos com os mercenários; ou, finalmente, é pelo bem em si e por amor d'Aquele que manda, que obedecemos [...], e então estamos na atitude

---

[26] Pocetto. "Freedom to Love," 1.
[27] Ibid.
[28] CIC, 1828.

própria dos filhos.²⁹

De facto, este conceito é ainda mais antigo, estando inscrito de forma inerrante nas próprias Escrituras. O primeiro exemplo da expressão "liberdade dos filhos de Deus" vem de S. Paulo na sua Epístola aos Romanos.³⁰ Esta "liberdade dos filhos de Deus" é o tipo de liberdade a que o Papa Francisco está a aludir nos seus ensinamentos. O Santo Padre não está a referir-se ao conceito moderno e erróneo de liberdade. Podemos ver que Francisco faz esta distinção muito claramente quando discute a vida de Sta. Teresinha do Menino Jesus, outra santa que se debateu com a escrupulosidade ao longo da sua vida:

> [A]bordaste um problema muito sério, que é o da vida consagrada confortável: "devemos fazer isto..., estejamos tranquilos..., observo todos os mandamentos que devo cumprir, as regras..., sou observante...". Mas o que dizia santa Teresa de Jesus acerca da observância rígida e estruturada, aquilo priva da liberdade. E ela era uma mulher livre! Tão livre que teve que ir à Inquisição. *Há uma liberdade que vem do Espírito e há uma liberdade que vem da mundanidade.* O Senhor chama-vos – e chama-nos a todos – àquilo que Pierre chamou "modo profético" da liberdade, isto é, *a liberdade que deve estar unida ao testemunho e à fidelidade.* Uma mãe que educa os filhos com severidade – "é preciso fazê-lo, é preciso..." – e que não deixa que os filhos

---

²⁹ Ibid.
³⁰ Rom 8,21.

sonhem, que tenham sonhos e que não os deixa crescer, anula o futuro criativo dos filhos. Os filhos serão estéreis...

E aquilo a que santa Teresa chamava *"almas concertadas"* é um perigo. É um grande perigo. Ela era uma monja de clausura, mas foi pelas ruas de toda a Espanha, fazendo as fundações, os conventos. E nunca perdeu a capacidade de contemplação. Profecia, capacidade de sonhar é o contrário da severidade. Os severos não podem sonhar.[31]

Esta liberdade profética que nos permite sonhar como uma criança é a "liberdade dos filhos de Deus", como referida anteriormente pelo Papa Francisco, por S. Basílio e pelo Catecismo. Qual é a principal diferença entre as duas conceções de liberdade, a moderna e a católica? Para simplificar, a primeira é uma liberdade *de* algo, enquanto a segunda é uma liberdade *para* algo.[32] Daí a ênfase de Francisco nos sonhos. É *para os* sonhos que serve a liberdade.

Podemos até encontrar um exemplo mais prático disto num dos homónimos do pontífice: S. Francisco de Sales. Este santo do século XVII foi um diretor espiritual magistral. Ainda hoje, os seus escritos ajudam os sacerdotes na direção espiritual dos que estão ao seu cuidado. Uma das pessoas que S. Francisco acompanhou foi Joana de Chantal, uma viúva e mãe que, após a morte do marido, se consagrou totalmente ao serviço do Senhor. Ela também se debateu com escrupulosidade.

---

[31] Francisco. "Discurso aos Jovens Consagrados" (tradução do website do Vaticano).

[32] Pocetto. "Freedom to Love," 2.

Numa carta enviada a Joana, em 14 de outubro de 1604, S. Francisco de Sales distingue também dois tipos de liberdade, um dos quais deseja que a sua dirigida alcance: "Quero que tenhas um espírito de liberdade, não a que exclui a obediência, porque essa é a liberdade da carne, mas a que exclui o constrangimento, os escrúpulos ou o excesso de vontade".[33] Mais adiante nesta carta, ele categorizaria este último tipo de liberdade como a "liberdade dos filhos que sabem que são amados... um desprendimento de um coração cristão seguindo a vontade conhecida de Deus".[34]

Por outras palavras, esta liberdade tem a ver com a liberdade de apego às próprias inclinações. S. Francisco dá o exemplo de alguém que é interrompido durante a sua meditação. As meditações espirituais são obviamente boas, mas a pessoa pode apegar-se a elas. Essa pessoa ficará irritada se for interrompida. Mas uma pessoa verdadeiramente livre não se importará com a interrupção, porque não se importará se está a servir a Deus meditando ou ajudando o próximo.[35] S. Francisco sabia que as pessoas desejosas de aprofundar a sua vida espiritual podem ficar apegadas às consolações experimentadas na oração, porque estas dão segurança e estabilidade. Embora não seja errado desejar estas consolações, o apego a elas pode, na verdade, ser um obstáculo a seguir a vontade de Deus.[36] Por outro lado, manter um espírito aberto ajudará a pessoa a manter-se responsiva a qualquer flutuação no sopro

---

[33] Francisco de Sales. *Selected letters*, 70.
[34] Ibid.,
[35] Ibid., 71.
[36] Ibid., 71. Ver também Pocetto. "Freedom to Love," 11.

Capítulo 2: Escrupulosidade e a Escravidão da Lei 53

divino.[37] Por outras palavras, a rigidez impede que se siga a vontade de Deus, e o antídoto é a liberdade dos filhos de Deus.

No típico estilo da média dourada (ver capítulo 1), S. Francisco de Sales diz a Joana que ela deve evitar dois vícios opostos que assolam a liberdade: a falta de disciplina e o servilismo.[38] O primeiro é o laxismo. Quanto ao servilismo, é "uma certa falta de liberdade, em resultado da qual a mente é dominada pela irritação ou raiva quando não pode realizar os seus planos, mesmo que algo melhor possa estar a ser-lhe oferecido".[39]

S. Francisco também aplica a mesma lógica à forma como Joana estava a educar os seus filhos. Afinal, para que a metáfora "liberdade dos filhos de Deus" seja válida, é preciso que o significante descreva corretamente o significado. A "liberdade dos filhos de Deus" só tem significado se os filhos forem efetivamente livres. Francisco diz a Joana que ela não deve "influenciar" antecipadamente a vocação dos seus filhos, mas apenas através de um "encorajamento suave... graciosamente e sem coerção", para que "os motivos generosos sejam implantados... pouco a pouco".[40] Estas crianças deviam ser livres de sonhar, como ensina o Papa Francisco.

O santo diretor espiritual procede da mesma forma quando lida com os escrúpulos de Joana. Tranquiliza a sua mente ansiosa. Se por acaso ela omitir ou esquecer alguma coisa que lhe foi ordenada (como uma oração), não deve preocupar-se com isso.[41] S. Francisco

---

[37] Pocetto. "Freedom to Love," 8.
[38] Francisco de Sales. *Selected letters*, 71.
[39] Ibid., 72.
[40] Ibid., 68.
[41] Ibid., 67.

de Sales sabia que estas instruções só seriam salutares se Joana não fosse obrigada a cumpri-las. Se ela se esquecesse de executar um ato de piedade, não seria por negligência, pois ela era uma alma honesta. Pelo contrário, seria provavelmente devido às suas tarefas com os filhos e com a casa,[42] que eram também atos de piedade. Para reforçar esta ideia, S. Francisco escreve em letras maiúsculas:

> O AMOR E NÃO A FORÇA DEVE INSPIRAR TUDO O QUE FIZERES; AMA A OBEDIÊNCIA MAIS DO QUE TEMES A DESOBEDIÊNCIA.[43]

Isto leva-nos a outro elemento importante quando se fala de escrupulosidade: a obediência.

Obediência: o antídoto contra a rigidez escrupulosa

Uma das caraterísticas das pessoas escrupulosas é a "obstinação". Estas pessoas estão tão apegadas à sua própria opinião que não querem ouvir os outros, nem mesmo os seus confessores ou diretores espirituais. Chegam ao ponto de mudar frequentemente de confessor e de confessar repetidamente pecados já confessados, para o caso de a confissão anterior ter sido inválida por alguma razão que imaginaram.[44] Por outras palavras, não estão dispostos a ouvir as instruções daqueles que podem reconhecer a sua doença e recomendar o tratamento adequado.

---

[42] Pocetto. "Freedom to Love," 8.
[43] Francisco de Sales. *Selected letters*, 67.
[44] Delany. "Scruple."

Capítulo 2: Escrupulosidade e a Escravidão da Lei

Por esta razão, Sto. Afonso de Ligório dedica um artigo inteiro do seu tratado de teologia moral à "importância da obediência" para a mente escrupulosa. Afonso pede aos confessores que "sejam firmes" com essas pessoas, tentando "persuadi-las" de que estão "completamente seguras". Pelo contrário, a pessoa escrupulosa deve ser alertada para o verdadeira perigo da salvação da alma: a desobediência.[45] Para Sto. Afonso, "o único remédio que se pode aplicar a doenças deste género é submeter-se completamente ao juízo do superior ou do confessor".[46] Ele então cita vários autores sagrados em apoio desta posição.

Isto é especialmente importante se tivermos em consideração que a alma pode ficar apegada a certas práticas, por muito objetivamente boas e piedosas que sejam. Noutro sermão, sugestivamente intitulado "Sobre a obediência ao confessor", Sto. Afonso explica que o caminho para alcançar a santidade pode não ser tão simples como uma alma sem orientação pode pensar. Por exemplo, embora seja geralmente santo fazer muitas obras de penitência, um doente que o faça pondo em perigo a sua saúde ou a sua vida é culpado de pecado grave. Embora seja geralmente santo rezar ou ir à missa com frequência, peca-se se, ao fazê-lo, se negligencia a própria família. A santidade não é necessariamente alcançada através destas obras, mas sim, como vimos na última secção, "fazendo a vontade de Deus".[47]

---

[45] Ligório. *Conscience*, 20-21.

[46] Ibid., 17. Ver também Delany. "Scruple": "O seu principal remédio [dos escrúpulos] é, tendo depositado confiança em algum confessor, obedecer às suas decisões e ordens inteira e absolutamente."

[47] Ligório. *The Sermons*, 182-183.

Como se pode reconhecer a vontade de Deus? Não através de um juízo pessoal da alma. "Não há nada mais perigoso do que a auto-orientação quando se trata de um juízo pessoal",[48] segundo Sto. Afonso. Muitos acreditam que estão a fazer a vontade de Deus quando, na verdade, as suas paixões os estão a orientar para fazerem a sua própria vontade. A única maneira de estar seguro é obedecer ao próprio confessor, pois a alma que obedece ao superior obedece ao próprio Jesus: "Quem vos ouve a vós, ouve-Me a Mim".[49] O confessor deve ser obedecido, não como homem, mas como Deus.[50] Se uma pessoa pratica ações piedosas em desobediência ao confessor, essa pessoa não está a fazer a vontade de Deus. Uma pessoa que se deleita na recreação em obediência ao confessor *está a fazer a vontade de Deus*. "A obediência é mais agradável a Deus do que todos os sacrifícios de obras penitenciais, ou de esmolas, que Lhe possamos oferecer".[51]

Sto. Afonso recorda-nos que os demónios caíram devido à desobediência. A obediência, portanto, coloca o homem acima dos demónios. Esta é a razão pela qual Satanás tenta a alma escrupulosa para a desobediência, tentando levar a alma a cair nos mesmos erros que ele. Ele tenta a alma sob o pretexto de fazer o bem, através de ações que parecem santas, mas que na realidade são prejudiciais.[52] O penitente contende então com o seu confessor, tentando fazê-lo

---

[48] Ligório. *Conscience*, 18-19.
[49] Lc 10,16. Esta passagem bíblica é citada por Sto. Afonso em Ligório. *The Sermons*, 183. Ver também Ligório. *Conscience*, 20.
[50] Ligório. *The Sermons*, 185.
[51] Ibid., 183.
[52] Ibid., 185-186.

Capítulo 2: Escrupulosidade e a Escravidão da Lei

adotar as suas próprias opiniões.[53] Mas isto é uma armadilha. "Cuidado, para que, enquanto procuras segurança, não te precipites numa cova".[54] A única segurança encontra-se na obediência, porque a alma – assim diz Sto. Afonso – não terá de prestar contas do que fez em obediência.[55]

Mas então, não há uma contradição entre o que foi dito nesta secção do capítulo e na secção anterior? Aqui, vemos que a pessoa escrupulosa deve ser obediente. Anteriormente, vimos que a mesma pessoa deve buscar a "liberdade dos filhos de Deus". Não estão a obediência e a liberdade em oposição? Como é isto possível?

Voltemos ao caso da direção espiritual de Joana de Chantal. Como Joana se debatia com escrúpulos, S. Francisco pediu-lhe que fosse moderada no seu jejum. Em vez disso, ela devia concentrar-se em mortificar a sua "escolha".[56] Para uma mente moderna, pode parecer que limitar a escolha é opor-se à liberdade. No entanto, os católicos sabem que não há contradição entre a liberdade e a submissão a Deus. Numa carta anterior a Joana, S. Francisco de Sales diz:

> Eis, portanto, querida irmã... este é o nosso laço, estas são as nossas correntes que, quanto mais nos apertam e pressionam contra nós, mais nos trazem alegria e liberdade. A sua força é a doçura; a sua violência, a suavidade; nada é mais maleável

---

[53] Ibid., 187.
[54] Ibid., 186.
[55] Ibid., 184.
[56] Francisco de Sales. *Selected letters*, 68. Isto reflete as palavras de Sto. Afonso sobre a "vontade própria". Ver também Pocetto. "Freedom to Love," 9.

do que isso; nada é mais forte.⁵⁷

Isto faz sentido. Se o escrúpulo é uma espécie de escravidão da Lei, e se o diretor espiritual visa curar a alma dessa doença, e se a alma é tentada a resistir à direção espiritual através da desobediência, então podemos concluir que a desobediência só perpetuará essa escravidão, ao passo que a liberdade só é alcançável através da obediência.

Podemos então pegar no que aprendemos neste capítulo sobre escrupulosidade e aplicá-lo ao Magistério e aos ensinamentos do Papa Francisco. Onde mais podemos encontrar a citação bíblica: "Quem vos ouve a vós, ouve-Me a Mim"? Na encíclica *Humani Generis*, o Venerável Papa Pio XII associou esta passagem bíblica à autoridade do magistério ordinário do papa,⁵⁸ ou seja, aos seus ensinamentos magisteriais não infalíveis. Se o Papa Francisco nos ensina *repetidamente*, mesmo no seu magistério não-infalível, que os católicos devem estar atentos aos perigos espirituais e aos pecados associados à rigidez, não deveriam eles procurar obedecer-lhe?

Muito se tem escrito sobre "obediência cega" ao Papa nos últimos anos,⁵⁹ nomeadamente por parte de pessoas que evitam as advertências do pontífice contra a rigidez.⁶⁰ Reciclam sempre as

---

⁵⁷ Como citado em Pocetto. "Freedom to Love," 10.

⁵⁸ Pio XII. *Humani Generis*, 20.

⁵⁹ Ver, por exemplo, Kwasniewski. "True Obedience."

⁶⁰ Kwasniewski. "Pope Francis's Hermeneutic of Anti-Continuity": "Ao tentar compreender este discurso, cheguei à conclusão de que a chave para entender Francisco é ver que ele confunde os conceitos tradicionais de velhice espiritual (pecaminosidade) e novidade (renovação pela graça de Cristo) com, respetivamente, tradição e mudança e, portanto, com

Capítulo 2: Escrupulosidade e a Escravidão da Lei   59

mesmas citações de santos⁶¹ e apelam sempre aos mesmos precedentes dos mesmos santos (S. Paulo, Sta. Catarina de Sena, Sto. Atanásio),⁶² quando, na verdade, estes não mostram o que eles pretendem demostrar, porque não se aplicam aos ensinamentos magisteriais do pontífice, apenas às suas ações e políticas.⁶³

É certo que Sto. Afonso também faz a ressalva de que o diretor espiritual / confessor só deve ser obedecido na medida em que não mandata pecados.⁶⁴ Mas estes críticos do Papa Francisco parecem dar por adquirido que o pontífice está a ordenar-lhes que pequem e, por conseguinte, desobedecem-lhe. Isto levanta a questão: será mesmo assim? Ou não será possível que os desobedientes estejam a mostrar sinais de rigidez que se assemelham, de alguma forma, ao que aprendemos até agora sobre a escrupulosidade?

Se o Papa está continuamente a advertir contra os perigos espirituais da rigidez, não é provável que as pessoas afetadas por esta doença possam ser tentadas a desobedecer através de juízos privados e da auto-orientação? Não é possível que eles estejam a escusar-se da obediência um pouco precipitadamente e, portanto, a comprometer a segurança que a obediência proporciona à alma? Será que estão a

---

rigidez e flexibilidade, legalismo e vida no Espírito".

⁶¹ Mais uma vez, Kwasniewski. "True Obedience."

⁶² Ver, por exemplo, Schneider. "Catholics are not called to blind obedience."

⁶³ Eu desconstruo os precedentes de S. Paulo e de Sto. Atanásio noutro lugar. Ver Gabriel. *Heresy disguised as Tradition*, 102-105, 317. Relativamente a Sta. Catarina de Sena, ver Alt. "Newman, St. Catherine, and St. Pius X."

⁶⁴ Ligório. *The Sermons*, 186: "Por isso todos os mestres espirituais nos exortam a obedecer aos nossos confessores em tudo o que não é manifestamente pecaminoso".

mostrar sinais de mortificar a sua vontade própria e as suas escolhas antes de avançarem para este domínio perigoso? Ao ler os escritos dos santos – mesmo aqueles casos excecionais que, por alguma razão, resistiram às ações e políticas dos seus papas – nunca vemos uma apologia tão feroz da desobediência como vemos naqueles que resistem ao magistério do Papa Francisco.

Pode-se objetar que se está a desobedecer em nome de um bem. Mas lembremo-nos que o escrupuloso desobedece também em nome de um bem, como a oração ou atos penitenciais. O problema não é o bem em si, mas o apego que leva a uma rigidez tal que se compromete a vontade de Deus para seguir a vontade própria.

O Papa Francisco ensina-nos que o Demónio se pode disfarçar de anjo de luz.[65] É essa, de facto, a etimologia do nome "Lúcifer" ("portador da luz"). Alguém que está sob a influência da sua tentação pode sentir que está a fazer o bem e que tem clareza sobre esse bem. A pessoa fica então "agarrada" a essa verdade que "viu claramente" quando foi tentada.[66] Isso cria um apego rígido a esse bem secundário, que pode então impedir a vontade de Deus:

> [É o caso de alguém que] acredita que está a procurar a glória de Deus, a promoção da Igreja... mas fá-lo com um compromisso pré-estabelecido, fá-lo depois de ter escolhido previamente o caminho: "Servirei, mas só deste modo". Então, a entrega generosa que pretende ser instrumento, servo inútil, bebendo do cálice do Senhor... transforma-se em negociação...

---

[65] 2 Cor 11,14.
[66] Bergoglio. *Reflexiones en Esperanza*, 162-163.

Capítulo 2: Escrupulosidade e a Escravidão da Lei

[O homem autossuficiente] coloca as suas forças e os seus talentos ao serviço do Reino, responde ao seu apelo, mas na condição de lhe ser permitido escolher os métodos, os caminhos, os projetos. Uma redenção segundo a sua própria medida. Mas há aqui ambição, porque se quer impor a sua marca, demonstrar que a decisão de Deus é igual ao seu projeto e ao seu poder. Este homem ambicioso não sabe dialogar, não pede para ser escolhido, mas é ele que escolhe.[67]

Aqui, tal como na escrupulosidade, o antídoto é a obediência. Os nós atados pela desobediência da Virgem Eva são desatados pela obediência da Virgem Maria.[68] A desobediência de Lúcifer é combatida no deserto com a obediência plena e desprendida de Jesus Cristo ao Pai. Como ensina o Papa Francisco, ser cristão não é apenas uma forma de viver uma espiritualidade que nos torna bons, ou que nos torna melhores. Não se trata de seguir "aquele mestre espiritual" ou "ler aquele livro". Não é "uma ideia, uma filosofia ou um poder". Pelo contrário, é ser uma "testemunha da obediência, como Jesus... Se não estivermos neste caminho para crescer no testemunho da obediência, não somos cristãos". A obediência, é verdade, é algo mais fácil de dizer do que de fazer. Exige graça.[69] Por isso, é o oposto da autossuficiência demonstrada por aqueles que foram tentados pelo Anjo da Luz (vamos explorar a autossuficiência

---

[67] Ibid., 148-149.

[68] Ibid., 145. Para um ensaio mais aprofundado sobre como escapar à tentação do Anjo da Luz segundo a espiritualidade bergogliana, ver Gabriel. "Silence: the shield against the Suspicious Man."

[69] Francis. "Witnesses to obedience."

com mais detalhe no capítulo 6).

Este remédio da obediência funcionou bem para Joana de Chantal, a viúva sob a direção espiritual de S. Francisco de Sales. Joana acabaria por fundar a Ordem das Visitandinas e seria canonizada em 1767. Sta. Joana instruía frequentemente as irmãs da sua ordem sobre esta "liberdade de espírito" que tinha aprendido com S. Francisco. Certamente, dado o "temperamento da nossa época", a doutrina cristã pode tornar-se "mais palatável e mais compreensível se for apresentada em termos de um espírito de liberdade, como Francisco de Sales o fez originalmente".[70]

Mais importante ainda, aqueles que promovem estes ensinamentos cristãos serão mais credíveis se, tendo-se libertado da escravidão da Lei, encontrarem a *alegria* que vem com a liberdade dos filhos de Deus. Com esta alegria, podem sair para o mundo e tornar-se a Igreja missionária e evangelizadora com que o Papa Francisco sonha.

---

[70] Pocetto. "Freedom to Love," 12.

Capítulo 3

Farisaísmo e a Vida Dupla

Esta é a diferença entre um pecador e um homem corrupto. Aquele que leva uma vida dupla é corrupto, enquanto que aquele que peca gostaria de não pecar, mas é fraco... Uma putrefação envernizada: é assim a vida de quem é corrupto. E Jesus não lhes chama simplesmente pecadores. Chama-lhes hipócritas.

– Francisco, Meditação matinal "Pecadores sim, corruptos não"

Como vimos2 no último capítulo, o Papa Francisco faz uma distinção entre dois tipos de "escravidão da Lei" 1) aqueles que são "sinceros" e que "sofrem", porque têm "algo como uma doença", e 2) os hipócritas que vivem uma "vida dupla".[1] Em ambas as situações, a pessoa recebe os mandamentos de Deus como justiça, não como um dom. As pessoas rígidas do primeiro grupo – de que falámos no capítulo anterior – vêem Deus não como um pai, mas como um mestre.[2] Mas as do segundo grupo acabam por se ver a *si próprias* como mestres:

Roubaram a herança, que era doutro. Uma história de infidelidade, de infidelidade à eleição, de infidelidade à promessa, de infidelidade à aliança que é um dom. A eleição,

---

[1] Francisco. "Never slaves to the law."
[2] Francisco. "Flour and yeast."

a promessa e a aliança são um dom de Deus. Infidelidade ao dom de Deus. *Não entender que era um dom e tomá-lo como propriedade. Esse povo apropriou-se do dom, tirou esse dom para o transformar em "minha" propriedade...*

Este é o grande pecado. É o pecado de esquecer que Deus se fez Ele mesmo dom para nós, que Deus nos ofereceu isto como dom e, esquecendo isto, *tornar-nos proprietários*. E a promessa já não é promessa, a eleição já não é eleição: A aliança deve ser interpretada segundo o meu parecer.[3]

Estas palavras trazem-nos imediatamente à mente a parábola dos maus lavradores, contada no Evangelho segundo S. Mateus. Como conta Jesus, havia um fazendeiro (representando Deus) que plantou uma vinha e a deixou ao cuidado de alguns lavradores. Quando a colheita estava madura, o fazendeiro enviou os seus servos (os profetas) para cobrar a renda, mas os lavradores mataram os servos em vez de pagarem. Por fim, o fazendeiro enviou o seu próprio filho (Jesus), mas os lavradores malvados mataram-no para ficarem com a herança para si próprios.[4] Os inquilinos desta parábola significavam os fariseus,[5] os maiores adversários de Jesus durante o Seu ministério.

Seria muito estranho escrever um livro sobre rigidez religiosa e

---

[3] Francisco. "Não esqueçamos a gratuidade" (tradução do website do Vaticano).

[4] Mt 24,33-43. A citação do Papa Francisco era, de facto, um comentário a esta parábola. Ver Francisco. "Não esqueçamos a gratuidade": "Mas nesta parábola, acontece que quando chegou o tempo para colher o fruto, esse povo esqueceu-se de que ele não era o proprietário".

[5] Mt 24,45. Ver também Su. "A Study in the Significance of Jesus", 148.

Capítulo 3: Farisaísmo e a Vida Dupla 65

não mencionar os fariseus. Mas um capítulo sobre o farisaísmo precisa de ser escrito com muito cuidado e sensibilidade. É verdade que, no simbolismo cristão, os fariseus se tornaram um arquétipo da rigidez. Por essa mesma razão, a palavra "fariseu" tornou-se excessivamente carregada, tornando-se muitas vezes uma calúnia fácil. Não é raro ver pessoas acusarem os católicos de serem fariseus pelo simples facto de seguirem os princípios tradicionais da sua fé.[6] Isto agrava a confusão entre rigidez e fidelidade. Por conseguinte, os católicos podem aprender a rejeitar completamente o rótulo de "fariseu", mesmo quando o próprio Papa o usa para os instruir sobre a rigidez.[7]

---

[6] Ver, por exemplo, Wijngaards. *The Ordination of Women*, 8-9: "Os fariseus rejeitaram o carpinteiro de Nazaré. Recusaram-se a reconhecê-lo como seu sacerdote, quando estiveram debaixo da sua cruz no Calvário. A ideia de que uma mulher possa exprimir o sacerdócio de Cristo pode parecer igualmente perturbadora". Ver também Kraus. "Queer Theology: Reclaiming Christianity", 107: "Em Jo 8, os fariseus trazem uma mulher a Jesus e acusam-na de adultério. Muitos condená-la-iam de bom grado e sentenciá-la-iam a ser apedrejada até à morte, mas Jesus recusa-se a condená-la. Esta falta de julgamento por parte de Jesus, quando lida com uma perspetiva queer, pode ser entendida como se Jesus não visse a suposta impropriedade sexual como suficientemente importante para justificar a sua desaprovação... A teologia queer pode usar esta história para mostrar como a teologia cristã tradicional é como os fariseus, vendo a comunidade queer como pecadores que merecem ser condenados".

[7] Ver, por exemplo, Douthat. "Jesus and the Pharisees": "Há um tema recorrente na retórica papal da Era Francisco. Insistir na lei moral com demasiada força, sugerem frequentemente o Papa e os seus aliados, é ser como os fariseus... E assim como Jesus transcendeu o legalismo judaico, o catolicismo do Papa Francisco deve transcender as suas próprias legalidades. A ideia é poderosa. Mas não é uma ideia que se encontre em qualquer parte da doutrina tradicional da Igreja; é uma ideia, de facto, que

No entanto, se os fariseus se tornaram um arquétipo da rigidez religiosa, deve haver uma razão para isso. Por isso, se quisermos compreender a rigidez de um ponto de vista católico, temos de ser capazes de nos distanciarmos das conotações pejorativas da palavra "fariseu" e tentar empreender um estudo desapaixonado e objetivo do farisaísmo: não para tentar deitar abaixo as outras pessoas (mesmo aquelas que podem discordar de nós ou do Papa), mas como um esforço coletivo para aprender e crescer juntos.

Outro ponto que exige cautela é o facto de o judaísmo moderno se ter desenvolvido a partir do farisaísmo do século I. Com a queda do Templo de Jerusalém, a prática religiosa afastou-se dos rituais que aí se realizavam e concentrou-se nas práticas de pureza quotidianas pertencentes à esfera de influência dos mestres da Lei Mosaica, ou seja, os fariseus.[8] Por esta razão, tem havido apelos para que os cristãos deixem de usar a palavra "fariseu" como um insulto, uma vez que isso pode levar ao antissemitismo.[9] Estes apelos foram mesmo estendidos a alguns dos discursos do Papa Francisco sobre este tema.[10]

Por outro lado, os confrontos entre Jesus e os fariseus são parte

---

a Igreja rejeitou, por fidelidade aos Evangelhos". Ver também Stravinskas. "Good Pharisees, Bad Catholics": "Há oito anos que ouvimos o Papa Francisco condenar o 'farisaísmo' ou os 'fariseus' que ele pensa ter descoberto na Igreja; este é um verdadeiro 'gatilho' papal, que ele usa contra qualquer pessoa que pareça manter a linha dos absolutos, sabe, os 'rígidos'".

[8] Su. "A Study in the Significance of Jesus", 49-50, 71. Ver também Cook. "A Gospel Portrait of the Pharisees", 221.

[9] Ver, por exemplo, Huckabee. "Christians, Stop Using 'Pharisee.'"

[10] Staff. "Pope urged by Jews to take care over Pharisees talk."

integrante do Evangelho e, por conseguinte, da religião cristã. Então, como resolver esta tensão? A resposta é: colocando estes episódios bíblicos no seu devido contexto histórico. Como veremos no resto deste capítulo, Jesus não estava a condenar os fariseus pelas suas crenças, mas pelas suas ações. Por outras palavras, as Suas críticas eram dirigidas às pessoas específicas que praticavam essas ações, e não a quaisquer religiões ou etnias a que pudessem pertencer. O próprio Jesus era judeu, e não podemos isolar esse facto do que Ele disse e fez em relação aos fariseus. Jesus não estava a criticar os judeus como um estrangeiro. Pelo contrário, as Suas invetivas devem ser lidas como uma crítica profética judaica que procurava restaurar a observância correta da Torá.[11] Na verdade, alguns académicos pensam que estas censuras não eram particularmente originais ou duras para aquela época.[12] Longe de serem anti-judaicas, as críticas de Jesus eram completamente judaicas. Por isso, uma leitura antissemita dos evangelhos é anacrónica e errada.[13]

Em vez de usarmos "fariseu" e "farisaísmo" como uma calúnia contra o judaísmo, devemos ter o cuidado de os ver como um rótulo aplicável a indivíduos específicos de um contexto histórico que não é replicável hoje.[14] Podemos então pegar no que aprendemos com estes episódios históricos e extrapolá-lo para o que podemos mudar

---

[11] Duffield, "Difficult texts," 18. Su. "A Study in the Significance of Jesus," 102.

[12] Su. "A Study in the Significance of Jesus," 98.

[13] Duffield, "Difficult texts," 18.

[14] Staff. "Pope urged by Jews to take care over Pharisees talk": "Segundo o rabino David Rosen, diretor de assuntos inter-religiosos do Comité Judaico Americano (AJC)... As pessoas devem contextualizar o assunto, ou pelo menos usar 'aqueles fariseus' ou 'aqueles judeus'".

em nós próprios como cristãos, e não para os nossos irmãos judeus. Sabemos que o Papa Francisco está ciente desta nuance.[15] Por conseguinte, os seus comentários sobre o farisaísmo devem ser lidos em conformidade.

Com estas ressalvas em mente, podemos agora explorar o que os fariseus do tempo de Jesus nos podem ensinar sobre rigidez. Nomeadamente, podemos tentar perceber por que o Papa Francisco gosta de evocar os fariseus do tempo de Jesus quando fala de uma certa expressão que se tornou comum nas suas meditações e homilias: a "vida dupla".

Os fariseus nos ensinamentos do Papa Francisco

De acordo com alguns estudiosos, o termo "fariseu" deriva da palavra "especificadores" (ou, para ser mais preciso: "aqueles que são exatos no cumprimento da Lei"). A maioria, no entanto, afirma que o rótulo desenvolveu-se a partir da palavra hebraica/aramaica "*Perisha*", que significa "os separados" ou "separatistas". Os fariseus emergiram durante a conquista de Israel pelos gregos, para os distinguir dos chamados helenistas, ou seja, aqueles que adotaram os costumes gregos pagãos. Os fariseus, portanto, eram os que se "separavam" de todas as práticas pagãs, para poderem viver uma fé judaica pura.[16]

Com o passar do tempo, a influência dos fariseus foi crescendo. Na época de Jesus, os fariseus eram vistos como líderes espirituais e religiosos na sociedade israelita, exercendo influência mesmo entre

---

[15] Francisco. "Address to the Pontifical Biblical Institute."
[16] Su. "A Study in the Significance of Jesus," 43.

Capítulo 3: Farisaísmo e a Vida Dupla

os governantes de alto nível.[17] Uma vez que os fariseus acreditavam que eram eles que defendiam a exatidão da Lei, eles procuravam obter o máximo de controlo e autoridade possível em matérias religiosas.[18] Eram considerados não só os intérpretes da Lei, mas também os seus executores, com o poder de determinar quem era e quem não era membro de pleno direito da comunidade judaica.[19] No entanto, abusaram desta autoridade, exercendo-a nos seus compatriotas de forma excessiva.[20]

Neste sentido, a "vida dupla" pode ser entendida como um abuso da autoridade religiosa de forma de crescer em riqueza e poder. O Papa Francisco ensina que os chefes dos sacerdotes e os escribas se zangaram quando Jesus expulsou os cambistas do Templo, porque eles estavam "ligados" a esses homens de negócios. Tratava-se de um "suborno santo": as autoridades religiosas "estavam apegadas ao dinheiro e veneravam-no como 'santo'".[21] Além disso, os fariseus faziam um espetáculo de "hipocrisias de exterioridade" para se apresentarem com "a força do mundo, e não com a debilidade que deixa espaço a Deus". Como cristãos, devemos estar "libertos de vínculos ambíguos com o poder e do medo de ser incompreendidos e atacados".[22]

Outra forma de esta "vida dupla" se manifestar é através da "corrupção". Jesus disse aos Seus discípulos para observarem tudo o

---

[17] Ibid., 45-46.
[18] Ibid., 45.
[19] Ibid., 54.
[20] Ibid., 46.
[21] Francisco. "A daily struggle."
[22] Francisco. Homilia na Benção dos Pálios (tradução do website do Vaticano).

que os fariseus diziam, mas para não fazerem como eles, pois eles "dizem e não fazem".[23] O Papa Francisco diz que os fariseus eram "corruptos, porque uma rigidez deste género só pode ter uma vida dupla". Mencionando alguns episódios bíblicos em que mulheres foram condenadas por juízes corruptos, o Santo Padre explica que aqueles "que condenaram essas mulheres depois foram encontrá-las por trás, às escondidas, para se divertirem".[24]

> E também no nosso tempo vimos algumas organizações apostólicas que pareciam realmente bem constituídas, que funcionavam bem... mas todas rígidas, todas iguais umas às outras, e depois ficamos a saber da corrupção que havia dentro, até nos fundadores.[25]

É certo que estas denúncias papais sobre corrupção institucional são muito importantes e bem-vindas nos dias de hoje. Mas será que é só isso que há a saber sobre "vida dupla"? E os cidadãos comuns, os católicos que praticam a sua religião sem qualquer perspetiva de enriquecimento ou de poder? Poderão eles também aprender alguma coisa com a rigidez dos fariseus que os ajude a desenvolver-se espiritualmente?

Recordemos a parábola de Jesus sobre o Pai Misericordioso. Quando o pai dessa parábola perdoa o filho pródigo, o filho mais velho – que nunca saiu da casa do pai nem lhe desobedeceu – fica

---

[23] Mt 23,3.
[24] Francisco. "Three women and three judges."
[25] Francisco. "O relacionamento com Deus é gratuito" (tradução do website do Vaticano).

ressentido tanto com o pai como com o irmão. Francisco explica como a indignação do filho mais velho deriva de um erro fundamental que já explorámos ao longo deste livro: "na relação com o Pai, ele baseia tudo sobre a pura observância das ordens, no sentido do dever". Não o vê como um pai, mas como um mestre. Perdendo "de vista que Ele é Pai" e vivendo "uma religião distante, feita de proibições e deveres", o filho mais velho afasta-se da sua própria família: "a consequência desta distância é a rigidez em relação ao próximo, que já não se vê a si próprio como irmão. Com efeito, na parábola o filho mais velho não diz ao Pai 'meu irmão', não, diz 'o teu filho', como se dissesse: 'não é meu irmão'. E no final ele mesmo corre o risco de ficar fora de casa".[26]

Os ensinamentos do Papa Francisco estão em continuidade com o que o seu antecessor Bento XVI escreve sobre o mesmo assunto:

> [O filho mais velho] só vê injustiça. E isso revela que também ele sonhou secretamente com uma liberdade sem limites, que a sua obediência o tornou interiormente amargo e que não tem consciência da graça de estar em casa, da verdadeira liberdade de que goza como filho... *Jesus usa estas palavras do pai para falar ao coração dos fariseus e escribas murmuradores*, que se indignaram com a sua bondade para com os pecadores...
>
> A sua amargura perante a bondade de Deus revela uma amargura interior em relação à sua própria obediência, uma amargura que indica os limites dessa obediência. No seu

---

[26] Francisco. "Angelus," 27 de março de 2022 (tradução do website do Vaticano).

íntimo, teriam de bom grado viajado também para essa grande "liberdade". Há uma inveja implícita daquilo que os outros conseguiram fazer sem serem castigados. Não passaram pela peregrinação que purificou o irmão mais novo e o fez compreender o que significa ser livre e o que significa ser filho. Na verdade, *levam a sua liberdade como se fosse uma escravidão e não amadureceram para a verdadeira filiação*. Também eles continuam a precisar de fazer caminho.[27]

O Papa Francisco desenvolve ainda mais este pensamento:

Pensemos nas coisas boas que Jesus diz aos severos do seu tempo... Eles são os severos. E a observância não deve ser severa; se a observância for severa não é observância, é egoísmo pessoal. É procurar-se a si próprio e sentir-se mais justo do que os outros. "Agradeço-te Senhor porque a minha Congregação é precisamente católica, observante, e não como aquela Congregação que vai por aqui e por ali..." Esta conversa é dos severos.[28]

Mesmo que essa pessoa esteja a viver uma vida aparentemente coerente e moral, está a viver aquilo a que o Papa Francisco chama uma "vida dupla". É ainda uma espécie de "atitude hipócrita: por

---

[27] Bento XVI. *Jesus of Nazareth: from the Baptism*, 210-211.
[28] Francisco. "Discurso aos Jovens Consagrados" (tradução do website do Vaticano).

Capítulo 3: Farisaísmo e a Vida Dupla

detrás do bem que fazem, há orgulho".[29] Tal como a pessoa escrupulosa do capítulo anterior, a pessoa imbuída deste espírito não tem nem a alegria, nem a liberdade dos filhos de Deus. Usa uma máscara de "luto" e "acredita que a vida cristã" deve ser levada "tão a sério" que acaba por "confundir solidez e firmeza com rigidez".[30]

Aqui, temos de fazer outra distinção importante. Só porque esta pessoa está a viver uma "vida dupla", não significa que não esteja a ser honesta. Pode acreditar sinceramente que está a seguir a vontade de Deus. Francisco cita o caso de Saulo, que era fariseu antes de cair do cavalo e se tornar o apóstolo S. Paulo:

> Saulo, um jovem rígido, era honesto. Ele estava errado! – mas honesto... Ele acreditava e agia... Penso – quando digo isto – em muitos jovens que caíram na tentação da rigidez, hoje, na Igreja – alguns são honestos, são bons. Devemos rezar para que o Senhor os ajude a crescer no caminho da mansidão.[31]

Um problema com que nos defrontamos é o facto de "vida dupla" evocar (com razão) a palavra "hipocrisia", e hipocrisia ser uma palavra carregada, com denotações negativas, tal como a palavra "fariseu". Mas será que nos podemos limitar a aplicar a palavra hipócrita àqueles que usam a religião para encobrir os seus próprios pecados, ou para ganhar poder e riqueza? Estudemos agora o que significava a palavra "hipócrita" no tempo de Jesus.

---

[29] Francisco. "Never slaves to the law."
[30] Francisco. "Christians of action and truth."
[31] Francisco. "Rigid but honest."

A máscara exterior

Na linguagem comum, a palavra "hipócrita" significa geralmente alguém que diz uma coisa e faz outra.[32] Há boas razões para pensar que este significado se aplicava aos fariseus do Israel do século I. Afinal, Jesus critica-os, afirmando: porque "dizem e não fazem".[33]

Mas podemos ir ainda mais fundo na avaliação da palavra "hipócrita". Esta palavra tem uma etimologia grega e era usada na cultura greco-romana para descrever um "ator" ou "alguém que dá uma resposta, interpreta um oráculo, imita outra pessoa ou representa um papel num drama".[34] É provável que este uso se tenha infiltrado na cultura judaica durante as ocupações grega e romana. Na literatura judaica pós-bíblica, a palavra "hipócrita" conotava "insinceridade de comportamento",[35] mas também transmitia o significado de "fingir", no sentido em que alguém "fingia ser diferente de aquilo que realmente é".[36]

Como vimos, os fariseus eram hipócritas porque se comportavam de forma diferente do que pregavam, nomeadamente para obterem elogios públicos.[37] Mas, noutra parte do Evangelho,

---

[32] Ver *Merriam-Webster.com*. "Hipócrita": "uma pessoa que atua em contradição com as suas crenças ou sentimentos declarados".
[33] Mt 23,3.
[34] Su. "A Study in the Significance of Jesus", 153.
[35] Ibid., 153.
[36] Ibid., 154.
[37] Ver, por exemplo, Mt 6,16-18: "Quando jejuardes, não tomeis um ar triste como os hipócritas, que mostram um semblante abatido para manifestar aos homens que jejuam. Em verdade eu vos digo: já receberam

Capítulo 3: Farisaísmo e a Vida Dupla

Jesus chama hipócritas aos fariseus, porque "este povo somente me honra com os lábios; seu coração, porém, está longe de mim".[38] Por outras palavras, a discrepância não se situava apenas ao nível do comportamento (que, tal como a pregação, era exterior), mas atravessava o santuário mais íntimo da alma humana: o coração. A hipocrisia farisaica é uma "distinção entre atitudes interiores e comportamentos exteriores".[39]

Os fariseus são hipócritas porque "fingem". Desempenham um papel exterior ao qual a sua "disposição interior não corresponde". Não são apenas pessoas que dizem uma coisa e fazem outra. São pessoas que, de facto, "fazem as coisas certas, mas não são o tipo certo de pessoas porque o seu coração está errado".[40] Por outras palavras, eles não têm um problema de comportamento, mas um problema de atitude.[41]

É interessante notar que, quando Jesus condenou os fariseus por

---

sua recompensa. Quando jejuares, perfuma a tua cabeça e lava o teu rosto. Assim, não parecerá aos homens que jejuas, mas somente a teu Pai que está presente ao oculto; e teu Pai, que vê num lugar oculto, te recompensará". Ver também Mc 12,38-39: "Guardai-vos dos escribas que gostam de andar com roupas compridas, de ser cumprimentados nas praças públicas e de sentar-se nas primeiras cadeiras nas sinagogas e nos primeiros lugares nos banquetes".

[38] Mt 15,7-8.
[39] Su. "A Study in the Significance of Jesus," 158. Ver também Loader. *Jesus' Attitude towards the Law*, 72: "[Jesus] usa-a para contrastar a boca e o coração e para atacar os ensinamentos meramente humanos... O contraste implícito entre o exterior e o interior, em 7,3-4, torna-se agora um contraste entre o comportamento exterior dos lábios e o do coração".
[40] Su. "A Study in the Significance of Jesus," 184.
[41] Loader, *Jesus' Attitude Towards the Law*, 164.

honrarem Deus com os lábios e não com o coração, fê-lo no contexto da controvérsia sobre a lavagem das mãos e dos copos. Durante uma refeição partilhada, os fariseus chamaram a atenção de Jesus para o facto de os seus discípulos terem começado a comer sem lavar as mãos. O problema não era apenas de falta de higiene. Tinha conotações religiosas muito mais profundas. O ritual de lavar as mãos tinha a ver com um sistema de pureza bem estabelecido. Não só as mãos, mas também os copos e as panelas deviam ser lavados de uma forma particular, para que a comida e os participantes não fossem contaminados.[42] É neste momento que Jesus repreende os fariseus, dizendo:

> Isaías com muita razão profetizou de vós, *hipócritas*, quando escreveu: *Este povo honra-me com os lábios, mas o seu coração está longe de mim*. Em vão, pois, me cultuam, porque ensinam doutrinas e preceitos humanos. Deixando o mandamento de Deus, vos apegais à tradição dos homens... Na realidade, invalidais o mandamento de Deus para estabelecer a vossa tradição.[43]

A partir daí, Jesus entrou repetidamente em conflito com os fariseus e a relação entre ambas as partes foi-se deteriorando progressivamente. Finalmente, a Sua oposição atingiu o clímax no discurso dos Sete "Ais". Os fariseus tinham acusado Jesus de desencaminhar o povo, pelo que Ele refutou-os[44] recorrendo a uma

---

[42] Mc 7,1-4.
[43] Mc 7,6-9.
[44] Su. "A Study in the Significance of Jesus," 90-91.

Capítulo 3: Farisaísmo e a Vida Dupla

fórmula judaica: os ais, uma espécie de discurso profético judaico que prediz o juízo sobre aqueles que desonram uma aliança.[45] O quinto ai é de particular interesse aqui, porque recorda a controvérsia da lavagem dos copos:

> Ai de vós, escribas e fariseus hipócritas! Limpais por fora o copo e o prato e por dentro estais cheios de roubo e de intemperança. Fariseu cego! Limpa primeiro o interior do copo e do prato, para que também o que está fora fique limpo.[46]

Por outras palavras, a obsessão dos fariseus pela impureza exterior e ritual, levou-os a negligenciar a pureza interior, que era a mais importante.[47] É uma questão de prioridades desajustadas, perfeitamente ilustrada pela metáfora da loiça.[48] Por muito importante que seja a limpeza exterior do copo, a pureza interior é mais importante, pois o interior é a parte do copo que contém a comida e a bebida. Por isso, se o interior do copo estiver sujo, a pessoa ingere impurezas e poluição. O próximo ai (o sexto)

---

[45] Ibid., 95.
[46] Mt 23,25-26.
[47] Su. "A Study in the Significance of Jesus," 133.
[48] Ver Loader, *Jesus' Attitude Towards the Law*, 383: "A versão lucana dos ais tem o mesmo tema. Lucas não está a atacar a lavagem dos copos ou mesmo o dízimo dos alimentos menores, que Jesus continua a ordenar; está a atacar a preocupação com estes, negligenciando ao mesmo tempo o amor a Deus e a justiça. Ele pode reconhecer que aqueles que ensinam a Torá têm a chave do conhecimento. A atitude e a orientação são importantes, como ilustra o contraste entre o pecador e o fariseu".

desenvolve ainda mais esta lógica:

> Ai de vós, escribas e fariseus hipócritas! Sois semelhantes aos sepulcros caiados: por fora parecem formosos, mas por dentro estão cheios de ossos, de cadáveres e de toda espécie de podridão. Assim também vós: por fora pareceis justos aos olhos dos homens, mas por dentro estais cheios de hipocrisia e de iniquidade.[49]

Mais uma vez, temos uma metáfora que esclarece a discrepância entre a pureza exterior e a pureza interior. Jesus alude a túmulos, caiados por fora, mas que, por dentro, contêm apenas morte. A alusão à imundície é um indicador verbal muito forte do estado interior dos fariseus.[50] Ou, como diria o Papa Francisco, "rigidez significa ser fundamentalmente esquizoide: acabas por parecer rígido, mas por dentro és um desastre".[51]

Sempre que há uma incongruência entre o exterior e o interior do nosso "Eu", então há "hipocrisia" – no sentido greco-romano da palavra – porque a pessoa está a "fingir" ser alguém que não é. Esta "máscara" não é necessariamente usada de forma consciente – por vezes pode ser inconsciente.[52] De facto, essa é uma das razões pelas quais Jesus sublinhou tanto os pecados dos fariseus e porque estes reagiram tão fortemente contra Ele. Não se trata apenas de dizer uma coisa e fazer outra. Trata-se de pecados que estão no coração:

---

[49] Mt 23,27-28.
[50] Su. "A Study in the Significance of Jesus," 134-136.
[51] Francisco. "Mediators or intermediaries."
[52] Su. "A Study in the Significance of Jesus," 156.

pecados secretos, pecados escondidos. Como esses pecados estavam escondidos, os fariseus podiam cegar os outros – e pior, *cegar-se a si próprios* – para eles.[53] Só Jesus, que sabia ler o coração dos homens, era capaz de ver esses pecados e de os trazer à luz diante de toda a gente, como fez quando proclamou os sete ais às multidões.

Espírito vs. letra da Lei

Muitos católicos tendem a desconfiar da expressão "espírito da Lei", uma vez que ela evoca o chamado "Espírito do Vaticano II". Este último é um método interpretativo utilizado pela ala liberal da Igreja para implementar uma versão mais progressista do Concílio Vaticano II do que a contida nos documentos conciliares tal como eles são.[54] Isto foi feito através de uma hermenêutica particular: supostamente o Concílio deveria ser interpretado de acordo com o seu "espírito" e não com a sua "letra". Os conservadores e tradicionalistas afirmam, com razão, que o "Espírito do Vaticano II" se tornou uma forma de introduzir medidas claramente não pretendidas pelos Padres Conciliares, recorrendo a um "espírito da

---

[53] Ibid., 166.

[54] Ver, por exemplo, Novak. "The Holy Spirit did preside": "Na Igreja na América, pelo menos, estive entre os primeiros apoiantes do 'Espírito do Vaticano II' – em detrimento dos textos conciliares reais, que eram mais equilibrados e exatos. Mereço ser envergonhado por algumas das coisas extremas que escrevi sobre liturgias experimentais, sobre dissidência na Igreja e sobre esse 'espírito' esquivo... Mesmo a tempo, como vi acontecer nos quarenta anos seguintes, João Paulo II (que tomou o seu nome dos dois papas que lideraram o Concílio, João XXIII e Paulo VI) resgatou os objetivos originais do Concílio".

lei" abstrato e não falsificável que, convenientemente, se alinha sempre com a ideologia dos progressistas. Neste sentido, podemos ver como o apelo ao "espírito da lei" pode tornar-se uma traição ao legislador, se se interpretar a lei de uma forma que o legislador não pretendia.

No entanto, recordemos a nossa discussão sobre *epikeia* no capítulo 1: interpretar a lei "à letra" *também* pode ser uma traição ao legislador, se a lei for aplicada mesmo em situações particulares que o legislador não previu e para as quais concederia exceções, se soubesse. Então, como interpretar a lei sem trair o legislador? Devemos interpretá-la de acordo com o "espírito" ou com a "letra"? Mais uma vez, é necessária uma abordagem baseada na média dourada. As interações entre Jesus e os fariseus fornecem o equilíbrio necessário para esta difícil questão.

Durante o incidente da lavagem das mãos, Jesus repreendeu os fariseus por defenderem "tradições dos homens" que "invalidam o mandamento de Deus".[55] E exemplificou o que queria dizer, referindo a prática do *Corbã*, ou seja, ofertas dedicadas ao Templo que não podiam ser utilizadas para outros fins:

> Pois Moisés disse: Honra teu pai e tua mãe; e: Todo aquele que amaldiçoar pai ou mãe seja morto. Vós, porém, dizeis: Se alguém disser ao pai ou à mãe: Qualquer coisa que de minha parte te pudesse ser útil é corban, isto é, oferta, e já não lhe deixais fazer coisa alguma a favor de seu pai ou de sua mãe, anulando a Palavra de Deus por vossa tradição que

---

[55] Mc 7,8-9.

vós vos transmitistes.⁵⁶

Por outras palavras, os fariseus (em conluio com as autoridades do Templo) estavam a abusar da prática do *Corbã* para se enriquecerem. Se as pessoas gastassem todo o seu dinheiro no Templo, não teriam meios para sustentar os pais idosos – o que também era um mandamento de Deus.⁵⁷ Esta prática era lícita, se se cumprisse a letra da Lei. Mas, na prática, dividia as pessoas entre as suas atitudes interiores (amor pelos pais) e o seu comportamento exterior (dar todo o dinheiro ao Templo, não deixando nenhum para os pais).⁵⁸

A prática do *Corbã* era um ato voluntário. Além disso, a tradição oral judaica da época abordava as circunstâncias em que se podia ser libertado de um voto como este. Pelo contrário, "honrar pai e mãe" era um dos Dez Mandamentos e, portanto, obrigatório. Os fariseus estavam a aplicar os votos de *Corbã* de forma tão rigorosa, que obrigavam as pessoas a negligenciar a sua responsabilidade familiar sob o pretexto de obedecer à Torá.⁵⁹ Era uma lacuna na Lei, que favorecia abusos. Jesus não discute com a Lei, mas com uma interpretação particular da Lei que procura deliberadamente subvertê-la.⁶⁰

Outra controvérsia que nos ajuda a esclarecer este assunto é a polémica em torno da "respiga no sábado". Um dia, Jesus passou por

---

⁵⁶ Mc 7,10-13.
⁵⁷ Grondin. "Why Did Jesus Condemn the Practice of Corban?"
⁵⁸ Loader. *Jesus' Attitude Towards the Law*, 72.
⁵⁹ Pickup. "Mathew's and Mark's Pharisees," 88-87.
⁶⁰ Loader. *Jesus' Attitude Towards the Law*, 73, 261.

um campo e pediu aos discípulos que respigassem algum alimento. Isso teria sido legal, se não tivesse acontecido durante o sábado, um dia de descanso obrigatório para os judeus. Mais uma vez, os fariseus confrontaram Jesus, perguntando-Lhe: "Por que fazem eles no sábado o que não é permitido?"[61] Mais uma vez, Jesus respondeu: "O sábado foi feito para o homem, e não o homem para o sábado; e, para dizer tudo, o Filho do Homem é senhor também do sábado".[62]

Como já referi noutro livro,[63] a citação "o sábado foi feito para o homem e não o homem para o sábado" não foi inventada por Jesus. Pelo contrário, foi um regresso a um precedente da Bíblia. Quando David e os seus homens estavam a fugir da perseguição do Rei Saul, pediram a Abiatar, o sumo sacerdote, que lhes desse algo para comer. No entanto, o único alimento disponível na altura eram os pães sagrados do Templo.[64] Estes pães tinham uma ligação com o sábado, pois deviam ser mudados todos os sábados e só podiam ser comidos por um sacerdote dentro do santuário.[65] Mas Abiatar permitiu que David e os seus homens comessem esses pães, desde que estivessem num estado de pureza ritual ao fazê-lo. Abiatar não estava a ignorar a Torá ao fazê-lo – caso contrário, não se teria preocupado com a pureza ritual de David enquanto .comia os pães – mas a aplicar corretamente a Torá a uma circunstância excecional.[66] Uma questão de *epikeia*, se quisermos. Ao referir este

---

[61] Mc 2,23-24.
[62] Mc 2,27-28.
[63] Gabriel. *Heresia disfarçada de Tradição*, 275.
[64] 1 Sam 21,3-6.
[65] Lev 24,5-9. Ver também Pickup. "Mathew's and Mark's Pharisees", 78.
[66] Pickup. "Mathew's and Mark's Pharisees," 79.

Capítulo 3: Farisaísmo e a Vida Dupla

precedente davídico, Jesus estava a afirmar a Sua continuidade com o Rei David e, portanto, a Sua autoridade e realeza.[67]

No entanto, também podemos ver a frase "o sábado foi feito para o homem, e não o homem para o sábado" de um outro ângulo (embora ambos não sejam mutuamente exclusivos, muito pelo contrário). Um ângulo humanitário. Podemos interpretá-lo como "o sábado foi feito para a humanidade, e não a humanidade para o sábado".[68]

A Lei Mosaica permitia que os pobres e os estrangeiros que não tinham campos próprios para se alimentarem, colhessem cereais e uvas do campo de um israelita. Tratava-se de uma lei de benevolência, para que o pobre e o estrangeiro não passassem fome.[69] Igualmente benévola era a lei do sábado, segundo a qual o sábado era estabelecido como um dia de descanso obrigatório. Durante esse descanso, não se devia trabalhar, nem mesmo colher frutos.[70]

Mas, neste caso particular, os fariseus puseram as duas leis (a lei da respiga e a lei do sábado) em oposição. Nesse processo, destruíram a benevolência de ambas. Segundo a interpretação dos fariseus, o pobre não podia efetuar *qualquer* trabalho no sábado, incluindo a respiga. Isto significava que os pobres teriam de passar fome durante o sábado.[71]

Aqui, podemos ver que Jesus e os fariseus possuíam modos

---

[67] Ver Bento XVI, *Jesus of Nazareth: From the Baptism*, 107.
[68] Pickup. "Mathew's and Mark's Pharisees," 78.
[69] Ibid., 77.
[70] Ibid., 77.
[71] Ibid., 78, 88.

diferentes de interpretação legal.⁷² Os fariseus davam mais importância à letra da Lei, pois para eles a observância meticulosa da Torá refletia a forma mais elevada de serviço divino.⁷³ Para os fariseus, o serviço a Deus vinha antes de qualquer outra coisa: as necessidades humanas deviam ceder ao serviço divino. Jesus, por outro lado, acreditava que o facto de não se satisfazer as necessidades humanas básicas era, por si só, uma violação do serviço divino.⁷⁴ O espírito da Lei não permia uma interpretação legalista e literalista, porque isso prejudicaria as pessoas. Tal interpretação privaria os pobre do sustento que a mesma Lei lhes garantia.⁷⁵ Isto era, na prática, uma violação do sábado. Quando Jesus disse que o sábado foi feito para o homem, e não o homem para o sábado, o que Ele queria dizer era que o sábado deveria ser interpretado como uma dádiva a ser desfrutada interiormente, e não como uma exigência imposta exteriormente. Não havia necessidade de tanto rigor,⁷⁶ pois isso diminuiria o gozo desta dádiva dada por Deus e, portanto, frustraria o seu objetivo. Como vimos no início deste capítulo, os fariseus estavam a "apropriar-se do dom", que não era deles.

Essa era a maior diferença entre a visão dos fariseus e a de Jesus sobre a Lei. Para os fariseus, defender o segundo maior mandamento da lei ("ama o teu próximo") podia, em alguns casos, ser feito de modo a anular o maior mandamento ("ama a Deus sobre todas as coisas"). Mas Jesus ensinou que quando alguém anula o segundo

---

[72] Skeel. "What were Jesus and the Pharisees talking about?" 142.
[73] Ibid., 141-142.
[74] Pickup. "Mathew's and Mark's Pharisees," 80.
[75] Ibid., 78-79.
[76] Loader, *Jesus' Attitude Towards the Law*, 45, 52.

Capítulo 3: Farisaísmo e a Vida Dupla

maior mandamento, não está a defender, mas sim a anular o maior mandamento também. Tudo se resumia à forma como o amor a Deus e o amor ao próximo deviam ser integrados.[77]

Há aqui uma nuance. Os fariseus acreditavam que, se tivéssemos de escolher entre o maior mandamento e o segundo maior, deveríamos escolher o maior. À primeira vista, isto parece lógico. Mas Jesus *não* acreditava que, se alguém tivesse que escolher entre o maior mandamento e o segundo maior, deveria escolher o segundo maior. Pelo contrário, o que Jesus diz é que não há necessidade de escolher: só se pode cumprir o maior mandamento cumprindo o segundo maior. Não se pode cumprir um deles quebrando o outro. Ou ambos os mandamentos são válidos ou não são. Os fariseus subscreviam uma hermenêutica de rutura quanto aos dois mandamentos ao passo que Jesus propunha numa hermenêutica de continuidade, apesar de ter sido acusado pelos fariseus de se empenhar Ele próprio na rutura.

Jesus não rejeitou o sábado (ou qualquer outro aspeto da Lei). Apenas rejeitou a *interpretação* que os fariseus faziam do sábado.[78] Para Jesus, os fariseus tinham um problema de ênfase incorreta, que invertia por completo a hierarquia dos valores.[79] Esta ênfase incorreta estava também intimamente relacionada com as acusações de hipocrisia feitas por Jesus.[80] Os fariseus eram considerados

---

[77] Pickup. "Mathew's and Mark's Pharisees," 80. Ver também Loader, *Jesus' Attitude Towards the Law*, 36.
[78] Pickup. "Mathew's and Mark's Pharisees," 79. Ver também Loader, *Jesus' Attitude Towards the Law*, 143.
[79] Pickup. "Mathew's and Mark's Pharisees," 88.
[80] Loader, *Jesus' Attitude Towards the Law*, 383.

hipócritas porque, ao mesmo tempo que se arrogavam o papel de executores da Lei, infringiam a Lei quando a interpretavam "ao pé da letra" e não segundo o seu "espírito". Eram hipócritas porque violavam a Lei sob o pretexto de a cumprirem.[81] Como explica o Papa Francisco:

> [D]iante da fome Jesus *deu prioridade à dignidade dos filhos de Deus, sobre uma interpretação formalista, conciliante e interessada pela norma.* Quando os doutores da lei se queixaram com indignação hipócrita, Jesus recordou-lhes que Deus quer amor, não sacrifícios, e explicou que o sábado foi feito para o homem, e não o homem para o sábado. *Enfrentou o pensamento hipócrita e presunçoso com a inteligência humilde do coração, que dá sempre a prioridade ao homem e não aceita que determinadas lógicas impeçam a sua liberdade de viver, amar e servir o próximo.*[82]

Esta hipocrisia é ainda mais ilustrada no rescaldo da controvérsia sobre o sábado. Depois de proclamar que "o sábado foi feito para o homem, e não o homem para o sábado", Jesus foi a uma sinagoga e começou a pregar. Um homem aleijado foi ter com Ele, pedindo para ser curado. Os fariseus ficaram a observar se Jesus ia curar aquele homem, para O poderem acusar de violar o sábado

---

[81] Pickup. "Mathew's and Mark's Pharisees," 86. Ver também Loader, *Jesus' Attitude Towards the Law*, 77-78.

[82] Francisco. "Discurso ao Encontro dos Movimentos Populares" (tradução do website do Vaticano).

Capítulo 3: Farisaísmo e a Vida Dupla

também.[83] Perguntaram a Jesus se era lícito curar num sábado.[84] Pelo que vimos, a hermenêutica de Jesus não só dizia que era lícito ajudar uma pessoa num sábado, mas que seria ilícito *não* o fazer. Mas, para evitar a armadilha montada pelos fariseus, Jesus virou o jogo contra eles. Perguntou-lhes:

> Há alguém entre vós que, tendo uma única ovelha e se esta cair num poço no dia de sábado, não a irá procurar e retirar? Não vale o homem muito mais que uma ovelha? É permitido, pois, fazer o bem no dia de sábado.[85]

Aqui, mais uma vez, manifesta-se a hipocrisia dos fariseus. Se uma das suas ovelhas tivesse caído num poço, eles jamais esperariam que o sábado terminasse para ajudar o animal, pois, caso contrário, este poderia perecer. Mas os fariseus não estavam dispostos a ter para com os seus semelhantes a mesma compaixão que teriam para com os seus animais. Mais uma vez, há uma inversão na hierarquia dos valores. Mais importante ainda, havia hipocrisia, porque os fariseus aplicavam a Torá de forma inconsistente.[86] Devido a essa incoerência, os fariseus não prestavam a ajuda necessária aos seus irmãos, violando ainda mais a Torá e caindo ainda mais na hipocrisia.

Depois disto, Jesus perguntou: "É permitido fazer o bem ou o mal no sábado? Salvar uma vida ou matar?" Jesus curou então o

---

[83] Mc 3,1-2.
[84] Mt 12,10.
[85] Mt 12,11-12.
[86] Pickup. "Mathew's and Mark's Pharisees," 91.

homem aleijado. Quando viram isto, os fariseus saíram e começaram imediatamente a conspirar para se livrarem d'Ele.[87] Jesus "trabalhara" no sábado para fazer o bem e salvar uma vida, enquanto os fariseus, escandalizados, haviam tentado impedi-l'O de "trabalhar" no sábado. Ao fazerem isto, ele "trabalharam" no sábado para fazer o mal, tentando destruir a Sua vida. Mais uma vez, agiam hipocritamente, pois não se importavam de trabalhar no sábado para fazer o mal – as suas únicas objeções eram contra o trabalho sabático de Jesus para fazer o bem.[88]

Com tudo isto em mente, voltemos aos sete ais que Jesus acabaria por levantar contra os fariseus. No primeiro ai, Jesus diz: "Ai de vós, escribas e fariseus hipócritas! Vós fechais aos homens o Reino dos Céus. Vós mesmos não entrais e nem deixais que entrem os que querem entrar".[89] Uma vez que os fariseus usavam a casuística para ofuscar os aspectos mais centrais da Lei, estavam efetivamente a impedir que outros seguissem a plenitude da Lei. Não eram líderes, mas sim enganadores.[90] Abusavam da sua autoridade, como se fossem porteiros que impediam a entrada de convidados bem-vindos. Ironicamente, através destas ações, os fariseus também se estavam a trancar fora do Céu.[91]

O terceiro ai também tratava da casuística. Os fariseus ensinavam que, se alguém tivesse de fazer um juramento ou um voto, devia jurar sobre o ouro do Templo ou sobre a oferenda

---

[87] Mc 3:4-6.
[88] Loader, *Jesus' Attitude Towards the Law*, 37.
[89] Mt 23,13.
[90] Su. "A Study in the Significance of Jesus," 123.
[91] Ibid., 125.

Capítulo 3: Farisaísmo e a Vida Dupla

colocada no altar, porque estes estavam relacionados com o *Corbã* (ver acima). Por conseguinte, se alguém jurasse apenas sobre o Templo ou sobre o altar, o juramento ou voto não seria vinculativo. Jesus pronunciou o terceiro ai em relação a este debate:

> Ai de vós, guias cegos! Vós dizeis: Se alguém jura pelo templo, isto não é nada; mas, se jura pelo tesouro do templo, é obrigado pelo seu juramento. Insensatos, cegos! Qual é o maior: o ouro ou o templo que santifica o ouro? E dizeis ainda: Se alguém jura pelo altar, não é nada; mas, se jura pela oferta que está sobre ele, é obrigado. Cegos! Qual é o maior: a oferta ou o altar que santifica a oferta? Aquele que jura pelo altar jura ao mesmo tempo por tudo o que está sobre ele.[92]

Em suma, Jesus não condena a realização de juramentos ou votos. O que Ele condena é o tipo de confusão que os fariseus faziam. Era óbvio que jurar pelo Templo ou pelo altar também era vinculativo, porque se tratavam de objetos sagrados. Era preferível não fazer qualquer juramento e responder com honestidade e sinceridade, do que entrar neste tipo de casuística pedante que conduzia a lacunas na Lei e, por conseguinte, à violação dos juramentos perante Deus.[93] O cumprimento da Lei ao pé da letra, mais uma vez, fazia com que ela fosse violada sob o pretexto de a seguir de uma forma mais exata.

Por fim, o quarto ai resume de forma magistral o que temos vindo a referir:

---

[92] Mt 23,16-22.
[93] Su. "A Study in the Significance of Jesus," 128-130.

> Ai de vós, escribas e fariseus hipócritas! Pagais o dízimo da hortelã, do endro e do cominho e desprezais os preceitos mais importantes da Lei: a justiça, a misericórdia, a fidelidade. Eis o que era preciso praticar em primeiro lugar sem, contudo, deixar o restante. Guias cegos! Filtrais um mosquito e engolis um camelo.[94]

O dízimo era a prática de doar um décimo da produção de cada israelita para sustentar a classe sacerdotal. Mais uma vez, Jesus não condena esta prática legal, mas apenas as prioridades erradas dos fariseus. Os fariseus incitavam as pessoas a praticar o dízimo até ao mais ínfimo pormenor, mesmo quando se tratava da décima parte de ervas e especiarias como a hortelã, o endro e o cominho. No entanto, estavam dispostos a ignorar violações muito mais graves da Lei, no que respeita à justiça e à misericórdia.[95] Ao serem exatos nas minúcias, mas negligenciando as "questões mais importantes da Lei", os fariseus filtravam mosquitos e deixavam passar camelos inteiros. Os fariseus podiam estar a cumprir a letra da Lei, mas estavam longe do seu espírito. Como explica o Papa Francisco:

> Rigidez. Isto afasta-nos da sabedoria de Jesus, da sabedoria de Jesus; tira a liberdade. Muitos pastores fazem crescer esta rigidez na alma dos fiéis, e esta rigidez não nos deixa entrar pela porta de Jesus. Será mais importante observar a lei tal como está escrita, ou como eu a interpreto, que é a liberdade

---

[94] Mt 23,23-24.
[95] Su. "A Study in the Significance of Jesus," 131-132.

Capítulo 3: Farisaísmo e a Vida Dupla

de ir em frente seguindo Jesus?[96]

Dureza de coração vs. cumprimento da Lei

Como provámos com o exemplo dos fariseus, cumprir a Lei à letra pode ser uma traição à própria Lei. É muito melhor, como ensina Jesus, cumprir a Lei no seu espírito. Mas então, como podemos evitar abusos como o "Espírito do Vaticano II", em que o "espírito da lei" significa distorcer a lei, imputando-lhe significados claramente não contemplados pela lei? Mais uma vez – como sempre – a resposta encontra-se em Jesus.

Jesus acusou os fariseus de hipocrisia, porque havia um divórcio entre as suas atitudes interiores e o seu comportamento exterior. Jesus ensinou que a cura para esta "vida dupla" é sanar esta brecha, de modo a que o comportamento exterior reflita naturalmente as disposições interiores. Por outras palavras, a cura para a hipocrisia é a integridade,[97] no sentido etimológico da palavra.

Durante a controvérsia sobre a lavagem das mãos, Jesus respondeu aos fariseus: "Não é aquilo que entra pela boca que mancha o homem, mas aquilo que sai dele".[98] Os fariseus pensavam que, por terem comportamentos exteriores "à letra", eram

---

[96] Francisco. "Atitudes que impedem de conhecer Cristo". Ver também Francisco. "Three women and three judges": "Assim, todos os três eram corruptos: os que levaram a adúltera a Jesus, os escribas, os fariseus, os que faziam a Lei e também julgavam, tinham no coração a corrupção da rigidez. Para eles, tudo era a letra da Lei, o que a Lei dizia, eles achavam que era puro: a Lei diz isto e tu deves fazer isto".

[97] Su. "A Study in the Significance of Jesus," 201.

[98] Mt 15,11.

automaticamente puros por dentro. Mas Jesus ensina que a direção da pureza é inversa. Se uma pessoa é interiormente pura nas suas disposições mais íntimas, então o comportamento exterior seguir-se-á organicamente, sem qualquer esforço da sua parte.

A ideia de que alguém se torna bom seguindo normas morais faz, de facto, parte de muitos modelos éticos não cristãos,[99] mas é completamente estranha a uma moralidade cristã inspirada nos princípios aristotélicos tomistas.[100] No tomismo, a escolha de agir de uma determinada forma resulta de uma interação entre a *razão* e a *vontade*. Ademais, a virtude não é um ato, mas um hábito, uma inclinação para o bem – aquilo a que se chama, um inclinação "ordenado para a razão". Por vezes, a pessoa deseja algo que a sua razão entende não ser bom. Se a pessoa segue a razão em vez da sua vontade, então fá-lo por um sentido de dever, para defender uma certa lei moral.[101]

De tudo o que foi dito, podemos concluir, de forma bastante contra-intuitiva, que uma pessoa tem tanto mais sentido de dever quanto menos virtuosa for. Se não for virtuosa, não tem inclinação para o bem, o que significa que a vontade e a razão vão colidir mais frequentemente e a pessoa vai agir bem apenas por causa do dever. Por outro lado, uma pessoa virtuosa será naturalmente inclinada para o bem, pelo que a sua vontade e razão estarão mais perfeitamente sintonizadas – agirá moralmente não porque tem o dever de o fazer, mas porque *quer* agir bem.[102]

---

[99] Soba. "Ética y Teología Moral," 101-104.
[100] Luño. "La Novedad de la Fe," 240.
[101] Luño. "Características y Temas Fundamentales."
[102] Ibid.

Assim, a ética cristã não é uma ética do dever, mas uma ética da virtude. A moralidade não pode ser reduzida simplesmente à avaliação de cada ato individual em relação às normas morais. Pelo contrário, deve preocupar-se com o bem da pessoa humana na sua totalidade.[103] Na *Veritatis Splendor* – a inovadora encíclica do Papa S. João Paulo II sobre teologia moral – a moralidade não tem tanto a ver com "as normas a observar", mas com "uma questão de plenitude de significado para a vida".[104] A Lei, portanto, tem um "papel pedagógico".[105] A sua função é indicar onde está o bem, para que a pessoa possa reordenar as suas paixões em direção a esse bem, formando assim a virtude. Um ato não é imoral porque viola uma norma moral, mas existe uma norma moral contra esse ato porque ele é imoral. No fim de contas, mais importante do que seguir a Lei à letra é formar as disposições interiores para que a Lei seja seguida, não compulsivamente, mas por amor.

É por esta razão que Jesus dá uma maior prioridade à mudança do "coração". É também por isso que se diz que os fariseus – cujos lábios honravam a Deus, mas cujos corações estavam longe d'Ele[106] – eram "duros de coração". O termo "dureza de coração" era frequentemente empregue no Antigo Testamento para se referir ao povo israelita sempre que este se afastava da Lei de Deus.[107]

Contra esta dureza de coração, o profeta Ezequiel predisse que Deus faria Israel andar nos Seus mandamentos, tirando dos seus

---

[103] Luño. "La Novedad de la Fe," 240. Ver também Soba. "Ética y Teología Moral," 114-115.

[104] João Paulo II. *Veritatis Splendor*, 7.

[105] Ibid., 23.

[106] Mt 15,8.

[107] Gabriel. *Heresia disfarçada de Tradição*, 274-280.

peitos "o coração de pedra" e dando-lhes "um coração de carne".[108] O profeta Jeremias falou de uma "nova aliança" com Israel, em que Deus escreveria a lei "nos seus corações".[109] Por outras palavras, a perfeição dos mandamentos não reside numa observância religiosa legalista, mas em segui-los interiormente, no próprio coração.[110]

Isto leva-nos ao zénite do ministério de Jesus Cristo: o Sermão do Monte. Este sermão é extremamente importante, porque foi aqui que Jesus ensinou como alinhar as disposições interiores com os comportamentos exteriores. Do cimo da montanha, Jesus emite uma nova Torá, onde proclama as "bem-aventuranças". Aqueles que cumprissem estas bem-aventuranças seriam "abençoados". Neste sentido, o Sermão da Monte era o reverso da moeda dos Sete Ais com que Jesus repreendera os fariseus.[111] De facto, no início deste sermão, Jesus diz:

> Não julgueis que vim abolir a Lei ou os profetas. *Não vim para os abolir, mas sim para levá-los à perfeição...* Digo-vos, pois, *se vossa justiça não for maior que a dos escribas e fariseus*, não entrareis no Reino dos Céus.[112]

Esta parte crucial do sermão diz-nos duas coisas. Em primeiro lugar, confirma mais uma vez que Jesus não tem um problema com a Lei em si, mas apenas com a interpretação que os fariseus faziam

---

[108] Ez 36,26.
[109] Jer 31,31-33.
[110] Vilijoen, "Jesus' Teaching on the 'Torah,'" 149-150
[111] Su. "A Study in the Significance of Jesus," 75.
[112] Mt 5:17,20.

da Lei.¹¹³ Enquanto os fariseus O acusam de destruir a Lei, Jesus salva a Lei das garras dos fariseus, cumprindo assim, de facto, a Lei. Jesus fê-lo interpretando a Lei de acordo com o objetivo para o qual ela foi dada – por outras palavras, interpretando a lei de acordo com "o seu espírito". Em segundo lugar, diz que, se as pessoas seguirem a interpretação da Lei feita por Jesus, a sua justiça excederá mesmo a dos fariseus, que se gabavam de praticar a Lei nos seus pormenores mais exatos.

O sermão prossegue explicando como as pessoas podem atingir esse objetivo, através de uma série de antíteses. Se a Lei dos fariseus ordenava "não matarás", os seguidores de Jesus deviam ultrapassá-los, não se zangando sequer com os seus irmãos.¹¹⁴ Se a Lei dos fariseus ordenava "não cometerás adultério", Jesus convidava as multidões a nem sequer "lançar um olhar de cobiça para uma mulher".¹¹⁵ Jesus recapitulou a controvérsia sobre o juramento, para que as pessoas respondessem simplesmente com honestidade em vez de fazer juramentos.¹¹⁶ O que vemos aqui é uma tentativa de

---

¹¹³ Loader, *Jesus' Attitude Towards the Law*, 260.

¹¹⁴ Mt 5,23-24. Ver também Francisco. "The holiness of negotiation": "Essencialmente, Jesus diz que 'não é apenas pecado matar', mas também 'insultar e repreender' os nossos irmãos. É bom para nós ouvirmos isto. É bom para nós ouvirmos isto... durante este tempo em que estamos tão habituados a descrições e temos um vocabulário muito criativo quando se trata de insultar os outros. Portanto, ofender os outros é também um pecado, é um assassínio. Fazer afirmações como: 'não lhe ligues, ele é louco, ele é estúpido', e tantos outros palavrões que dizemos quando não temos muita caridade para com os outros, é 'esbofetear a alma do nosso irmão, a verdadeira dignidade do nosso irmão'. Isso é um pecado".

¹¹⁵ Mt 5,27-28.
¹¹⁶ Mt 5,33-34.

interiorizar a Lei, para que as pessoas não só se abstenham de cometer atos de homicídio e adultério, mas que guardem os seus corações até contra os pensamentos que potencialmente as podem levar ao homicídio e ao adultério.[117]

Jesus continuou. Se alguém fosse oferecer um sacrifício no altar enquanto outra pessoa lhe guardasse rancor, deveria procurar reconciliar-se antes de realizar o ritual religioso.[118] O divórcio passou a ser proibido.[119] E até mesmo a famosa *lex talionis*, que permitia "olho por olho e dente por dente", foi substituída por "dar a outra face".[120] Em suma, a nova Lei de Jesus era muito mais radical do que a Lei dos fariseus.[121] Interpretar a Lei através do seu "espírito" não era uma desculpa para o laxismo. Pelo contrário, era infinitamente mais exigente do que a proposta dos fariseus.[122] Ironicamente, com todo o seu rigor e rigidez, eram os fariseus que estavam a diluir a Lei.

É importante notar, mais uma vez, que Jesus não estava a abolir a antiga Lei para introduzir uma Lei nova e mais exigente. Jesus é

---

[117] Loader, *Jesus' Attitude Towards the Law*, 260.

[118] Mt 5,23-24. Ver Francisco. "The holiness of negotiation": "Jesus resolve as dúvidas deste povo, que está desorientado e acorrentado, olhando na direção de cima, vendo a Lei de perto. Continua, ligando o comportamento do povo ao culto de Deus e diz: 'Se fores ao altar para fazer uma oferta e tiveres um problema com o teu irmão, ou se o teu irmão tiver um problema contigo, vai primeiro ter com o teu irmão e reconcilia-te'. Isto é ir para além da Lei, e o que ele diz é uma justiça mais elevada do que a dos escribas e fariseus".

[119] Mt 5,31-32.

[120] Mt 5,37-40.

[121] Bento XVI. *Jesus of Nazareth: from the Baptism*, 122-123.

[122] Vilijoen, "Jesus' Teaching on the 'Torah,'" 143-144.

Capítulo 3: Farisaísmo e a Vida Dupla

muito claro, no início do Seu sermão, ao afirmar que não veio para abolir, mas para cumprir. Obviamente, "não matarás" e "não cometerás adultério" devem permanecer em vigor. Mas, como vimos, isso não basta. Jesus quer ir à raiz do problema, às disposições interiores que causam o homicídio e o adultério. Ele queria que as pessoas não vivessem uma "vida dupla", mas que tivessem "integridade" entre os seus corações e os seus comportamentos. Os fariseus viam a Lei como um fim, mas Jesus via-a como um princípio. Os fariseus consideravam a Lei como uma série de limites estabelecidos para definir o comportamento moral, enquanto Jesus via a Lei como um ponto de partida para uma conversão mais profunda.[123] Jesus não queria que as pessoas transgredissem a Lei, mas mostrar-lhes que podem alcançar uma retidão muito maior do que se se limitassem a cumprir a letra da Lei e se ficassem por aí.[124] Como ensina o Papa Francisco:

> [Jesus] é o verdadeiro legislador, que nos ensina como deve ser a Lei para ser justa. No entanto, o povo estava um pouco desorientado, um pouco desordenado, porque não sabia o que fazer e aqueles que ensinavam a Lei não eram coerentes. É o próprio Jesus que lhes diz: "Fazei o que eles dizem, mas não o que eles fazem". Além disso, eles [os fariseus] não eram coerentes na sua vida, não eram um testemunho de vida. Assim, nesta passagem do Evangelho, Jesus fala de superação: "A vossa justiça deve exceder a dos escribas e fariseus". Portanto, estas pessoas estavam um pouco

---

[123] Su. "A Study in the Significance of Jesus," 48.
[124] Vilijoen, "Jesus' Teaching on the 'Torah,'" 145.

aprisionadas nesta gaiola, sem saída, e Jesus mostrou-lhes o caminho para sair: é sempre levantar, superar, seguir em frente... a generosidade, a santidade, é sair, mas sempre, sempre para cima: subir. É a libertação da rigidez da lei.[125]

Em resumo, Jesus diz que estava a cumprir a Lei, interpretando-a de acordo com o seu espírito (ou seja, encontrando a razão divina por detrás da Lei)[126] e, depois, reorientando a Lei para onde era suposto, trazendo a Lei para o pleno significado que se pretendia.[127] Isto não é uma traição ao legislador. Muito pelo contrário, é a única forma de honrar e levar a sério o legislador. Na verdade, Jesus age assim porque é um "campeão da Lei".[128] Além disso, nunca podemos esquecer como a hipocrisia não prejudica apenas o hipócrita, mas também as pessoas que são desviadas do caminho reto devido ao escândalo causado pelo hipócrita.[129] A hipocrisia afasta as pessoas da

---

[125] Francisco. "The holiness of negotiation".
[126] Vilijoen, "Jesus' Teaching on the 'Torah,'" 150.
[127] Ibid., 148.
[128] Loader, *Jesus' Attitude Towards the Law*, 383.
[129] Ver Su. "A Study in the Significance of Jesus," 166: "O comportamento hipócrita dizima a relação deles [dos fariseus] com Deus e causa uma pedra de tropeço para outros abraçarem o Evangelho do Reino dos Céus". Ver também Francisco. "The holiness of negotiation": "Ouvimos tantas vezes estas coisas na Igreja, tantas vezes! Aquele sacerdote, aquele homem, aquela mulher de ação católica, aquele bispo, aquele Papa que nos diz sempre 'é preciso agir assim!', enquanto ele próprio faz o contrário. É precisamente este escândalo que magoa o povo e não permite ao povo de Deus crescer, avançar. Não o liberta. Este povo... tinha visto também a rigidez destes escribas e fariseus, de tal modo que, quando vinha um profeta que lhes dava um pouco de alegria, eles perseguiam-no e até o matavam: ali não havia lugar para profetas".

Capítulo 3: Farisaísmo e a Vida Dupla

Lei. É a "preocupação incessante de Jesus com a santidade que O torna um inimigo declarado da hipocrisia".[130]

Jesus cumpre a Lei, não limitando-a, mas mostrando a sua correta aplicação.[131] Ele traz a Lei à sua correcta compreensão, recentrando-a, não na letra, mas no seu espírito. E o espírito da Lei é a misericórdia: "Eu quero a misericórdia e não o sacrifício".[132] Ao contrário dos fariseus, Jesus demonstra esta misericórdia, não só com o Seu ensino e ministério, mas com a Sua vida.[133] Iremos abordar a questão da misericórdia com mais detalhe no capítulo 5.

Quanto aos fariseus, apropriaram-se efetivamente do dom da misericórdia de Deus, reduzindo-o a uma "ideologia moralista", a uma lista de preceitos "ridícula porque passa para a casuística em tudo".[134] É por isso que Jesus se lamenta perante os fariseus do Seu tempo, é por isso que os condena com tanta veemência: porque se apropriaram do dom.[135] Como vimos acima, uma pessoa que não é virtuosa terá um maior sentido de dever, porque não quer o bem,

---

[130] Su. "A Study in the Significance of Jesus," 98.
[131] Vilijoen, "Jesus' Teaching on the 'Torah,'" 151.
[132] Mt 9,13.
[133] Vilijoen, "Jesus' Teaching on the 'Torah,'" 152.
[134] Francisco. "Não esqueçamos a gratuidade"
[135] Ver Francisco. "Não esqueçamos a gratuidade": "Deus se manifestou como dom, se fez dom para nós e nós devemos dá-lo, mostrá-lo aos outros como dom, não como nossa posse. O clericalismo não é uma coisa somente destes dias, a rigidez não é uma coisa destes dias, já havia no tempo de Jesus. E depois Jesus seguirá adiante na explicação das parábolas – esse é o capítulo 21 – seguirá adiante até chegar ao capítulo 23 com a condenação, onde se vê a ira de Deus contra aqueles que tomam o dom para si como propriedade e reduzem a sua riqueza aos caprichos ideológicos da própria mente" (tradução do website do Vaticano).

mas fá-lo por obrigação. Uma vez que a pessoa não faz o bem por amor, concentrar-se-á nos seus méritos por ter escolhido bem quando não o queria fazer. Numa tal mentalidade baseada nos méritos, a pessoa exigirá compensações por ter agido bem e sanções para quem não o fizer. O Céu e o Inferno são vistos, não como a presença e a ausência do Deus de amor, mas apenas como recompensa e castigo. Não há lugar para o dom de Deus, apenas para a justiça. Não há amor ao bem pelo bem, apenas interesse próprio.[136] A Lei será seguida ao pé da letra, e o coração endurecido.

Mas também hoje somos confrontados com este problema. O Papa Francisco pede-nos que abandonemos os obstáculos que nos levam a uma "vida dupla", entre os quais se destaca a rigidez:

> Como Jesus "instava" com os doutores da lei para que saíssem da sua rigidez, também agora a Igreja é "instada" pelo Espírito para que deixe as suas comodidades e amarras... O Senhor do sábado, a razão de ser de todos os nossos mandamentos e preceitos, convida-nos a ponderar as normas quando está em jogo segui-Lo a Ele; quando as suas chagas abertas, o seu grito de fome e sede de justiça nos interpelam e impõem respostas novas.[137]

---

[136] Luño. "Características y Temas Fundamentales." Ver também Francisco. "O relacionamento com Deus é gratuito": "O relacionamento com Deus, a relação com Jesus não é assim, de 'fazer coisas': 'Eu faço isto e tu dás-me aquilo'. Uma relação, digo eu – perdoai-me Senhor – comercial: não! É gratuito, tal como é gratuita a relação de Jesus com os discípulos. 'Sois meus amigos' 'Não vos chamo servos, chamo-vos amigos' 'Não fostes vós que me escolhestes, mas fui Eu que vos escolhi'. Tal é a gratuidade!" (tradução do website do Vaticano).

[137] Francisco. Homilia no Aeroporto Enrique Olaya Herrera.

Capítulo 4

Os Judaizantes e o Indietrismo

Embora os gálatas acreditassem em Jesus crucificado, deram ouvidos a alguns teólogos que lhes disseram: "Não, não! A Lei é a Lei. O que vos justifica é a Lei". Ao fazê-lo, deixaram Jesus de lado. Na prática, foram "demasiado rígidos"... É este o problema destas pessoas: ignorar o Espírito Santo e não saber como avançar. Estão fechados, fechados em regulações.

– Francisco, Meditação matinal
"Metade de uma vida"

Uma das frases de marca do Papa Francisco é um neologismo que ele próprio cunhou: *"indietrismo"*. Deriva do italiano *indietro*, que significa "para trás". Por isso, alguns traduziram-na para português como "retrogradismo".[1] No entanto, até ao fim deste livro, continuarei a usar "indietrismo", que é o termo original.

O que significa indietrismo? Durante uma conferência de imprensa no voo de regresso de uma visita apostólica ao Canadá, o Papa Francisco explicou o significado desta palavra:

Creio que isto seja claro: uma Igreja que não desenvolve em sentido eclesial o seu pensamento, é uma Igreja que vai para trás. E este é o problema atual de muitos que se dizem

---

[1] Ou, em inglês, "backwardsism". Ver Lewis. "Pope Francis, neologisms, and doctrinal development."

"tradicionais". Não! Não são tradicionais, são "retrógrados" ("*indietristi*" na linguagem original), vão para trás. Não têm raízes, limitam-se a dizer que sempre se fez assim, no século passado fez-se assim. E o "retrogradismo" é *um pecado, porque não avança com a Igreja*... A tradição é precisamente a raiz de inspiração para avançar na Igreja. E isto é sempre vertical. O "retrogradismo" é andar para trás, *é sempre fechado*. É importante compreender bem o papel da tradição, que *está sempre aberta*, como as raízes da árvore, e a árvore cresce assim.[2]

Este termo causa desconforto aos católicos tradicionalistas e os seus simpatizantes.[3] "Claro que devemos olhar para trás, devemos ter em conta a Tradição!" – assim argumentam. Para eles, esta é a prova de que o Papa Francisco é um progressista, exibindo um total desrespeito (se não desprezo) pela tradição.[4]

É claro que uma leitura atenta das palavras do Papa mostra que Francisco não está a descartar a tradição. O problema não é a

---

[2] Francisco. "Entrevista Coletiva durante o Voo de Regresso a Roma" (tradução do website do Vaticano).

[3] Ver, por exemplo, Welborn. "You indietrist, you." Ver também Hunwicke. "Indietrism again."

[4] Ver, por exemplo, Charlier. "What is 'indietrism' (backwardness) anyway?": "Com esta expressão [indietrismo], inventada por ele próprio, o nosso santo padrasto refere-se a todos os católicos que aderem à Tradição Apostólica e à tradição eclesiástica, mesmo quando esta não se enquadra na sua moldura jesuíta – e isso é bastante frequente... Deveria a Igreja do Progresso, proclamada por muitos depois do último Concílio (e aparentemente reafirmada com a eleição de Bergoglio) também considerar morta e acabada a fé que outrora professava?"

Capítulo 4: Os Judaizantes e o Indietrismo 103

tradição, mas sim o retrocesso *sem raízes*, sem *um sentido eclesial*. Ele não está a dizer que seguir a tradição é errado. O que ele está a dizer é que muitos dos que se dizem "tradicionais" não são tradicionais de todo. Longe de desprezar a tradição, Sua Santidade está a mostrar como a tradição deve ser corretamente entendida. Esta tradição não é estática, mas permite desenvolvimento doutrinal. Noutro ponto desta conferência de imprensa, Francisco cita S. Vicente de Lérins – o grande teólogo do desenvolvimento doutrinal – para explicar que "a verdadeira doutrina, não deve ficar estagnada, mas avançar, desenvolver-se *ut annis consolidetur, dilatetur tempore, sublimetur aetate*"[5] (consolidar-se pelos anos, alargar-se pelo tempo, refinar-se pela idade).

No entanto, muitos tradicionalistas não estão convencidos com as razões de Francisco. Para eles, é óbvio que o Papa Francisco está a contradizer a tradição perene, tanto quando condena o indietrismo como em muitas outras das suas decisões papais (como, por exemplo, *Amoris Laetitia*, a revisão do Catecismo sobre a pena de morte, etc...). Eu escrevi um livro inteiro sobre como a tradição, corretamente interpretada e desenvolvida pelo Magistério, assume muitas vezes a aparência de uma inovação ou de uma contradição, e como as heresias se disfarçam muitas vezes de tradição.[6] Não vou, por isso, repetir aqui esses argumentos. Uma vez que já expliquei noutro lugar – e bem mais detalhadamente – como se podem conciliar todas as intervenções do Papa Francisco com a tradição, vou simplesmente tomar isso como garantido e continuar a

---

[5] Francisco. "Entrevista Coletiva durante o Voo de Regresso a Roma" (tradução do website do Vaticano).

[6] Ver Gabriel. *Heresia disfarçada de Tradição*

aprofundar o conceito de indietrismo em si mesmo.

Como é que o indietrismo se relaciona com a rigidez? Para o compreendermos melhor, teremos de explorar outro conceito que o Papa Francisco associa frequentemente à rigidez: o fixismo. À primeira vista, pode parecer que não há ligação entre o fixismo e o indietrismo. Afinal, o fixismo indica falta de movimento, enquanto o indietrismo denota movimento: movimento para trás, mas ainda assim movimento. No entanto, isso depende do nosso ponto de referência: estamos a considerar a pessoa isoladamente ou a pessoa em relação à Igreja? Uma pessoa fixista permanece onde está. Entretanto, a Igreja avança e o fixista não acompanha a Igreja. Essa pessoa fixista tentará então obrigar a Igreja a recuar para a encontrar no ponto onde ela permanece fixa.

Permanecer fixado durante a jornada

Quando o Papa Francisco fala de tradição, emprega frequentemente duas metáforas. Quando procura descrever a interpretação errónea das fações tradicionalistas, refere-se normalmente a ela como um "museu" (ou seja, uma tradição morta, destinada apenas a ser exibida, não utilizada). Mas quando procura descrever a *tradição autêntica*, ele usa a imagem de uma "árvore em crescimento". Uma intervenção em que utilizou as duas metáforas foi uma conferência de imprensa durante um voo de regresso da Roménia:

[S]into a "seiva" das raízes que vem a mim e me ajuda a seguir em frente. Sinto esta tradição da Igreja, que não é uma coisa de museu. A tradição é como as raízes, que te dão a seiva para crescer. Não te tornarás como as raízes! Tu florescerás, a árvore crescerá, darás fruto e as sementes serão raízes para os outros. A tradição da Igreja está sempre em movimento… A tradição é a garantia do futuro, e não a guardiã das cinzas. Não é um museu. A tradição não guarda as cinzas. A nostalgia dos fundamentalistas, voltar às cinzas, não. A tradição são raízes que garantem à árvore crescer, florescer e dar fruto. E repito aquele texto do poeta argentino que gosto tanto de citar: "Tudo aquilo que a árvore tem de florido, vem-lhe do que está enterrado".[7]

Por outro lado, quando estudamos o uso que o Papa Francisco faz da metáfora da árvore, podemos ver a interação entre dois outros temas recorrentes: "raízes" e "seguir em frente". Como uma árvore, a tradição é "vertical",[8] quer criando raízes profundas, quer lançando os seus ramos em direção ao céu. Se a tradição é vertical, temos sempre de olhar para cima ou para baixo. Ao olhar para baixo, honramos as raízes. Mas quando olhamos para cima, para os ramos, vemos a árvore crescer. De certa forma, os ramos da árvore estão a "avançar", pelo menos cronologicamente. O que não podemos fazer é andar para trás.[9] Isso significaria que os ramos da árvore estariam a encolher até às raízes, o que, de facto, faria a árvore definhar. É por isso que Francisco critica o indietrismo:

---

[7] Francisco. "Coletiva de Imprensa durante o Voo de Retorno da Roménia" (tradução do website do Vaticano).

[8] Francisco. "Discurso durante a Viagem Apostólica ao Cazaquistão".

[9] Ibid.

Tudo o que a árvore tem de florido vem do que tem debaixo da terra. *Sem raízes, não podemos avançar.* Só com as raízes nos tornamos pessoas: não estátuas de museu, como certos tradicionalistas frios, engomados e rígidos, que pensam que prover à vida significa *viver apegado às raízes*. Precisamos desta relação com as nossas raízes, mas devemos também seguir em frente. *E esta é a verdadeira tradição: beber do passado para seguir em frente.* A tradição não é estática: é dinâmica, propensa para o futuro.[10]

Sua Santidade não ignora a importância das raízes. Elas são indispensáveis porque dão à árvore energia para crescer. Mas quem tira energia das raízes "avança". Por esta razão, o Papa Francisco costuma ligar a metáfora da "árvore que cresce" à imagem de uma "viagem". Por isso, não é de estranhar que aqueles que ficam "presos às raízes" sejam etiquetados como "fixos durante a viagem".

Para ilustrar melhor o que o Papa Francisco quer dizer, gostaria de estabelecer alguns paralelos bíblicos. Começarei com uma viagem, uma viagem que mudou o mundo inteiro. No Livro do Génesis, Deus chamou um pastor da Mesopotâmia a deixar a casa do seu pai idólatra. Deus não disse a este homem para onde estava a ser conduzido – apenas que, ao aceitar esta viagem, Deus prometia fazer dele uma grande nação e abençoar toda a terra através dele.[11] O nome desse homem era Abrão.

Humildemente, Abrão pegou na sua família, nos seus servos e

---

[10] Francisco. "Discurso à Delegação do 'Global Researchers'" (tradução do website do Vaticano).

[11] Gen 12,1-3

nos seus rebanhos e deixou os ídolos da casa paterna. Diante dele, só havia incertezas. No entanto, Abrão conhecia esse Deus que o tinha chamado por causa de uma tradição muito mais antiga do que ele, muito mais antiga do que os deuses do seu pai. O conhecimento deste Deus único remontava a Noé e até a Adão! Conhecendo as suas raízes, Abrão pôde avançar nesta viagem, e levar muitos consigo, porque tinha fé neste Deus Único. Como explica o Papa Francisco: "O humilde gera, o humilde convida e impele para aquilo que não se conhece".[12] E noutro lugar: "O humilde aceita ser posto em questão, abre-se ao novo; e fá-lo porque se sente forte com aquilo que o precede, com as suas raízes, a sua filiação. O seu presente é habitado por um passado, que o abre para o futuro com esperança".[13]

Esta atitude humilde perante o desconhecido contrasta com a postura dos soberbos. Um soberbo nunca poderia embarcar numa tal viagem, guiado apenas pela fé, sem garantias. Alguns dos parentes de Abrão provavelmente recusaram-se a deixar a sua querida cidade de Ur e os ídolos dos seus pais. Continuariam a sua vida diária, repetindo as suas ações quotidianas, tornando-se rígidos como articulações ósseas sem atividade. O soberbo simplesmente "repete, torna-se rígido... recua e fecha-se na sua repetição, sente-se seguro do que sabe e teme, receia sempre o novo porque não o pode controlar, sente-se desestabilizado por isto... porquê? Porque perdeu

---

[12] Francisco. "Discurso aos Membros da Comunhão e Libertação" (tradução do website do Vaticano).

[13] Francisco. "Discurso à Cúria Romana" (tradução do website do Vaticano).

a memória".¹⁴ O humilde, ao contrário do soberbo, "sabe que nem os seus méritos nem os seus 'bons costumes' são o princípio e o fundamento da sua existência; por isso é capaz de ter confiança. O soberbo não a tem".¹⁵

Por fim, depois de muitos anos a vaguear pelo deserto, Abrão conseguiu que Deus estabelecesse uma aliança com ele. Ao estabelecer esta aliança, Deus mudou o próprio nome de Abrão (símbolo da sua essência e identidade) para Abraão. Como sinal externo desta aliança, pediu a Abraão que circuncidasse o seu prepúcio, e também que circuncidasse todos os homens do seu povo, nascidos e por nascer.¹⁶ Como ensina o Papa Francisco, *"a palavra de Deus muda-nos. Penetra na nossa alma como uma espada. Se, por um lado, nos consola, mostrando-nos o rosto de Deus, por outro, desafia-nos e perturba-nos, recordando-nos as nossas incoerências. Ela abala-nos"*.¹⁷ A rigidez, pelo contrário, *"não nos muda, esconde-nos"*.

Séculos mais tarde, os descendentes de Abraão foram escravizados no Egito. Mais uma vez, Deus mandou chamar alguém para os libertar. Desta vez, a escolha recaiu sobre Moisés. Depois de Deus esmagar o Egito com dez pragas, o povo hebreu foi liberto. No entanto, os seus labores ainda não estavam terminados. Mais uma vez, aguardava-os uma viagem no deserto, contada no Livro do

---

[14] Francisco. "Discurso aos Membros da Comunhão e Libertação" (tradução do website do Vaticano).

[15] Francisco. "Discurso à Cúria Romana" (tradução do website do Vaticano).

[16] Gen 17.

[17] Francisco. "Homilia". 23 de janeiro de 2022

Êxodo e nos restantes livros da Torá. Uma vez mais, Francisco diz-nos que "a missão e o serviço levam-vos a assumir a dinâmica do *êxodo* e da doação, do sair de si mesmos, do caminhar e do semear".[18]

Claro que o caminho não foi isento de desafios ou mesmo de quedas. Muitas vezes, a dureza do deserto fez com que o povo se rebelasse contra Moisés e contra Deus:

> Recordemos a história do povo de Israel: sofria sob a tirania do Faraó, era escravo; depois é libertado pelo Senhor, mas para se tornar verdadeiramente livre, e não apenas liberto dos inimigos, tem de atravessar o deserto, um caminho cansativo. E vinha-lhe ao pensamento: "Quase era melhor antes; pelo menos tínhamos um pouco de cebolas para comer...". Uma grande tentação: considerar melhor um pouco de cebolas que a fadiga e o risco da liberdade. Esta é uma das tentações... Também na Igreja, pode às vezes insidiar-nos esta ideia: ter todas as coisas predefinidas, as leis a observar, a segurança e a uniformidade, é melhor do que ser cristão responsável e adulto, que pensa, interpela a própria consciência e *se deixa questionar*. É o princípio da casuística: tudo regulado... Na vida espiritual e eclesial, há a tentação de procurar uma falsa paz que nos deixa tranquilos, em vez do fogo do Evangelho que nos desinquieta, que nos transforma. *A segurança das cebolas do Egito é mais confortável que as incógnitas do deserto. Mas uma Igreja que*

---

[18] Francisco. "Address to the Little Missionary Sisters of Charity."

não deixa espaço para a aventura da liberdade, mesmo na vida espiritual, corre o risco de se tornar um lugar rígido e fechado.[19]

No entanto, mesmo quando este Povo de Deus – um povo de dura cerviz[20] – se afasta repetidamente d'Ele, nem por isso Ele o abandona. "O caminho da nossa redenção é um caminho em que não faltam fracassos... essa história, que começa com um sonho de amor e continua com uma história de fracassos, termina com a vitória do amor: a Cruz de Jesus".[21] Também nós "não devemos esquecer este caminho", embora seja um "caminho difícil".[22] Para ser discípulo, "um peregrino" deve estar "no caminho do Evangelho e da vida, diante do limiar do mistério de Deus e *na terra santa do povo que lhe foi confiado*".[23]

Foi durante esta viagem no deserto que Deus deu a Lei ao povo hebreu e aos seus descendentes. Tal como com Abraão, Deus estabeleceu uma aliança com Moisés e com o povo que ele guiava. *Tal como a circuncisão era o sinal externo da aliança abraâmica, a Lei Mosaica era o sinal da aliança mosaica.* Foi esta Lei que os fariseus tentaram usar contra Jesus, como vimos no último capítulo.

O erro dos fariseus residia no facto de não verem esta Lei – esta tradição que herdaram dos seus antepassados – como uma forma de

---

[19] Francisco. "Discurso por Ocasião da Santa Missa do 52º Congresso Eucarístico Internacional" (tradução do website do Vaticano).
[20] Ex 33,5.
[21] Francisco. "Salvation is drawn from rejection."
[22] Ibid.
[23] Francisco. "Address to Participants in the Plenary Session of the Congregation for the Clergy."

Capítulo 4: Os Judaizantes e o Indietrismo

"avançar" ou de "fazer viagem". Ao contrário dos seus antepassados, os fariseus já estavam estabelecidos na nação de Israel. Tinham-se tornado sedentários, habituados às suas repetições quotidianas, tal como aqueles que preferiram ficar em Ur em vez de acompanhar Abrão. "Os doutores da Lei conheciam todos os preceitos: todos, todos. *Mas eram inamovíveis dali.* Não entendiam quando Deus passava. Eram rígidos, apegados aos seus costumes: o próprio Jesus diz isto no Evangelho: apegados aos costumes. E se para conservar estes hábitos tinham que cometer uma injustiça, isto não era um problema".[24]

Mas, ao fazê-lo, não estavam a seguir a tradição dos seus antepassados. Quando Abraão e o povo do Êxodo receberam a Lei, estavam a fazer uma viagem. "A Lei é para caminhar, e o reino de Deus está a caminho. O reino não está estagnado, mas, mais ainda, o reino de Deus é 'construído' todos os dias... [ao contrário] da atitude da pessoa que observa a Lei mas não caminha, que está fixada, e que, estando fixada, é uma atitude de rigidez".[25]

Pedro e "o Deus das surpresas"

Depois da ascensão de Jesus ao Céu – ou, mais exatamente, depois da descida do Espírito Santo no Pentecostes – os apóstolos começaram a espalhar a Boa Nova. No entanto, os apóstolos eram judeus praticantes, tal como Jesus antes deles. Não é estranho que

---

[24] Francisco. "O que acontece quando Jesus passa" (tradução do website do Vaticano).

[25] Francisco. "Flour and yeast."

inicialmente, eles dirigissem a sua pregação ao povo judeu.[26]

Como vimos no último capítulo, havia uma divisão entre o povo judeu, entre os fariseus "separatistas" e os helenistas.[27] Os helenistas eram judeus que, durante a conquista grega de Israel, tinham absorvido a cultura e os costumes helenísticos, pelo menos parcialmente. Por outro lado, os judeus da diáspora, que viviam em terras estrangeiras, também haviam caído sob a esfera de influência grega durante a expansão de Alexandre Magno. Nos dois séculos antes da vinda de Cristo, os judeus helenizados expuseram muitos gentios (isto é, não-judeus) ao judaísmo, convertendo-os. Surgiu então um debate entre helenistas e puristas sobre se esses convertidos (também chamados "prosélitos") deviam submeter-se à circuncisão, tal como a aliança abraâmica exigia.[28]

Agora, este debate estava prestes a ser importado para o emergente movimento cristão. Os fariseus tinham largamente rejeitado a mensagem de Jesus, chegando mesmo a desempenhar um papel na Sua execução. Quanto aos helenistas, eram muito mais recetivos ao Evangelho – embora, mesmo na Igreja recém-nascida, estivessem em conflito com a fação mais tradicionalista.[29] Em breve,

---

[26] At 2-4.

[27] Mullin, *A Short World History of Christianity*, 4-5.

[28] Hirsch, "Circumcision", 93-95

[29] At 6,1: "Naqueles dias, como crescesse o número dos discípulos, houve queixas dos gregos contra os hebreus, porque as suas viúvas teriam sido negligenciadas na distribuição diária". Ver também Francisco. "Discurso aos Fiéis da Diocese de Roma": "voltando aos Atos dos Apóstolos, há os problemas que surgem na organização do número crescente de cristãos, e especialmente na satisfação das necessidades dos pobres. Alguns apontam para o facto de que as viúvas estão a ser negligenciadas. O modo com o qual se encontrará uma solução será reunir

Capítulo 4: Os Judaizantes e o Indietrismo

os próprios apóstolos se deparariam com gentios dispostos a converter-se.

A primeira ocorrência deste tipo registada nas Escrituras é o caso da conversa do apóstolo S. Filipe com um eunuco etíope, que terminou com o seu batismo.[30] Mas vamos agora aprofundar um outro episódio: S. Pedro e o centurião romano Cornélio.

O livro dos Atos dos Apóstolos fala-nos de Cornélio, um romano que, apesar das suas origens pagãs, venerava o Deus Único. Um dia, Cornélio teve a visão de um anjo, que lhe disse que as suas orações e esmolas tinham encontrado graça junto de Deus e que devia mandar chamar um certo Simão Pedro.[31] Pedro, como sabemos, foi encarregado por Jesus de "apascentar as Suas ovelhas".[32] Ele foi a "rocha" sobre a qual Jesus disse que edificaria a Sua Igreja e a quem deu as chaves do Céu e da Terra.[33] Por esta razão, Pedro é tradicionalmente considerado o primeiro papa.

Depois da visão de Cornélio, Pedro teve a sua própria visão. Viu descer do Céu um grande lençol de linho, onde estavam servidos todos os tipos de carnes de animais. Pedro ouviu então uma grande voz que lhe dizia para matar e comer esses animais. Isto colocava-lhe um problema: a Lei Mosaica proibia o povo judeu de comer

---

a assembleia dos discípulos e tomar a decisão de nomear os sete homens que se comprometeriam a tempo inteiro com a diaconia, no serviço às mesas (At 6, 1-7). E assim, com discernimento, com necessidades, com a realidade da vida e com o poder do Espírito, a Igreja vai em frente, caminha junta, é sinodal".

[30] At 8,26-39.
[31] At 10,1-8.
[32] Jo 21,15-17.
[33] Mt 16,18-19.

certos tipos de carne, nomeadamente a de muitos animais presentes nesse lençol. Pedro, como judeu fiel, estava escandalizado com esta ordem. E respondeu à voz: "De modo algum, Senhor, porque nunca comi coisa alguma profana e impura". Mas a voz replicou: "O que Deus purificou não chames tu de impuro".[34]

Isto foi certamente uma referência ao incidente da lavagem das mãos que mencionei no último capítulo, quando Jesus disse: "Não é aquilo que entra pela boca que mancha o homem, mas aquilo que sai dele".[35] No entanto, Pedro ainda estava muito fechado nas suas próprias perceções para entender isso – e, portanto, para entender o que a voz estava a tentar ensinar-lhe. Outro grande teólogo do desenvolvimento doutrinal, S. Cardeal Henry Newman, usou este episódio para mostrar como a mera aparência de contradição não é suficiente para determinar se um determinado desenvolvimento doutrinal é legítimo ou não:

> [N]ão podemos determinar se um dado desenvolvimento é verdadeiramente tal ou não, sem um conhecimento mais profundo do que a experiência do mero facto desta variação. Nem os nossos sentimentos instintivos servem de critério. *Deve ter sido um choque extremo para S. Pedro ser-lhe dito que devia matar e comer animais, tanto impuros como puros, embora tal ordem estivesse já implícita na fé que ele defendia e ensinava*; um choque que um único esforço, ou um curto período, ou a força da razão, não seriam suficientes para

---

[34] At 10,10-15.
[35] Mt 15,11.

Capítulo 4: Os Judaizantes e o Indietrismo

ultrapassar.[36]

Curiosamente, este "choque" de S. Pedro, segundo S. Newman, reflete perfeitamente o que o Papa Francisco ensina quando fala de outro tema recorrente do seu pontificado – "o Deus das surpresas". Voltaremos a este ponto em breve.

A voz insistiu com S. Pedro por três vezes, e por três vezes o apóstolo recusou (parece que Pedro tinha uma propensão para negações triplas!) Por fim, o lençol foi levado de volta ao Céu, deixando Pedro para trás, confuso e perplexo. Nessa altura, os emissários de Cornélio bateram-lhe à porta. Depois de estes lhe terem transmitido a mensagem do seu patrão, Pedro saiu ao encontro do centurião romano.[37]

O apóstolo atravessou a soleira da casa do gentio – um ato que, como ele próprio admitiu, era visto como "abominável", porque os judeus não deviam "aproximar-se de um estrangeiro ou ir à sua casa".[38] No entanto, Cornélio contou a visão que recebera e, ao fazê-lo, ajoelhou-se diante de Pedro.[39] Era um ato subversivo, um oficial de alta patente de um exército conquistador ajoelhar-se diante de um pescador oriundo de um país ocupado. Nesse momento, Pedro compreendeu o que a visão lhe queria mostrar: que Deus "não faz aceção de pessoas",[40] e que nenhum homem deve ser chamado profano ou impuro.[41] Então, o Espírito Santo desceu sobre Cornélio

---

[36] Newman, *Development of Christian Doctrine*, 176-177.
[37] At 10,16-23.
[38] At 10,28.
[39] At 10,21-25.
[40] At 10,34.
[41] At 10,28.

e toda a sua casa, e todos começaram a falar em línguas e a louvar a Deus. Pedro contemplou esta visão e reconheceu que, se o próprio Espírito Santo tinha descido para habitar entre aqueles gentios, então o apóstolo não lhes podia negar as águas do batismo.[42] Como ensina o Papa Francisco:

> *Pedro teve a coragem de se deixar surpreender* pela novidade do Espírito Santo, de quebrar a resposta rígida do "sempre se fez assim". Não teve medo de criar "escândalo" ou de não cumprir a sua missão de "rocha". Tinha a liberdade de não impedir "a graça de Deus" e de não "calar o ruído que o Espírito faz quando vem à Igreja"... O Espírito Santo desce, perturba tudo e Pedro batiza: compreende o sinal de Deus e é capaz de tomar uma decisão corajosa; é capaz de aceitar *a surpresa de Deus...*[43]

Embora Cornélio fosse um homem influente, foi marginalizado e desprezado, porque era gentio. Pedro, porém, teve a coragem de ir até as "periferias" existenciais, não se deixando "bloquear por preconceitos, por hábitos, por inflexibilidades mentais ou pastorais, pelo famoso 'sempre fizemos assim!'".[44]

Mas se Pedro estava verdadeiramente aberto a este Deus das surpresas, o mesmo não se pode dizer de alguns que o acompanhavam, a que a Bíblia chama "os fiéis da circuncisão". O

---

[42] At 10,44, 46-48.
[43] Francisco. "God of surprises."
[44] Francisco. "Discurso num Encontro com o Clero" (tradução do website do Vaticano).

Capítulo 4: Os Judaizantes e o Indietrismo

Livro dos Atos diz-nos que eles estavam "admirados" com o facto de a graça do Espírito Santo se derramar também sobre os gentios. Mas o seu espanto, ao contrário do de Pedro, não deu frutos. Quando Pedro regressou a Jerusalém, "os fiéis que eram da circuncisão repreenderam-no".[45] O Papa Francisco explica:

> [O]s Apóstolos, os irmãos que estavam na Judeia, ficaram a saber que também os gentios tinham acolhido a palavra de Deus. Referindo-se a eles como "os incircuncisos", interrogavam-se: "Como pode isto acontecer? Pedro e os outros devem estar enganados; foram à procura de uma novidade"... [E assim] "começou a desconfiança". Chegou-se ao ponto de quando Pedro subiu a Jerusalém, os fiéis circuncisos repreenderem-no, dizendo: "Entraste em casa de incircuncisos e comeste com eles!" Era como se dissessem: "Olha o escândalo que estás a causar! Tu, Pedro, a rocha da Igreja, para onde nos levas?"[46]

As Escrituras dizem-nos que Pedro respondeu a estas acusações simplesmente descrevendo o que tinha acontecido, "com toda a simplicidade". Falou-lhes da sua própria visão, da revelação e dos atos de Cornélio e do derramamento do Espírito Santo que testemunhou:

Pedro "desculpa-se" dizendo estas palavras: "Se Deus lhes concedeu o mesmo dom que nos concedeu a nós, quando

---

[45] Actos 11,2.
[46] Francisco. "God of surprises."

acreditámos no Senhor Jesus Cristo, quem era eu para poder resistir a Deus?"... [Esta] é "verdadeiramente a palavra do instrumento apostólico, daquele Apóstolo que se sente instrumento de Deus: quem sou eu para impedir a graça de Deus, para calar o ruído do Espírito Santo quando vem à Igreja?"[47]

Quando ouviram isto, diz-se que os que eram da circuncisão "se calaram e deram glória a Deus".[48] No entanto, esta controvérsia estava longe de terminar...

A geografia da salvação de Paulo

Pedro não seria o único a ser surpreendido por Deus. Também um homem improvável seria surpreendido pelos Seus desígnios insondáveis. Este era um fariseu piedoso, que se avantajava no judaísmo a muitos dos seus companheiros e nação, extrememamente zeloso das tradições de seus pais.[49] Chamava-se Saulo e sofria da mesma rigidez que os seus companheiros fariseus (ver capítulo anterior).

Como a Igreja continuava a expandir-se (mesmo entre os gentios), Saulo, preocupado, tentou reprimir a religião emergente, tornando-se um feroz perseguidor dos cristãos. Foi-lhe confiada a missão de ir a Damasco, para prender os cristãos aí e levá-los à

---

[47] Ibid. Ver também Francisco. "Discurso aos Fiéis da Diocese de Roma".
[48] At 11,18.
[49] Gal 1,14.

Capítulo 4: Os Judaizantes e o Indietrismo

justiça. No entanto, no seu caminho para destruir o cristianismo, Saulo foi *surpreendido* por Cristo. Enquanto prosseguia a sua *viagem*, uma luz vinda do Céu ofuscou-o e derrubou-o do seu cavalo. O fariseu ouviu então uma voz apresentando-Se como "Jesus, a quem tu persegues". Quando Saulo se levantou, estava completamente cego.[50]

No devido tempo, Saulo encontrou uma comunidade cristã... Não mais para os perseguir, mas para se curar. Foi milagrosamente curado da sua cegueira e converteu-se ao mesmo cristianismo que lhe tinha completamente subvertido as expectativas.[51] Por seu lado, Saulo também subverteu as expectativas dos outros, surpreendendo-os. A mudança nas suas convicções religiosas seria nada menos que radical. Apesar de ter sido fariseu, tornou-se pregador dos gentios. E, apesar de ter sido um legalista, passou a ensinar uma nova mensagem, dando primazia à graça de Deus sobre a Sua Lei. Assim, diz o Papa Francisco, "o jovem rígido, que se tinha tornado rígido – mas honesto! – tornou-se como uma criança, deixando-se conduzir para onde o Senhor o chamava".[52]

Quando Saulo chegou a Jerusalém para se juntar oficialmente aos outros discípulos, muitos recearam que a sua conversão fosse falsa e que ele fosse um espião. Mas Saulo – agora conhecido pelo seu nome romanizado "Paulo" – encontrou um amigo e um aliado num certo discípulo chamado Barnabé, que o acolheu sob a sua proteção.[53] O Papa Francisco explica que Barnabé "tem a ciência do

---

[50] At 9,1-8.
[51] At 9,10-20.
[52] Francisco. "Rigid but honest."
[53] At 9:26-27.

acompanhamento: deixa crescer, acompanhando. Não esmaga a fé frágil dos recém-chegados com atitudes rigorosas, inflexíveis, nem com solicitações demasiado exigentes quanto à observância dos preceitos. Não. Deixa-os crescer, acompanha-os, toma-os pela mão, conversa com eles. Barnabé não se escandaliza, tal como um pai e uma mãe não se escandalizam com os filhos, acompanham-nos, ajudam-nos a crescer... [Barnabé] é o homem da paciência".[54]

Talvez a amizade de Barnabé explique a profunda mudança de Paulo. Afinal de contas, diz-se que Barnabé "falava também e discutia com os helenistas".[55] Paulo partiu então com Barnabé numa outra viagem: não para reprimir o Evangelho, mas para o difundir. Começaram em Antioquia e de lá seguiram para muitas cidades do mundo helenizado, fundando igrejas pelo caminho. Mais uma vez, o Papa Francisco retoma esta viagem para nos instruir:

> O livro dos Atos é a história de um caminho que começa em Jerusalém e, através da Samaria e da Judeia, continua nas regiões da Síria e da Ásia Menor e depois na Grécia, concluindo-se em Roma. Este percurso narra a história em que *caminham juntos* a Palavra de Deus e as pessoas que àquela Palavra dedicam atenção e fé. A Palavra de Deus caminha connosco. Todos são protagonistas, ninguém pode ser considerado um mero figurante...
>
> *Mas essa história não está apenas em movimento por causa dos lugares geográficos* que atravessa. Exprime uma

---

[54] Francisco. "Discurso no Encontro com os Movimentos Eclesiais do Chipre".

[55] At 9,29.

contínua inquietação interior: esta é uma palavra-chave, inquietação interior. Se um cristão não sente esta inquietação interior, se não a vive, falta-lhe algo; e esta inquietação interior nasce da própria fé e convida-nos a considerar o que é melhor fazer, o que deve ser mantido ou mudado. Essa história ensina-nos que ficar parado não pode ser uma boa condição para a Igreja. *E o movimento é consequência da docilidade ao Espírito Santo, que é o cineasta desta história em que todos são protagonistas inquietos, nunca parados...*

[Pedro e Paulo] eram capazes de se repensarem em relação ao que acontece, testemunhas de um impulso que os põe em crise — outra expressão a lembrar sempre: pôr em crise — que os leva a ousar, questionar, reconsiderar, cometer erros e aprender com eles, sobretudo a ter esperança apesar das dificuldades. *São discípulos do Espírito Santo, que os faz descobrir a geografia da salvação divina,* abrindo portas e janelas, abatendo muros, quebrando correntes, libertando fronteiras. Então pode ser necessário partir, mudar de direção, *superar as convicções que nos retêm e nos impedem de nos mover e caminhar juntos.*[56]

---

[56] Francisco. "Discurso aos Fiéis da Diocese de Roma" (tradução do website do Vaticano). Ver também, do mesmo discurso: "Reparai, não podemos compreender a 'catolicidade' sem nos referirmos a este campo amplo e hospitaleiro, que nunca marca limites. Ser Igreja é um caminho para entrar nesta amplitude de Deus... Quando a Igreja é testemunha, em palavras e ações, do amor incondicional de Deus, da sua amplitude hospitaleira, ela exprime verdadeiramente a própria catolicidade. E é impelida, interior e exteriormente, a atravessar espaços e tempos. O

A partir desta citação, aprendemos que, para o Papa Francisco, ser dócil ao Espírito Santo não é apenas pôr-se a caminho. Não se trata apenas de caminhar, mas de *caminhar juntos*, como Igreja. Isto viria a ser extremamente importante mais tarde, uma vez que Paulo e Barnabé iriam em breve entrar em conflito com "os que eram da circuncisão". Por outras palavras: com alguns convertidos da religião judaica.

Estes convertidos – que doravante se designarão "judaizantes" – visitaram as igrejas gentias de Paulo e Barnabé. Com Pedro, os judaizantes tinham aceite que os gentios podiam ser batizados e pertencer à Igreja. No entanto, ficaram escandalizados ao saber que os prosélitos de Paulo não obedeciam a todos os preceitos da Lei Mosaica. Nomeadamente, não eram circuncidados. Vindos da Judeia, os judaizantes começaram a ensinar nas igrejas paulinas: "Se não vos circuncidais, segundo o rito de Moisés, não podeis ser salvos".[57]

Os judaizantes eram "uniformistas". Queriam "uniformizar tudo: todos iguais". Se os judeus convertidos tinham de se submeter à circuncisão, os gentios convertidos também deviam. No entanto, "a uniformidade anda de mãos dadas com a rigidez". Estes cristãos "confundiam o que Jesus pregava no Evangelho [com] a sua doutrina da igualdade", quando "Jesus nunca quis que a Sua Igreja fosse rígida". Jesus queria fazer destes gentios uma obra mais maravilhosa, através da qual a Palavra pudesse chegar a todos os cantos da terra. No entanto, os judaizantes "não tinham a liberdade

---

impulso e a capacidade vêm do Espírito".

[57] At 15,1.

Capítulo 4: Os Judaizantes e o Indietrismo

que o Espírito Santo concede"[58] (ver capítulo 2):

Aqueles cristãos que vieram dos pagãos acreditaram em Jesus Cristo, receberam o batismo e estavam felizes: receberam o Espírito Santo. Do paganismo para o cristianismo, sem qualquer etapa intermédia. Ao contrário, aqueles que eram chamados "judaizantes" alegavam que não se podia fazer assim. Se alguém era pagão, primeiro tinha que se tornar judeu, um bom judeu, e depois tornar-se cristão, para estar na linha da eleição do povo de Deus. E aqueles cristãos não compreendiam isto: "Mas como, nós somos cristãos de segunda classe? Não se pode passar diretamente do paganismo para o cristianismo? A ressurreição de Cristo não dissolveu a lei antiga, levando-a a uma plenitude ainda maior?". Estavam perturbados e havia muitas discussões entre eles. E aqueles que o queriam eram pessoas que, com argumentos pastorais, teológicos e alguns até morais, afirmavam que não: que deviam dar aquele passo! E isto questionava a liberdade do Espírito Santo, até a gratuidade da ressurreição e da graça de Cristo. Eram metódicos. E também rígidos...

[Eram] uma religião de prescrições, e com isto tiravam a liberdade do Espírito. E as pessoas que os seguiam eram rígidas, pessoas que não se sentiam à-vontade, que não conheciam a alegria do Evangelho. A perfeição do caminho para seguir Jesus era a rigidez: "Há que fazer isto, isso, aquilo...". Essas pessoas, esses doutores "manipulavam" as consciências dos fiéis, e ou tornavam-se rígidos... ou iam

---

[58] Francisco. "A house not for rent."

embora.⁵⁹

Os Atos dos Apóstolos dizem-nos, de forma bastante eufemística, que Paulo e Barnabé tiveram uma "grande discussão"⁶⁰ com os judaizantes. Mas como podia esta questão ser resolvida? Quem tinha razão, os judaizantes ou Paulo? À primeira vista, parecia que os judaizantes tinham mais razão: se os gentios se queriam converter ao cristianismo, deviam obedecer a todos os preceitos da Lei Mosaica, pois o próprio Jesus tinha sido um judeu observante (ver capítulo anterior). Mas manter-se demasiado rígido em relação a estes preceitos parecia pôr em perigo a crescente vaga de conversões fora da fé judaica. O que fazer?

É aqui que o conceito de "caminhar juntos" se torna útil...

Sinodalidade e o Concílio de Jerusalém

Outro conceito favorito do Papa Francisco é a "sinodalidade". Ao longo de todo o seu pontificado, Francisco tentou estabelecer uma Igreja mais sinodal.⁶¹ Os seus críticos, no entanto, tentaram resistir a este processo a cada passo do caminho.⁶²

Se olharmos para a etimologia desta palavra, "sínodo" significa "caminhar juntos"⁶³ em grego. E a primeira instância de "sinodalidade" na Igreja foi o Concílio apostólico de Jerusalém. Paulo e Barnabé regressaram a Jerusalém, para dar contas da

---

⁵⁹ Francisco. "O relacionamento com Deus é gratuito".
⁶⁰ At 15,2.
⁶¹ Grech. "Synodality at the core of Pope Francis' ministry."
⁶² Ver, por exemplo, Altieri. "'Synodality' means whatever Pope Francis wants it to mean."
⁶³ Ver também Francisco. "Discurso aos Fiéis da Diocese de Roma"

Capítulo 4: Os Judaizantes e o Indietrismo

florescente Igreja dos Gentios. Mas foram contrariados por "alguns que antes de ter abraçado a fé eram da seita dos fariseus", ou seja, os judaizantes, que proclamavam que "era necessário circuncidar os pagãos e impor-lhes a observância da Lei de Moisés".[64] Por isso, a Escritura diz-nos que os apóstolos e os presbíteros se reuniram para discutir este assunto. Diz-se que houve "muita discussão",[65] (o que na verdade é uma coisa boa, desde que seja feita *como Igreja* e *dentro da Igreja*).[66] Debateram longamente, mas os argumentos pareciam irreconciliáveis.[67] Estavam perante uma encruzilhada que iria definir a própria alma do cristianismo:

> Em cada movimento sente-se muito uma dupla exigência: a fidelidade ao carisma inicial e a necessidade de mudança e novidade para responder e mudar as situações. E a pergunta era: *"como manter em harmonia estas duas tensões? Como discernir as novidades que o Espírito Santo sugere da novidade que, ao contrário, afasta do carisma? Como compreender se uma certa fidelidade ao carisma inicial é mais*

---

[64] At 15,4-5.

[65] At 15,7.

[66] Francisco. "Discurso aos Fiéis da Diocese de Roma": "Além disso, há também o confronto entre diferentes visões e expetativas. Não devemos temer que isto ainda aconteça hoje. Se pelo menos pudéssemos fazer debates desta forma! Estes são sinais de docilidade e abertura ao Espírito. Também pode haver confrontos que atingem aspetos dramáticos, como aconteceu com o problema da circuncisão dos pagãos, até à deliberação do que chamamos o Concílio de Jerusalém, o primeiro Concílio" (tradução do website do Vaticano).

[67] Ibid.

um entorpecimento e não verdadeira fidelidade ao Espírito Santo?". Isto é importante. Compreender e conhecer os espíritos: "Não confieis, caríssimos, em qualquer Espírito", diz-nos o Apóstolo. Conhecer quando uma inspiração está em sintonia com o carisma inicial e quando não está. *Este ir além faz-te encontrar situações diversas, e o carisma inicial deve ser traduzido para aquela cultura. Mas não atraiçoado! Traduzido. Deve ser o carisma, mas traduzido!* "Eu não quero problemas, sigo o carisma inicial"... Assim tornas-te uma bonita exposição, um museu. Transformareis o vosso movimento num museu de coisas que hoje não servem. Cada carisma está chamado a crescer! Porquê? *Porque tem em si o Espírito Santo e o Espírito Santo faz crescer!* Cada carisma deve confrontar-se com culturas diversas, com diferentes maneiras de pensar, com valores diversos. E o que faz? Deixa-se levar por diante pelo Espírito Santo.[68]

Como explica o Papa Francisco, esta discussão entre os apóstolos não era para trair o seu carisma original, mas para o traduzir de modo a que pudesse sair e expandir-se a todas as culturas do globo, tornando-se verdadeiramente "católico", ou seja, "universal". O discernimento feito no Concílio de Jerusalém foi um retorno à "nascente dos carismas" e, portanto, uma redescoberta do "impulso para enfrentar os desafios".[69] O regresso às fontes não é anti-

---

[68] Francisco. "Discurso ao Movimento dos Cursilhos de Cristandade" (tradução do website do Vaticano).

[69] Francisco. "Discurso no III Congresso dos Movimentos Eclesiais" (tradução do website do Vaticano).

tradicional. Pelo contrário, é a própria essência de um pensamento verdadeiramente tradicional.[70] Por outro lado, se as "formas e métodos são defendidos por si mesmos", como pretendiam os judaizantes, ficam "distantes da realidade que está em evolução contínua; fechados às novidades do Espírito, acabam por sufocar o próprio carisma que os gerou".[71]

Durante o Concílio, os apóstolos não se basearam na resposta aparentemente mais simples – embora provavelmente redutora – de meramente repetir o que sempre tinham feito. Pelo contrário, *discerniram*. "O discernimento é um remédio contra o imobilismo do 'sempre se fez assim' ou do 'adiar'. É um processo criativo, que não se limita a aplicar esquemas. É um antídoto à rigidez, porque as mesmas soluções não são universalmente válidas".[72]

No final deste processo de discernimento, eis que chegou a altura de Pedro dizer o que pensava. O Papa Francisco sempre foi muito explícito ao dizer que qualquer processo sinodal deve acontecer *cum Petro et sub Petro* ("com Pedro e sob Pedro"). Isto "não é uma restrição da liberdade, mas uma garantia da unidade". Afinal de contas, se "sinodalidade" significa "caminhar juntos", então deve haver um "perpétuo e visível fundamento da unidade, não só dos bispos, mas também da multidão dos fiéis".[73] Caso contrário, como saberíamos se estamos realmente a caminhar juntos, ou se estamos

---

[70] Ver Gabriel. *Heresia disfarçada de Tradição*, 39-52.
[71] Francisco. "Discurso no III Congresso dos Movimentos Eclesiais" (tradução do website do Vaticano).
[72] Francisco. "Discurso aos novos Bispos nomeados no último ano" (tradução do website do Vaticano).
[73] Francisco. "Discurso na Comemoração do Cinquentenário da Instituição do Sínodo dos Bispos" (tradução do website do Vaticano).

apenas a caminhar sozinhos? Tem de haver um ponto de referência, um pastor, um farol que determine quando nos desviámos e começámos a caminhar sozinhos.

O primeiro papa levantou-se no meio do primeiro concílio e proferiu um discurso apaixonado. Baseando-se na sua experiência com Cornélio, Pedro proclamou que Deus "não tinha posto nenhuma diferença" entre os apóstolos e os gentios, pois em todos, os corações eram purificados pela fé. Por isso, por sobre os ombros dos prosélitos o jugo da Lei (que nem os apóstolos, nem os seus antepassados tinham podido suportar) seria "provocar a Deus". Diz-se que enquanto Pedro proferia o seu discurso, "toda a assembleia o ouviu silenciosamente".[74]

Depois, foi a vez de S. Tiago falar. De facto, Pedro foi o primeiro papa, mas o concílio realizou-se em Jerusalém e, por isso, sob a jurisdição de Tiago, bispo dessa cidade. Tiago era simpatizante do partido judaizante,[75] mas acabou por ser dócil aos impulsos do Espírito Santo.[76] O bispo concordou com a decisão de Pedro, mas

---

[74] At 15,7-12.

[75] Ver, por exemplo, Matthews, "The Council at Jerusalem", 340: "A multidão ficou impressionada e voltou a ouvir Barnabé e Paulo, que relatavam mais particularmente os sinais e as maravilhas que Deus tinha feito entre os gentios. Depois disso, até mesmo um legalista extremo como Tiago podia ver a diferença entre uma denominação judaica e uma denominação gentia de cristãos".

[76] Francisco. "Resistance vs. docility": "Hoje gostaria de dizer algo sobre esta docilidade. O apóstolo Tiago, no primeiro capítulo da sua carta, aconselha-nos a receber a Palavra com mansidão, acolhendo-a como ela vem: a Palavra que o Espírito Santo traz. E, para isso, devemos estar abertos, não fechados, não rígidos: abertos. O primeiro passo é acolher a Palavra. O primeiro passo no caminho da mansidão é acolher a Palavra:

Capítulo 4: Os Judaizantes e o Indietrismo

procurou acrescentar algumas condições, como forma de concessão à fação judaizante. Os prosélitos não deviam ser inquietados, mas deviam abster-se de quatro coisas: 1) poluição dos ídolos, 2) fornicação, 3) carne de animais estrangulados e 4) sangue.[77]

Já expliquei noutro livro o fundamento destas proibições.[78] Mas para já, gostaria de me concentrar na forma como foi redigida a decisão final do concílio. No final dos trabalhos, os apóstolos escreveram uma carta a Antioquia, onde se lia: "Com efeito, *pareceu bem ao Espírito Santo* e a nós não vos impor outro peso além do seguinte indispensável". Note-se que, *no final deste percurso sinodal, os apóstolos não falaram por sua própria vontade, mas sobre o que agradou ao Espírito Santo*.[79] De facto, o "documento" final apresenta o Espírito como protagonista do processo de decisão e reflete a sabedoria que Ele é sempre capaz de inspirar.[80] Sem a presença do Espírito Santo, aquela assembleia não teria sido um sínodo, mas um mero parlamento,[81] onde se discutiriam certos assuntos numa perspetiva humana. Se assim fosse, poderia haver a tentação de

---

abrir o coração, recebê-la, deixá-la entrar como uma semente que vai germinar... Tenho de acolher com mansidão o Espírito que me conduz à Palavra, e esta docilidade, isto é, não resistir ao Espírito, irá conduzir-me a este modo de viver, a este modo de agir".

[77] At 15,19-20.
[78] Gabriel. *Heresia disfarçada de Tradição*, 110-111.
[79] Francisco. "God of surprises": "A única maneira é pedir a graça do discernimento... O instrumento que o próprio Espírito nos dá é o discernimento: discernir, em todo caso, como se deve fazer. De facto, foi isso que os apóstolos fizeram. Encontraram-se, falaram e viram que este era o caminho do Espírito Santo".
[80] Francisco. "Discurso aos Fiéis da Diocese de Roma".
[81] Ibid.

assumir uma certa "eclesiologia substituta", em que "vamos sozinhos", como se "subindo ao Céu, o Senhor tivesse deixado um vazio a ser preenchido, e nós preenchemo-lo". Não é assim. Deus deixou-nos o Seu Espírito, e este Espírito deve ser "o grande protagonista da Igreja".[82]

Isto leva-nos a um último conceito-chave do pensamento de Francisco sobre este assunto. Francisco diz muitas vezes que os católicos rígidos estão *fechados* em si mesmos. Se estão fechados em si mesmos, então também estão fechados à ação do Espírito Santo. Fechar-se ao Espírito Santo não significa apenas falta de liberdade; é um pecado.[83] No entanto, eles não se ficam por aqui. Não só se fecham ao Espírito Santo, como também tentam aprisionar o Espírito Santo. Este foi o erro dos judaizantes. Como católicos, somos chamados a não pôr "o Espírito Santo na gaiola", mas antes a tentar "deixá-lo voar, deixá-lo respirar na alma".[84]

Esta é a razão pela qual a Igreja deve caminhar continuamente. O nosso atual caminho sinodal não começou com a sinodalidade do Papa Francisco, nem sequer com o Concílio Vaticano II, mas "com os primeiros apóstolos, e continua. *Quando a Igreja pára, já não é Igreja, mas uma bela associação piedosa, porque enjaula o Espírito Santo*". Precisamos de uma "Hermenêutica peregrina que sabe

---

[82] Ibid. (tradução do website do Vaticano).

[83] Francisco. "Homília na Solenidade do Pentecostes". Ver também: "O mundo tem necessidade de homens e mulheres que não estejam fechados, mas repletos de Espírito Santo. Para além de falta de liberdade, o fechamento ao Espírito Santo é também pecado. Há muitas maneiras de fechar-se ao Espírito Santo [nomeadamente através do] legalismo rígido".

[84] Francisco. "Discurso aos Dirigentes do Jornal Avvenire" (tradução do website do Vaticano).

preservar o caminho iniciado nos Atos dos Apóstolos. Caso contrário, o Espírito Santo seria humilhado".[85]

Ao estarem dispostos a fazer esta viagem e ao deixarem-se guiar pelo Espírito Santo, os apóstolos permitiram que o Evangelho se tornasse verdadeiramente "católico", chegando a toda a parte na Terra. Isso só aconteceu porque eles se dispuseram a ir às periferias, que na sua época eram os gentios de todo o mundo. O Concílio de Jerusalém mostra-nos que "só podemos ir às periferias, se tivermos a Palavra de Deus no nosso coração e *se caminharmos com a Igreja*", como fizeram os apóstolos.[86]

Paulo corrige o indietrismo de Pedro

No entanto, por mais conclusivo que o Concílio de Jerusalém possa ter parecido na altura, a controvérsia ainda não terminara. Parece que nem todos os judaizantes aceitaram as conclusões do sínodo. Ou talvez as tenham aceitado em teoria, mas não assimilaram o "espírito" dessas conclusões (ver capítulo 3): tentaram reinterpretar as instruções do sínodo de uma forma que ia contra o que se pretendia. Talvez – assim raciocinavam – os gentios não tivessem de ser circuncidados e de seguir a totalidade da Lei Mosaica; no entanto, continuavam a ser considerados ritualmente impuros e, portanto, como alguém com quem um judeu convertido não podia partilhar uma refeição. Desta forma, negavam o Concílio de Jerusalém na prática, mesmo que não o fizessem em teoria.

---

[85] Francisco. "Discurso aos Fiéis da Diocese de Roma" (tradução do website do Vaticano).

[86] Francisco. "Discurso num Encontro com o Clero".

Sabemos que não era essa a intenção do sínodo, porque S. Pedro tinha deixado bem claro que Deus "não faz aceção de pessoas". Na verdade, uma das primeiras fontes da controvérsia foi o facto de Pedro ter ficado e comido em casa de Cornélio durante alguns dias.[87] Mas os judaizantes estavam "fixos" no seu caminho e não se mexiam, mesmo que a Igreja tivesse avançado através do Concílio de Jerusalém. Como não queriam caminhar com a Igreja, exigiam que a Igreja voltasse para trás, para o local onde eles estavam fixados. Não se adaptariam à Igreja, mas pressionariam o resto da Igreja – nomeadamente os gentios – a adaptar-se a *eles*. E, uma vez que Pedro tinha sido um dos motores do novo *status quo*, eles iriam exercer pressão sobre Pedro também.

Acontece que, um dia, Pedro visitou Antioquia[88] para ver com os seus próprios olhos aquela espantosa maravilha gentia – uma igreja constituída quase exclusivamente por prosélitos! No início, tudo parecia correr bem. Pedro comia com os gentios, tal como tinha feito antes com Cornélio. Mas, depois, chegou uma comitiva de Jerusalém e começou a semear confusão. A partir desse momento, Pedro "retraiu-se e separou-se destes, temendo os circuncidados".[89] Deixou de comer ao lado dos gentios para evitar a impureza ritual. Na sua epístola aos Gálatas, Paulo lamenta que até o seu bom amigo Barnabé acabou por sucumbir e fazer o mesmo![90] Paulo não aceitaria isso. Conta que foi ter com Pedro e "resistiu-lhe

---

[87] At 10,48.
[88] Gal 2,11.
[89] Gal 2,12.
[90] Gal 2,13.

Capítulo 4: Os Judaizantes e o Indietrismo

francamente, porque era censurável".[91] Esta é a famosa correção de Paulo a Pedro.

Alguns dos atuais críticos do Papa Francisco utilizam este incidente da correção de Paulo a Pedro como precedente para a sua resistência aos ensinamentos magisteriais do Santo Padre. Por vezes, chegam mesmo a acusar o pontífice de promover heresia com base nesse precedente.[92] No meu livro *Heresia disfarçada de Tradição*, explico por que motivo esse precedente não colhe, uma vez que Paulo não estava a corrigir o magistério de Pedro. A correção de Paulo foi dirigida ao comportamento de Pedro como pessoa individual, que estava a minar os seus próprios ensinamentos autoritativos no Concílio de Jerusalém. Paulo estava a defender o magistério de Pedro, mesmo que o próprio Pedro o estivesse pessoalmente a trair!

No entanto, neste livro, quero ir ainda mais longe. Paulo não

---

[91] Gal 2,11. Aqui tomarei a posição geralmente aceite de que o Cefas mencionado por Paulo se refere realmente ao apóstolo S. Pedro. Para uma melhor visão geral das várias interpretações deste incidente, ver Gabriel. *Heresia disfarçada de Tradição*, 108-109.

[92] Ver van den Aardweg et al. *Correctio filialis*, 1: "Estamos autorizados pela lei natural, pela lei de Cristo e pela lei da Igreja --- por três leis cuja guarda a Divina Providência confiou a Sua Santidade -- a emitir esta correção... Pela lei de Cristo: pois Seu Espírito inspirou o Apóstolo Paulo a repreender publicamente Pedro quando este não agiu de acordo com a verdade do Evangelho (Gal. 2). São Tomás de Aquino nota que essa reprimenda pública de um súdito a um superior foi lícita devido ao perigo iminente de escândalo relativo à fé (Summa Theologiae 2ª 2ae, 33, 4 ad 2), e 'a glosa de Santo Agostinho' acrescenta que nessa ocasião 'Pedro deu um exemplo aos superiores de que se lhes acontecesse de em algum momento se afastarem do reto caminho, não deveriam desdenhar ser criticados por seus súditos'". (tradução como no original).

estava apenas a corrigir o comportamento de Pedro, mas mais do que isso, estava a corrigir o comportamento *indietrista* de Pedro. A Igreja tinha avançado graças a Pedro e ao Concílio de Jerusalém. Esse avanço tinha até sido apontado como um fruto do Espírito Santo! Mas agora, Pedro tinha cedido às exigências de um determinado partido dentro da Igreja e tentara recolocar o génio (ou melhor, o Espírito Santo) dentro da garrafa. Pedro, que sempre aceitara os gentios, argumentando que não podia bloquear algo que o Espírito Santo claramente favorecia, estava agora a tentar "enjaular" esse mesmo Espírito dentro dos preconceitos humanos de pessoas rígidas. O primeiro papa estava a recuar para ir ao encontro daqueles que tinham ficado para trás por estarem fixados na sua viagem espiritual – e foi justamente corrigido por isso.

Hoje em dia, a maioria dos membros da Igreja são o que se poderia classificar como gentios, por isso sabemos que Pedro aceitou a correção de Paulo. Alguns, como os judaizantes, podiam perguntar-se: "se estes gentios eram pecadores e estavam condenados e depois mudaram, então a fé muda?" A resposta é "não". A fé nunca muda. A fé é a mesma, embora se mova; cresça; alargue-se,[93] de acordo com os princípios delineados por S. Vicente de Lérins, como vimos antes. No entanto, não podemos esquecer que o nosso Deus é um "Deus de surpresas... porque Ele é um Deus vivo, um Deus que permanece em nós, um Deus que move o nosso coração, um Deus que está na Igreja e caminha connosco; e Ele sempre nos surpreende neste caminho". Assim, *"tal como Ele teve a criatividade para criar o mundo, tem a criatividade para criar coisas*

---

[93] Francisco. "God of surprises."

Capítulo 4: Os Judaizantes e o Indietrismo 135

novas todos os dias".[94] "É sempre o hoje perene do Ressuscitado que impõe que não nos resignemos à repetição do passado e tenhamos coragem de nos questionarmos se as propostas de ontem são ainda evangelicamente válidas".[95]

Por conseguinte, a controvérsia judaizante foi – como explica S. Cardeal Newman – o primeiro exemplo de desenvolvimento doutrinal na Igreja. "Não se pode conservar a doutrina sem a fazer progredir, nem se pode prendê-la a uma leitura rígida e imutável, sem humilhar a ação do Espírito Santo. Deus que, 'muitas vezes e de muitos modos, falou aos nossos pais, nos tempos antigos' (Heb 1, 1), 'dialoga sem interrupção com a esposa do seu amado Filho' (Dei Verbum, 8). E nós somos chamados a assumir esta voz com uma atitude de 'religiosa escuta' (ibid., 1), para permitir que a nossa existência eclesial progrida, com o mesmo entusiasmo dos primórdios, rumo aos novos horizontes que o Senhor pretende fazer-nos alcançar".[96]

Como nos recorda continuamente o Papa Francisco, a tradição não pode ser como um museu. Não "consiste em adorar as cinzas, mas em preservar o fogo". A tradição é "uma massa fermentada, uma realidade em fermentação onde podemos reconhecer o crescimento, e na massa uma comunhão que se implementa em movimento: *caminhar juntos realiza a verdadeira comunhão*".[97] A

---

[94] Ibid.

[95] Francisco. "Discurso aos novos Bispos nomeados no último ano" (tradução do website do Vaticano).

[96] Francisco. "Discurso no Encontro Promovido pelo Pontifício Conselho para a Promoção da Nova Evangelização" (tradução do website do Vaticano).

[97] Francisco. "Discurso aos Fiéis da Diocese de Roma" (tradução do

controvérsia sobre os judaizantes foi também, de certa forma, o primeiro grande momento de crise interna na Igreja – pelo menos desde o Pentecostes. Mas, a partir desta crise, conseguimos compreender melhor a interação entre a Lei de Deus e a Sua graça. O Papa Francisco diz-nos que passar por crises é uma forma necessária de crescer. Mesmo nos momentos de crise e de ressurreição, o "hábito da fé não é engomado; desenvolve-se connosco". Se cresce connosco, não pode ser rígido.[98]

A Igreja tem sempre necessidade de se *renovar* – *Ecclesia semper renovanda* ("Igreja sempre renovada"). Ela "não se renova como lhe apetece, mas fá-lo 'sólida e firme na fé, sem se deixar afastar da esperança do Evangelho que ouviu' (cf. Col 1, 23)... O Senhor do sábado, a razão de ser de todos os nossos mandamentos e preceitos, convida-nos a ponderar as normas quando está em jogo segui-Lo a Ele; quando as suas chagas abertas, o seu grito de fome e sede de justiça nos interpelam e impõem respostas novas".[99]

---

website do Vaticano).

[98] Francisco. "Audiência Geral", 14 de abril de 2021.

[99] Francisco. Homilia no Aeroporto Enrique Olaya Herrera (tradução do website do Vaticano).

Capítulo 5

Donatismo e falta de Misericórdia

Não podemos correr o risco de que um penitente não sinta a presença materna da Igreja que o acolhe e ama. Se faltar esta percepção, por causa da nossa rigidez, seria um dano grave em primeiro lugar para a própria fé, pois impediria que o penitente se visse inserido no Corpo de Cristo.

– Francisco, Discurso durante o Encontro
com os Missionários da Misericórdia

Uma das marcas do pontificado de Francisco é a sua insistência na "misericórdia". Para tornar este facto ainda mais claro, o Santo Padre escolheu como seu mote papal a frase *Miserando atque eligendo*. É um jogo de palavras que usa "misericórdia" como verbo, em vez de substantivo.[1] Traduz-se desajeitadamente como "misericordiando, Ele escolheu-o", uma referência ao comentário de Beda, o Venerável, sobre o chamado de S. Mateus ao discipulado: "Viu Jesus um publicano e dado que olhou para ele com misericórdia e o escolheu, disse-lhe: Segue-me".[2]

---

[1] Ivereigh. *The Great Reformer*, 12.

[2] Dicastério para a Comunicação, "O Brasão do Papa Francisco": "Esta homilia é uma homenagem à misericórdia divina e é reproduzida na Liturgia das Horas da festa de são Mateus. Ela reveste um significado especial na vida e no itinerário espiritual do Papa. Com efeito, na festa de são Mateus do ano de 1953, o jovem Jorge Bergoglio experimentou, com 17 anos, de modo totalmente particular, a presença amorosa de Deus na

O Papa Francisco regressa frequentemente a este episódio do Evangelho para ensinar sobre a misericórdia divina. Mesmo assim, muitos dos críticos do pontífice interpretam mal estes ensinamentos, acreditando que a ênfase de Francisco na misericórdia obscurece a justiça de Deus, ou a gravidade do pecado.³ Nada poderia estar mais longe da verdade.⁴

Para Francisco, o ato de "misericórdia" de Deus desenrola-se em três etapas. Mais uma vez, o Papa usa S. Mateus como exemplo. A primeira etapa é o *chamamento*. Jesus chama Mateus para O seguir *enquanto ele ainda estava a viver uma vida pecaminosa*. Mas como o chama Ele? Olhando com amor para o publicano. Isto é essencial. Mateus era socialmente ostracizado por causa dos seus pecados. Mateus nunca se tinha sentido amado até àquele momento. Para ele,

---

sua vida. Depois de uma confissão, sentiu o seu coração ser tocado e sentiu a descida da misericórdia de Deus, que com o olhar de amor terno, o chamava à vida religiosa, a exemplo de santo Inácio de Loyola." (tradução do website do Vaticano).

³ Ver, por exemplo, Browne, "*Misericordiae Vultus*": "Porque Francisco exalta a glória da misericórdia de Deus, mas sem mencionar a razão pela qual o homem precisa da sua misericórdia – o pecado. Para chamar o homem a abraçar a misericórdia de Deus, é necessário primeiro chamá-lo ao arrependimento... Mas Francisco evita mencionar a consequência da falta de misericórdia do homem para com o homem – o castigo divino e até a condenação".

⁴ Ver, por exemplo, Francisco. "Angelus", 24 de março de 2019: "Pensemos hoje, cada um de nós: o que devo fazer face a esta misericórdia de Deus que me espera e perdoa sempre? O que devo fazer? Podemos confiar infinitamente na misericórdia de Deus, *mas sem abusar dela*. *Não devemos justificar a preguiça espiritual*, mas aumentar o nosso esforço para corresponder prontamente a esta misericórdia com sinceridade de coração" (tradução do website do Vaticano).

seria impossível que alguém como Jesus o amasse. O amor de Jesus foi a chama que descongelou o coração frio do cobrador de impostos para a sua vocação.[5]

Por isso, foi precisamente "essa consciência pecadora que abriu a porta à misericórdia de Jesus... Esta é a primeira condição da salvação: sentir-se em perigo. É a primeira condição da cura: sentir-se doente. Sentir-se pecador é a primeira condição para receber este olhar de misericórdia".[6] Por outras palavras, uma compreensão correta da misericórdia *pressupõe a existência do pecado*. Se o pecado não está presente, não há qualquer necessidade de misericórdia.

"Há uma luta entre a misericórdia e o pecado".[7] A natureza desta luta foi apresentada durante o Jubileu Extraordinário da Misericórdia, convocado pelo Papa Francisco um mero par de anos após a sua eleição. Uma das suas fotografias mais emblemáticas é a que mostra o Papa a abrir a Porta Santa da Misericórdia na Basílica de S. João de Latrão, escancarando simbolicamente a porta da misericórdia em todas as catedrais do mundo, para que os peregrinos que por elas passassem pudessem receber uma indulgência plenária.[8] No final deste jubileu, Francisco publicou

---

[5] Rádio Vaticano. "Pope Francis: if you want mercy, know that you are sinners."

[6] Ibid.

[7] Ibid.

[8] Ver Francisco. Homilia da Santa Missa e Abertura da Porta Santa: "Abrimos a Porta Santa, aqui e em todas as catedrais do mundo. Também este sinal simples é um convite à alegria. Inicia o tempo do grande perdão. É o jubileu da Misericórdia. É o momento para redescobrir a presença de Deus e a sua ternura de Pai. Deus não ama a rigidez. Ele é Pai, é terno... Diante da Porta Santa que somos chamados a atravessar, é-nos pedido que sejamos instrumentos de misericórdia, cientes de que seremos julgados

uma carta apostólica intitulada *Misericordia et Misera*, que significa "misericórdia e miséria". Mais uma vez, há um contraste entre a misericórdia de Jesus e a miséria do nosso pecado:

> Encontraram-se uma mulher e Jesus: ela, adúltera e – segundo a Lei – julgada passível de lapidação... Entretanto, nesta narração evangélica, não se encontram o pecado e o juízo em abstrato, mas uma pecadora e o Salvador. Jesus fixou nos olhos aquela mulher e leu no seu coração: lá encontrou o desejo de ser compreendida, perdoada e libertada. *A miséria do pecado foi revestida pela misericórdia do amor.* Da parte de Jesus, nenhum juízo que não estivesse repassado de piedade e compaixão pela condição da pecadora.[9]

No entanto, o chamamento do pecador não é o fim do processo de "misericórdia". Há mais duas etapas. A segunda etapa é a *festa*. Sempre que um pecador se afasta do seu pecado para seguir Jesus,

---

sobre isto. Quem foi baptizado sabe que tem um compromisso maior. A fé em Cristo suscita um caminho que dura a vida inteira: que consiste em ser misericordioso como o Pai. A alegria de atravessar a Porta da Misericórdia acompanha-se ao compromisso de acolher e testemunhar um amor que vai além da justiça, um amor que não conhece fronteiras. É por este amor infinito que somos responsáveis, não obstante as nossas contradições".

[9] Francisco. *Misericordia et Misera*, 1. Ver também Francisco. "Homilia na Festividade de Nossa Senhora de Guadalupe": "A palavra 'misericórdia' é composta por dois vocábulos: miséria e coração. O coração indica a capacidade de amar; a misericórdia é o amor que abarca a miséria da pessoa".

Capítulo 5: Donatismo e falta de Misericórdia

há muita alegria no Céu,[10] que se traduz por festa também na Terra. Mateus sente-se feliz e convida Jesus para ir a sua casa comer com ele. Mateus convida também os seus amigos, "os do mesmo ofício", os pecadores e os publicanos.[11]

Mas depois vem a terceira etapa, uma etapa extrínseca ao próprio processo de misericórdia, mas inexoravelmente causada por ele: o *escândalo*. As Escrituras dizem-nos que os fariseus se escandalizavam quando Jesus comia com os pecadores.[12]

> Os fariseus, vendo que publicanos e pecadores estavam à mesa com Jesus, perguntaram aos discípulos: "Como é que o vosso Mestre come com publicanos e pecadores?" Um escândalo começa sempre com esta frase: "Mas como é possível?" Quando se ouve esta frase, cheira mal e segue-se o escândalo. No fundo, escandalizam-se com a impureza de não seguirem a Lei. Conheciam muito bem a "doutrina", sabiam como seguir o caminho do Reino de Deus, sabiam melhor do que ninguém como as coisas deviam ser feitas, mas tinham-se esquecido do primeiro mandamento, o do amor...

Esse "como é possível?", que ouvimos tantas vezes dos católicos quando vêem as obras de misericórdia. Como é possível? Jesus é claro, Ele é muito claro: "Ide e aprendei". Mandou-os aprender, certo? "Ide e aprendei o que significa

---

[10] Lc 15,10.
[11] Rádio Vaticano. "Pope Francis: if you want mercy, know that you are sinners."
[12] Lc 5,27-30.

misericórdia. [É isso] que Eu quero, e não sacrifícios, porque não vim chamar os justos mas os pecadores". Se queres ser chamado por Jesus, *reconhece-te* pecador...[13]

A história da Igreja está cheia de exemplos desta dura verdade: a misericórdia de Cristo produz sempre escândalo. Penso que um caso particularmente ilustrativo pode ser encontrado nos cismas Novaciano e Donatista.

Pecados mortais e Comunhão

No início do século III d.C., o batismo era tido em muito grande consideração. Entre outras graças importantes, este sacramento concedia o perdão plenário de todos os pecados cometidos anteriormente, por mais graves que fossem. No entanto, isto colocava um problema. O batismo só podia ser administrado uma vez, o que significa que esta amnistia era também um acontecimento único na vida. O que fazer com aqueles que tinham recaído no pecado *depois do* batismo?[14]

Os pecados de natureza menor podiam ainda ser absolvidos através de atos de caridade, oração e jejum.[15] A questão tornava-se espinhosa, porém, no que dizia respeito aos três pecados mais graves: adultério / fornicação, assassínio e idolatria. Estes eram os chamados *peccata mortalia* (pecados mortais ou "pecados para a

---

[13] Rádio Vaticano. "Pope Francis: if you want mercy, know that you are sinners."

[14] Newman, *Development of Christian Doctrine*, 195.

[15] Bryant. "Decius & Valerian, Novatian & Cyprian, Part I", 145.

Capítulo 5: Donatismo e falta de Misericórdia

morte")[16] ou *peccata aeterna* (pecados eternos).[17] Como o nome sugere, eram considerados irremissíveis. Cometer um destes pecados mortais depois do batismo acabava efetivamente com qualquer perspetiva de salvação para o pecador, pois significava a partida do Espírito Santo presenteado durante o sacramento.[18] Tais pecadores eram, naturalmente, também excluídos da comunhão eucarística.[19] O Cardeal Newman observou que, por muito venerável que esta antiga disciplina sacramental fosse, depressa se tornou insustentável:

> Mas um tal sistema de disciplina eclesiástica, por mais adequado que fosse a uma pequena comunidade, e até mesmo conveniente em tempos de perseguição, não podia existir na Cristandade, uma vez que esta se espalhou pela *orbis terrarum*, e lançou uma rede de todo o tipo. Uma regra mais indulgente foi gradualmente ganhando terreno; no entanto, a Igreja hispânica aderiu à regra antiga mesmo no século IV, e uma parte da África no século III, e na parte restante houve um relaxamento apenas no que diz respeito

---

[16] Ibid., 147.
[17] Bryant. "Decius & Valerian, Novatian & Cyprian, Part II", 161.
[18] Ibid., 161.
[19] Ver Chapman. "Novatian and Novatianism": "Em geral, era um princípio bem estabelecido na Igreja do segundo e do início do terceiro séculos que um apóstata, mesmo que fizesse penitência, não era novamente aceite na comunidade cristã, ou admitido à Sagrada Eucaristia. A idolatria era um dos três pecados capitais que implicavam a exclusão da Igreja".

ao crime de incontinência (isto é, adultério ou fornicação).²⁰

Um dos defensores da abordagem mais branda foi o Papa S. Calisto que permitiu a absolvição sacerdotal dos pecados da carne, desde que o pecador tivesse mostrado sinais adequados de arrependimento e penitência.²¹ No entanto, nem todos ficaram satisfeitos com esta reforma. Tertuliano, um respeitado autor e apologista, resistiu à "inovação" do Papa.²² Um presbítero erudito chamado Hipólito de Roma liderou um cisma contra o "laxismo" do Papa e tornou-se o primeiro antipapa da história da Igreja.²³ Embora

---

²⁰ Newman, *Development of Christian Doctrine*, 195.

²¹ Bryant. "Decius & Valerian, Novatian & Cyprian, Part I", 147. Alguns críticos podem objetar que, neste caso, o arrependimento é necessário, enquanto Francisco parece estender a misericórdia mesmo a pecadores não arrependidos, como os divorciados e recasados que não vivem em continência em *Amoris Laetitia*. Tal crítica não leva em conta dois pontos: 1) a novidade da proposta de Calisto, que certamente escandalizou muitos fiéis na altura, tal como a de Francisco hoje; e 2) Francisco não estende a misericórdia aos pecadores impenitentes em *Amoris Laetitia*. O grande filósofo Rocco Buttiglione explica que a resolução de não voltar a pecar é "certamente necessária", mas isso significa que o pecador deve ter "o desejo de sair da sua situação irregular e esforçar-se por realizar atos que lhe permitam sair efetivamente dessa situação. É possível, no entanto, que o pecador não esteja numa fase em que possa realizar este desprendimento e reconquistar a sua própria soberania de forma imediata... Ele deve esforçar-se, de modo *a manter a resolução*, para sair da situação de pecado." Por outras palavras, a resolução de não voltar a pecar significa um "*esforço para remover, de forma oportuna e no momento oportuno, os impedimentos objetivos*". Ver Buttiglione. *Risposte amichevoli*, 181.

²² Chapman. "Novatian and Novatianism."

²³ Bryant. "Decius & Valerian, Novatian & Cyprian, Part I", 147.

Hipólito provavelmente tenha morrido reconciliado com a Igreja, Tertuliano morreu como um herege montanista. Eventualmente, a resistência a esta nova disciplina foi-se dissipando.

A situação, porém, iria repetir-se, agora em relação a outro pecado mortal. Uma catástrofe estava prestes a abater-se sobre a Igreja e a submeter a antiga disciplina a uma prova de fogo nunca antes vista.

Quando Décio se tornou imperador romano em 249 d.C., herdou um império em frangalhos. Os romanos tinham sido amaldiçoados com uma sucessão de derrotas militares e catástrofes naturais durante as décadas precedentes. Décio sabia que tinha de renovar o império e levantar o moral da população. Além disso, havia uma perceção generalizada de que os infortúnios de Roma se deviam à ira divina: era necessário apaziguar os deuses.[24]

Décio concebeu uma estratégia para unificar o império sob a bandeira de uma religião comum, ao mesmo tempo que aplacava os deuses. O imperador determinou que os governadores de todas as províncias se deviam certificar de que toda a gente oferecia um sacrifício aos ídolos pagãos. Foram criadas comissões imperiais para supervisionar e fazer cumprir o decreto, mesmo em aldeias remotas. Os sacrificadores teriam de assinar dois certificados após o ato: um certificado para ser guardado pelos sacrificadores como prova, isentando-os de mais escrutínios; e um outro certificado para ser arquivado pelas autoridades locais.[25] Além disso, estes certificados – também chamados *libelli* – destinavam-se a ter um valor retrospetivo: ao assinar um destes papéis, os sacrificadores recon-

---

[24] Ibid., 131.
[25] Ibid., 131.

heciam não só que tinham feito um sacrifício único aos deuses, mas que tinham mantido uma *devoção de longa data* às divindades pagãs. Não se tratava apenas de uma política *performativa*, mas também de uma política *inquisitorial*.[26]

Estas ordens eram inerentemente incompatíveis com a fé e as práticas cristãs. Claro que isto era um efeito desejado pelos decretos de Décio, não uma consequência irrefletida. A sua ideia não era apenas revitalizar o império, mas também eliminar os desviantes religiosos que tinham provocado a ira dos deuses.[27] Esta política tinha como objetivo forçar os cristãos a escolher um de dois resultados: 1) apostatar da sua fé cristã, regressando às suas raízes pagãs ou, pelo menos, desmoralizando gravemente os outros cristãos; ou 2) recusar-se a obedecer e ser martirizado, sendo assim eliminado do império. Qualquer que fosse a escolha, o imperador ficava a ganhar.[28]

Seguiu-se uma perseguição cruel, que provocou uma onda maciça de apostasias. Por todo o império, os cristãos acorriam e faziam fila nos templos pagãos para cumprir o seu dever cívico, embora com relutância.[29] Temiam perder a sua posição social, o seu cargo, os seus bens, a sua liberdade (havia penas de trabalhos forçados nas minas para os homens ou nos bordéis para as mulheres) e até a própria vida.[30] Os martírios multiplicaram-se. O Papa S. Fabiano foi assassinado, juntamente com muitos clérigos de

---

[26] Ibid., 135-136.
[27] Ibid., 136.
[28] Ibid., 137.
[29] Ibid., 139.
[30] Ibid., 143.

Capítulo 5: Donatismo e falta de Misericórdia

alto nível. Toda esta situação não permitiu a eleição segura de um sucessor para a Sé Romana enquanto a perseguição não abrandou.[31]

Após um vicioso ataque inicial, a perseguição começou a acalmar-se ao fim de um ano, uma vez que as autoridades locais já não estavam a aplicar os decretos com tanto rigor.[32] Além disso, o reinado de Décio durou apenas dois anos. Após a sua morte, em 251 d.C., a perseguição também se atenuou. No entanto, a Igreja tinha sofrido um duro golpe. Uma grande parte dos fiéis sobreviventes podia agora dividir-se em duas categorias. Os confessores ou *stantes* eram os que tinham "confessado Cristo" ou "permanecido fiéis", suportando o exílio, a prisão e a tortura, até à sua sobrevivência milagrosa no final da perseguição. Alguns destes confessores tinham também sobrevivido ao recusar-se a comparecer perante as autoridades (*privatae confessiones*).[33] A outra categoria, porém, a dos *lapsi* ou "os que sofreram um lapso", superava numericamente (e em muito) os *stantes*.

Nem todos os *lapsi* eram iguais. Os *sacrificati* tinham efetivamente oferecido um sacrifício aos ídolos romanos. Os *thurificati* tinham queimado uma pitada de incenso diante dos altares pagãos. Os *libellatici* tinham falsificado os seus *libelli* ou tinham subornado as autoridades para receberem os seus certificados, como se tivessem realizado um sacrifício sem nunca o terem feito. Outros enviaram os seus escravos para oferecerem sacrifícios em seu lugar ou pagaram a pagãos para se fazerem passar

---

[31] Chapman. "Novatian and Novatianism."
[32] Bryant. "Decius & Valerian, Novatian & Cyprian, Part I", 144.
[33] Ibid., 146.

por eles na execução dos sacrifícios exigidos.³⁴

É interessante notar que muitas vezes os *stantes* não nutriam maus sentimentos em relação aos *lapsi*. Há relatos de apóstatas que, enquanto esperavam na prisão por serem libertos, se arrependeram do seu lapso anterior devido ao tratamento amável que receberam dos seus companheiros mais firmes.³⁵ Mas este comportamento misericordioso pela parte dos confessores viria a atingir novos patamares no final da perseguição de Décio.

Quando a perseguição diminuiu, as multidões de apóstatas procuraram readmitir-se na Igreja e na sua comunhão.³⁶ A eles opuseram-se os clérigos, que procuravam exaltar o exemplo dos confessores ao impor a disciplina rigorosa de exclusão dos idólatras recaídos da comunhão, pois tratava-se de um pecado irremissível. Curiosamente, neste caso, os *lapsi* iriam encontrar os seus maiores aliados, não no clero, mas nos confessores, que rejeitaram a exaltação em detrimento dos seus irmãos. Como gosta de dizer o Papa Francisco, citando Sto. Ambrósio de Milão: "Onde está o Senhor, aí há misericórdia. Onde há rigidez, só os Seus ministros lá estão".³⁷

---

³⁴ Kirsch, "Lapsi."

³⁵ Ver, por exemplo, Kirsch, "Lapsi": "A carta dos cristãos de Lião, sobre a perseguição da sua igreja em 177, fala-nos igualmente de dez irmãos que mostraram fraqueza e apostataram. Vários deles, porém, mantidos em confinamento e estimulados pelo exemplo e pelo bom tratamento que recebiam dos cristãos que tinham permanecido firmes, arrependeram-se da sua apostasia e, num segundo julgamento, em que os renegados deviam ter sido absolvidos, confessaram fielmente Cristo e ganharam a coroa de mártires".

³⁶ Bryant. "Decius & Valerian, Novatian & Cyprian, Part I", 146.

³⁷ Ver Francisco. "Mercy first and foremost." Ver também Francisco.

Capítulo 5: Donatismo e falta de Misericórdia 149

Os confessores assumiram com grande zelo a tarefa de distribuir misericórdia. A sua honra só era ultrapassada pela dos mártires: a sua opinião tinha um peso significativo. Alguns *stantes* reivindicaram o privilégio de oração intercessória antecipada, outros emitiram os seus próprios *libelli pacis* anulando os certificados de apostasia. Alguns até aprovaram reconciliações generalizadas para todos os que expressassem remorsos – até mesmo os infames *sacrificati*. Isto, de facto, forçou os bispos a cederem à misericórdia e a readmitirem os *lapsi* à comunhão.[38]

Os clérigos rigoristas, porém, não tolerariam tal laxismo. Recriminavam a "falsa misericórdia" destas práticas e temiam o "contágio letal" daqueles que tinham oferecido sacrifícios a Satanás e aos seus demónios.[39] Reclamavam também o apoio das Escrituras e da tradição. Afinal, defendiam a disciplina mais antiga e podiam citar os evangelhos, onde estava escrito: "Portanto, quem der testemunho de mim diante dos homens, também eu darei testemunho dele diante de meu Pai que está nos céus. Aquele,

---

"Homilia na Celebração das Vésperas".

[38] Bryant. "Decius & Valerian, Novatian & Cyprian, Part I", 149. Ver também Chapman. "Novatian and Novatianism": "Sentindo-se seguros contra novas perseguições, eles desejavam agora frequentar novamente o culto cristão e ser readmitidos na comunhão da Igreja, mas esse desejo era contrário à disciplina penitencial então existente. Os *lapsi* de Cartago conseguiram conquistar para o seu lado alguns cristãos que tinham permanecido fiéis e que tinham sofrido torturas e prisões. Estes confessores enviaram ao bispo cartas de recomendação em nome dos mártires mortos (*libella pacis*) em favor dos renegados. Com base nestas 'cartas de paz', os *lapsi* desejavam ser imediatamente admitidos na comunhão com a Igreja"

[39] Bryant. "Decius & Valerian, Novatian & Cyprian, Part I", 149.

porém, que me negar diante dos homens, também eu o negarei diante de meu Pai que está nos céus".[40]

Mesmo os mais moderados estavam alarmados com as perspetivas de laxismo. A Sé Romana era, no auge da perseguição, mais favorável aos rigoristas. S. Cipriano, bispo da venerável cidade de Cartago (atual Tunísia) também tomou o partido da disciplina mais tradicional. Mas um desses moderados, que em breve se tornaria mais proeminente, foi um presbítero chamado Novaciano.

Submissão às urgências dos tempos

Para impedir a propagação do laxismo, S. Cipriano emitiu diretrizes provisórias afirmando que a apostasia estava para além dos poderes sacerdotais de absolvição. Os *lapsi* deviam manter uma vida de penitência, esperando a misericórdia de Deus durante o Juízo Final, ou a restauração da sua honra se sofressem o martírio que tinham evitado com o seu lapso. Não deviam participar na Eucaristia, exceto talvez – se tivessem feito penitência – no leito de morte. Estas instruções aplicavam-se a todos os tipos de *lapsi*, fossem *sacrificati* ou *libellatici*, pois estes últimos tinham praticado nos seus corações o que os primeiros tinham feito exteriormente.[41]

O clero romano emitiu diretivas provisórias semelhantes,[42] para serem mantidas até que as condições sociais permitissem a eleição de um novo papa e a reunião de sínodos para tratar do assunto.[43]

---

[40] Mt 10,32-33.
[41] Bryant. "Decius & Valerian, Novatian & Cyprian, Part I", 150-151.
[42] Ibid., 150.
[43] Chapman. "Novatian and Novatianism": "O clero romano

Capítulo 5: Donatismo e falta de Misericórdia

Novaciano, um presbítero de Roma, escreveu duas cartas a Cipriano sobre os *lapsi*, partilhando com o bispo cartaginês uma atitude moderada em relação ao assunto.[44] Até que um papa fosse eleito e os concílios fossem convocados, a severidade da disciplina deveria ser preservada, posto que se evitasse ao mesmo tempo a crueldade para com os arrependidos.[45] Um autor anónimo que se propôs refutar Novaciano, elogiou-o, dizendo que "enquanto [Novaciano] esteve na mesma casa, isto é, na Igreja de Cristo, ele lamentou os pecados dos seus vizinhos como se fossem seus, carregou os fardos dos irmãos, como o Apóstolo exorta, e fortaleceu com consolação os desviados na fé celestial".[46]

Embora estas orientações parecessem moderadas na altura, tornaram-se insustentáveis quando a poeira da perseguição assentou. O número de apóstatas que batiam às portas da Igreja era demasiado grande.[47] A escala da catástrofe era tal que ameaçava a própria viabilidade organizacional da Igreja. Os clérigos, agora com liberdade para se reunir em sínodos, foram confrontados com uma escolha difícil: deveriam conformar-se rigidamente às normas e disciplinas tradicionais, ou deveriam os aspetos práticos permitir ajustamentos táticos para enfrentar desafios sem precedentes?[48] Escolher a segunda opção devido a um imperativo organizacional

---

concordou com Cipriano que o assunto devia ser resolvido com moderação por concílios a serem realizados quando isso fosse possível; a eleição de um novo bispo devia ser aguardada".

[44] Editores da Encyclopaedia Britannica. "Novatian."
[45] Chapman. "Novatian and Novatianism".
[46] Ibid.
[47] Bryant. "Decius & Valerian, Novatian & Cyprian, Part I", 151.
[48] Ibid., 146.

também não era uma tarefa fácil: exigia que os líderes eclesiásticos encontrassem formas de legitimar este curso de ação dentro dos limites estabelecidos pelas Escrituras e pela tradição.[49]

As igrejas africanas foram as primeiras a convocar sínodos. Aqui, e apesar das tendências rigoristas do influente Cipriano, já era possível perceber a pressão social para uma abordagem mais branda. Uma vez que os *lapsi* não eram todos iguais, as práticas penitenciais também deviam ser diferentes. Os *libellatici* tinham cometido uma infração menor, pelo que podiam ser readmitidos após uma penitência razoável, ao passo que os *sacrificati* e os *thurificati* só podiam ser reconciliados no leito de morte. Mas mesmo em relação a estes delinquentes graves, era necessário um discernimento caso a caso. Ao estabelecer a penitência adequada, era necessário considerar as circunstâncias em que a apostasia tinha ocorrido: se o indivíduo tinha oferecido o sacrifício voluntariamente ou após tortura; ou se o sacrificador tinha conduzido a família à apostasia ou, pelo contrário, tinha obtido o certificado para dispensar o resto da família de praticar o ato, etc.[50]

Embora este não fosse obviamente o resultado desejado por Cipriano, o santo bispo acatou as decisões do sínodo, elogiando o novo consenso pela sua "saudável moderação".[51] Em Roma, porém, a situação era mais grave. Dezasseis bispos tinham-se reunido na Cidade Imperial e, com o consentimento de quase todo o clero e povo presentes, elegeram um certo Cornélio como papa contra a sua

---

[49] Ibid., 148-149.
[50] Chapman. "Novatian and Novatianism"
[51] Bryant. "Decius & Valerian, Novatian & Cyprian, Part I", 152.

Capítulo 5: Donatismo e falta de Misericórdia 153

vontade.⁵² Mas havia um problema com esta eleição. Durante a perseguição de Décio, Cornélio tinha sido um *libellaticus*.

Isto foi demasiado para Novaciano suportar. Diz-se que o presbítero "sofreu uma mudança extraordinária e repentina".⁵³ Abandonando toda a pretensão de moderação, Novaciano tornou-se o campeão do partido rigorista.⁵⁴ Poucos dias depois da eleição de Cornélio, Novaciano apresentou-se como o novo papa.

Novaciano era, sem dúvida, um concorrente digno. Durante o ano de *sede vacante* deixado pelo martírio de Fabiano, Novaciano tinha escrito cartas em nome do clero romano,⁵⁵ demonstrando assim o seu elevado estatuto. Era também um teólogo dotado.⁵⁶ Cornélio chamar-lhe-ia ironicamente: "esse criador de dogmas, esse campeão da erudição eclesiástica".⁵⁷

Obviamente, todos os rigoristas puseram-se do lado de Novaciano e todos os laxistas do lado de Cornélio. Agora, ambos os partidos tinham de competir pelos corações dos moderados. Ambos os concorrentes enviaram legados e cartas aos bispos moderados, disputando o seu apoio.⁵⁸ Surpreendentemente, e apesar do seu anterior apoio à causa rigorista, S. Cipriano ficou do lado do Papa S. Cornélio, levando consigo toda a Igreja africana. O bispo cartaginês justificou-se com as diferentes circunstâncias de cada tomada de posição: durante a perseguição de Décio, a sua função era exortar os

---

⁵² Chapman. "Pope Cornelius"
⁵³ Chapman. "Novatian and Novatianism"
⁵⁴ Editores da Encyclopaedia Britannica. "Novatian."
⁵⁵ Chapman. "Novatian and Novatianism"
⁵⁶ Bryant. "Decius & Valerian, Novatian & Cyprian, Part I", 152.
⁵⁷ Chapman. "Novatian and Novatianism"
⁵⁸ Bryant. "Decius & Valerian, Novatian & Cyprian, Part I", 153.

fiéis a não sucumbirem, mas agora o mais urgente era "curar as feridas" dos *lapsi*, como "submissão necessária às urgências dos tempos" (*necessitati temporum succubuisse*).[59] Os seguidores de Novaciano, por seu lado, condenavam a ideia de se colocar a conveniência acima dos princípios sagrados.[60]

S. Cornélio convocou um sínodo italiano que excomungou Novaciano. Este respondeu ao unilateralmente consagrar substitutos para bispos que pudessem ter sido *lapsi*. A certa altura, os novacianistas podiam reivindicar cerca de 20-30% de *todos* os fiéis.[61] Assim, a *Enciclopédia Católica* diz-nos, com razão, que "não poderia haver prova mais surpreendente da importância da Sé Romana do que esta súbita revelação de um episódio do século III: toda a Igreja convulsionou por causa das reivindicações de um antipapa".[62]

Pureza, Misericórdia e Unidade

É fascinante estudar a retórica que emanava de ambos os lados da divisão. Os seguidores de Novaciano autointitulavam-se *Katharoi* (ou seja, "Puros")[63] e apelavam à renovação de uma "Santa Igreja dos Puros" (*ecclesia pura*).[64] Embora Novaciano tenha recusado a absolvição apenas aos apóstatas e idólatras, os seus

---

[59] Ibid., 155. Defendo que uma situação semelhante aconteceu com *Amoris Laetitia* e a controvérsia dos divorciados e recasados. Ver Gabriel. *The Orthodoxy of Amoris Laetitia*, 137-151.

[60] Ibid., 154.

[61] Bryant. "Decius & Valerian, Novatian & Cyprian, Part II", 171.

[62] Chapman. "Novatian and Novatianism"

[63] Ibid.

[64] Bryant. "Decius & Valerian, Novatian & Cyprian, Part I", 153.

seguidores acabariam por estender esta lógica a todos os pecados mortais, incluindo o adultério e a fornicação[65] (um ato de indietrismo que os aproximava da posição previamente defendida por Hipólito de Roma). Para os *Katharoi*, readmitir adúlteros e apóstatas à comunhão incorreria num "contágio à virgem noiva de Cristo" que era a Igreja. Os puros acusavam os seus oponentes de "laxismo irreligioso", de "compaixão equivocada" e de derrubar a "fé antiga" e a "disciplina evangélica".[66] Assim, os novacianistas chamavam à Igreja em comunhão com o Papa de "Igreja Apóstata" e "Sinédrio".[67]

A outra facção chamava-se "católica" e invocava a misericórdia divina como o "princípio primordial do cuidado pastoral".[68] Os católicos acusavam os novacianistas de serem "destruidores da caridade", de "negarem a misericórdia do Pai", de se recusarem a estender o "remédio curativo da penitência" aos seus irmãos feridos, e de erguerem um "altar falso", sendo assim "renegados contra a paz e a unidade de Cristo".[69]

S. Cipriano – que antes tinha estado do lado dos rigoristas – agora insultava-os por *inclementia* (falta de clemência) e *acerbia* (amargura), chamando-lhes *castra diaboli* (campo do Diabo).[70] Segundo Cipriano, "a ninguém devem ser negados os frutos da penitência e a esperança da reconciliação... a reconciliação deve ser concedida por intermédio dos Seus sacerdotes a todos os que

---

[65] Chapman. "Novatian and Novatianism."
[66] Bryant. "Decius & Valerian, Novatian & Cyprian, Part II", 161-162.
[67] Chapman. "Novatian and Novatianism."
[68] Ibid., 160.
[69] Bryant. "Decius & Valerian, Novatian & Cyprian, Part II", 161-162.
[70] Bryant. "Decius & Valerian, Novatian & Cyprian, Part I", 151.

pesarosamente imploram e invocam a Sua misericórdia".⁷¹

A resposta mais eloquente do lado católico foi um tratado anónimo intitulado *Ad Novatianum*. Neste documento, um bispo sem nome lamenta:

> Que tipo de loucura é a tua, Novaciano, *ler apenas o que tende à destruição da salvação, e passar ao lado do que tende à misericórdia,* quando a Escritura clama e diz: "Arrependei-vos, vós que errais: convertei-vos de coração"; e quando o mesmo profeta também exorta e diz: "Convertei-vos a mim de todo o vosso coração, em jejum, choro e pranto; e rasgai os vossos corações, e não as vossas vestes; convertei-vos ao Senhor vosso Deus, *porque ele é misericordioso, e se compadece de vós com grande compaixão*"? [Novaciano] *trabalha mais prontamente na destruição das coisas que estão construídas e de pé, do que na construção das que estão prostradas.*⁷²

Este escritor anónimo propôs-se a refutar o mau uso da passagem bíblica tantas vezes repetida pelos novacianistas: "quem me negar diante dos homens, também eu o negarei diante de meu Pai que está nos céus". Para os novacianistas – assim argumentou – "as Escrituras celestiais são lidas em vez de compreendidas... se não forem interpoladas".⁷³ O autor explicou então que a citação bíblica tinha um objetivo escatológico, referindo-se ao Juízo Final. Não se

---

⁷¹ Ibid., 151.
⁷² "A Treatise Against Novatian," 9, 13.
⁷³ Ibid., 2.

destinava a ser aplicada à época atual.[74] Ao invocar esta passagem bíblica para excluir os *lapsi* da comunhão, os novacianistas estavam a usurpar um papel de julgamento que pertencia apenas a Deus.[75]

O escritor apresentou então precedentes bíblicos para a misericórdia de Deus, incluindo a mulher que lavou os pés de Jesus[76] e a tripla negação de S. Pedro.[77] As Escrituras revelavam que a misericórdia de Deus foi dada até mesmo a pagãos perversos, incluindo aos ninivitas e – por um tempo – ao Faraó, quando ele implorou a clemência de Moisés.[78] Se a ira de Deus foi imediatamente aplacada depois de esses se terem arrependido, por que não seria oferecida aos *lapsi* a mesma misericórdia?

---

[74] Ibid., 8: "Porque o que Ele diz: 'Qualquer que me negar diante dos homens, também eu o negarei diante de meu Pai que está nos céus', o seu significado é seguramente em relação ao tempo futuro – ao tempo em que o Senhor começará a julgar os segredos dos homens – ao tempo em que todos nós devemos estar diante do tribunal de Cristo – ao tempo em que muitos começarão a dizer: 'Senhor, Senhor, não profetizámos em Teu nome, e em Teu nome não expulsámos demónios, e em Teu nome não fizemos muitas maravilhas?' E, no entanto, ouvirão a voz do Senhor que diz: 'Apartai-vos de mim, todos os que praticais a iniquidade; não vos conheço'. Então se cumprirá o que Ele diz: 'Eu também os negarei'".

[75] Ibid., 8: "[T]odos eles julgam a partir daquela declaração do Senhor, onde Ele diz: 'Qualquer que me negar diante dos homens, eu o negarei diante de meu Pai que está nos céus'. Oh, dor! Por que lutam eles contra os preceitos do Senhor, que essa prole de Novaciano, seguindo o exemplo de seu pai, o Diabo, *deveria agora tentar colocar em vigor aquelas coisas que Cristo fará no tempo de Seu julgamento* isto é, quando a Escritura diz: 'Minha é a vingança; e eu retribuirei, diz o Senhor?'".

[76] Ibid., 11.

[77] Ibid., 8.

[78] Ibid., 12.

Interessantemente, ao procurar fundamentos bíblicos para a nova disciplina, o autor de *Ad Novatianum* inverteu o jogo contra os novacianistas. Para o efeito, utilizou a Arca de Noé como alegoria:

> [O] desejo dos cismáticos não está na Lei; *esta Lei indica-nos a única Igreja* naquela arca que foi formada, pela providência de Deus, por Noé antes do dilúvio, na qual – para te responder rapidamente, ó Novaciano – foram encerrados *não só animais limpos, mas também impuros.*[79]

Depois, ele desenvolveu esta metáfora, referindo a pomba e o corvo soltos por Noé para verificar se as águas do dilúvio tinham recuado. Ambos os animais voaram da arca, mas apenas um regressou. A pomba, não tendo encontrado "repouso para os seus pés", "trazendo na boca uma folha de oliveira",[80] simbolizava os caídos, que também regressam à Igreja, trazendo no seu arrependimento um sinal de paz. Mas o corvo, que não voltou, simbolizava os que saíram da Igreja e não voltaram.[81] Entre estes estavam os cismáticos.

O bispo sem nome também procurou precedentes bíblicos para acusar os cismáticos. O apóstolo S. João chamara-lhes "anticristos", os evangelistas haviam-lhes chamado "joio" e Cristo diria que "quem não entra pela porta no redil das ovelhas, mas entra por outro caminho, é ladrão e salteador".[82] O autor também contrastou Jesus

---

[79] Ibid., 2.
[80] Ibid., 2, 5-6.
[81] Ibid., 2.
[82] Ibid., 2.

Capítulo 5: Donatismo e falta de Misericórdia

Cristo, o Bom Pastor que deixou noventa e nove ovelhas para encontrar a perdida, com os maus pastores que "não visitaram os fracos, não curaram os que andavam vacilantes e não chamaram os errantes".[83] Por outras palavras, os novacianistas acusavam os católicos de erro quando *eram eles que estavam em erro*.

[Q]ue a loucura abrupta desse pérfido herege não nos perturbe, porém, amados irmãos, que, apesar de estar colocado em tão grande culpa de dissensão e cisma, e de estar separado da Igreja, com uma temeridade sacrílega não se coíbe de lançar as suas acusações sobre nós: pois, apesar de estar agora por si mesmo tornado impuro, contaminado com a imundície do sacrilégio, ele afirma que nós é que o somos.[84]

Da mesma forma, os novacianistas usavam uma passagem bíblica contra os *lapsi*, quando essa citação os acusava mais do que aos caídos, pois o seu pecado era de maior magnitude:

Vede quão gloriosas, quão queridas do Senhor, são as pessoas a quem esses cismáticos não hesitam em chamar de "madeira, palha e restolho", que sendo iguais a eles, isto é, estando ainda colocados na mesma culpa de seu lapso, eles presumem que não devem ser admitidos ao arrependimento. Isso eles julgam a partir daquela declaração do Senhor, onde Ele diz: "Quem me negar diante dos homens, eu o negarei diante de

---

[83] Ibid., 14-15.
[84] Ibid., 1.

meu Pai que está nos céus"...

E no entanto, [os novacianistas] ouvirão a voz do Senhor dizendo: "Apartai-vos de mim, todos os que praticais a iniquidade; não vos conheço". Então cumprir-se-á o que Ele disse: "Eu também os negarei". *Mas a quem negará o Senhor Cristo, senão a todos vós, hereges, cismáticos e estranhos ao Seu nome?* Porque vós, que fostes outrora cristãos, mas agora sois novacianistas, e já não sois cristãos, mudastes a vossa primeira fé por uma perfídia posterior.[85]

Por outras palavras, os cismáticos novacianistas tinham mais necessidade de misericórdia do que os *lapsi*, mas ousavam desprezar a misericórdia de Deus. A ironia não passou despercebida a este sábio bispo: os novacianistas estavam a serrar o ramo onde estavam sentados. O autor anónimo terminou o seu magistral tratado exortando os novacianistas ao mesmo arrependimento que os *lapsi* tinham demonstrado, pois Cristo "regozija-Se, pois mais uma vez, com plena e misericordiosa moderação, nos exorta... dizendo: 'Convertei-vos e voltai das vossas impiedades, e as vossas iniquidades não serão para vós um castigo'".[86]

O autor anónimo de *Ad Novatianum* não foi o único a usar este expediente. Muitos outros Padres da Igreja tentaram trazer à luz do dia a armadilha satânica de que os novacianistas tinham sido vítimas. Com grande necessidade de misericórdia, negavam misericórdia aos outros. S. Gregório Nazianzeno chamou-lhes os "novos fariseus... puros na designação, mas não no propósito...

---

[85] Ibid., 7-8.
[86] Ibid., 18.

estabelecendo leis fora do alcance da humanidade"[87] (ver capítulo 3). S. Dionísio, bispo de Alexandria, também se insurgiu contra o antipapa Novaciano:

> Se foi contra a vossa vontade, como dizeis, que fostes conduzidos, prová-lo-eis retirando-vos de vossa livre vontade. Porque deveríeis ter suportado tudo antes de dividir a Igreja de Deus. E ser martirizados em vez de causar um cisma não teria sido menos glorioso do que ser martirizados em vez de cometer idolatria, ou melhor, na minha opinião, teria sido um ato ainda maior; *porque num caso cada um é mártir apenas pela sua própria alma, no outro caso é mártir em benefício de toda a Igreja.*[88]

S. Cipriano aplicaria a mesma lógica. O cisma passaria a ser visto como um pecado ainda maior do que a apostasia, uma vez que a apostasia afetava uma alma, enquanto o cisma afetava muitas. Numa irónica reviravolta, Cipriano acrescentou o cisma à lista de *peccata mortalia*. Para os desacreditar ainda mais, o bispo cartaginês equacionou muitas vezes o cisma com os outros pecados mortais, chamando aos novacianistas "hereges", "apóstatas" e "adúlteros" (uma vez que tinham abandonado a Igreja, a Esposa de Cristo, para se dedicarem a uma religião diferente).[89]

No entanto, Cipriano não se limitou a equiparar o cisma aos outros pecados irremissíveis: transformou-o num pecado ainda

---

[87] Bryant. "Decius & Valerian, Novatian & Cyprian, Part II", 178.
[88] Chapman. "Novatian and Novatianism."
[89] Bryant. "Decius & Valerian, Novatian & Cyprian, Part II", 172-173.

mais irremissível do que os outros. Enquanto que a "posição moderada" antes da eleição de Cornélio era que o martírio podia lavar o pecado da apostasia, Cipriano argumentava agora que o martírio não podia expiar o pecado do cisma. Para alguém ser salvo, deveria estar em unidade com a Igreja Católica. Foi neste contexto que surgiu pela primeira vez a tradicional frase *"extra Ecclesiam nulla salus"* ("fora da Igreja não há salvação").[90]

Estou certo de que este duplo padrão deve ter sido recebido com confusão e até mesmo escárnio pelos novacianistas: por que era tanta misericórdia estendida aos apóstatas e adúlteros, enquanto aos cismáticos era mostrada apenas rigidez? Uma perplexidade semelhante existe hoje, quando os críticos do Papa perguntam por que Francisco fala de "misericórdia", "acompanhamento", "diálogo", quando lida com aqueles que eles consideram pecadores, mas não com eles.[91] Mas é um princípio muito tradicional da história da Igreja, datando pelo menos desde a crise de Novaciano, colocar o critério da unidade acima de tudo. É importante não esquecer que o papa é o "garante da unidade",[92] e que o cisma é "a recusa da sujeição ao Sumo Pontífice ou da comunhão com os membros da Igreja que lhe estão sujeitos".[93] O cisma é o pior pecado, porque ao recusar submeter-se ao papa, o cismático está a pôr em

---

[90] Ibid., 172-173.

[91] Ver, por exemplo, Williams. "The Tragedy of Traditionis Custodes": "Esta é a realidade no terreno da [*Traditionis Custodes*]. O PapaMaisMisericordiosoDeSempre™ e o papado da auto-descrita #escuta, #sinodalidade e #acompanhamento não são mais do que brutalidade, ideologia e devastação".

[92] João Paulo II. *Ut Unum Sint*, 88.

[93] CIC, 2089

Capítulo 5: Donatismo e falta de Misericórdia

perigo a unidade da Igreja. Ao rejeitar a comunhão com Cornélio, mesmo que ele tivesse sido anteriormente um *libellaticus*, Novaciano estava a incorrer num pecado maior do que os que ele julgava culpados.

Clemência corroborada

A relativa paz herdada após a morte de Décio foi de curta duração. Em 257 d.C., o Imperador Valeriano reiniciou a campanha de extermínio do cristianismo no Império Romano. O seu método era mais estratégico do que o do seu antecessor. Enquanto Décio tinha tentado suprimir o cristianismo à força bruta, impondo os seus decretos a toda a população, Valeriano atacou cirurgicamente as elites do movimento cristão. Os clérigos tinham de oferecer sacrifícios aos deuses pagãos ou enfrentar o exílio ou a morte. Os altos funcionários e os nobres também deviam obedecer, sob pena de perderem os seus cargos e propriedades. Com esta medida, Valeriano procurou decapitar o movimento cristão, privando os cristãos do clero que liderava a Igreja e dos membros mais ricos que financiavam as suas atividades.[94]

Esta nova perseguição levou ao martírio, quer do papa reinante, quer de S. Cipriano e de Novaciano. Embora os dois primeiros sejam atualmente venerados como santos na Igreja Católica, Novaciano não o é.[95] Este facto confirma o aforismo de Cipriano de que "fora

---

[94] Bryant. "Decius & Valerian, Novatian & Cyprian, Part II", 164-165.

[95] O cismático Hipólito de Roma também é venerado como santo pela Igreja Católica, mas há duas diferenças cruciais: 1) acredita-se que Hipólito renegou o seu cisma e morreu em comunhão com Roma, e 2) Hipólito

da Igreja não há salvação". Embora Novaciano tenha morrido um mártir, o seu martírio não apagou o pecado do seu cisma, na medida em que ele morreu fora da unidade com a Igreja Católica.

A perseguição de Valeriano terminou em 260 d.C., após a sua morte numa batalha. O seu sucessor renunciou à perseguição dos cristãos, pois não podia sustentar um empreendimento com tanta resistência.[96] A perseguição de Valeriano não feriu tanto a Igreja como a de Décio. A crise de Novaciano tinha, inesperadamente, fortalecido a Igreja. A abordagem indulgente tinha sido justificada.

É verdade que, a certa altura, os novacianistas podiam reivindicar 20-30% de toda a Igreja. Para além disso, a sua postura rigorista atraía também aqueles aparentemente mais empenhados em seguir os princípios da fé cristã.[97] No entanto, no final, a Igreja Católica triunfou nesta batalha de números, pois perdura até aos dias de hoje, enquanto a Igreja dos Puros já não existe. Isto não se deve apenas ao facto de a Igreja Católica, sendo a original, ter tido mais seguidores iniciais, ou de possuir mais recursos materiais, mas também porque a sua flexibilidade disciplinar lhe permitiu reabsorver uma grande parte dos cristãos que tinham apostatado. Para além disso, a sua posição suave e moderada era mais apelativa à população em geral, permitindo o acesso a um maior número de potenciais neófitos.[98]

A perseguição de Valeriano também produziu uma abundância

---

viveu antes dos desenvolvimentos doutrinais de S. Cipriano sobre a importância da unidade com a Igreja.

[96] Bryant. "Decius & Valerian, Novatian & Cyprian, Part II", 166.

[97] Ibid., 168, 171. Ver também Bryant. "Decius & Valerian, Novatian & Cyprian, Part I", 129.

[98] Bryant. "Decius & Valerian, Novatian & Cyprian, Part II", 164, 170.

Capítulo 5: Donatismo e falta de Misericórdia

de mártires, nomeadamente entre o clero. Este facto ajudou a hierarquia católica a recuperar alguma da credibilidade perdida devido à sua disciplina indulgente.[99] Era agora difícil para os novacianistas continuarem a acusar a Igreja Católica de ser uma igreja apóstata, quando tantos católicos estavam a receber a coroa do martírio. Além disso, tal como os confessores do tempo de Décio tinham pedido misericórdia para os *lapsi*, agora os confessores da perseguição de Valeriano estavam a exortar os cismáticos novacianistas a renunciarem às suas crenças heréticas e a regressar à unidade com a Igreja.[100]

A clemência da Igreja Católica saiu também justificada devido aos frutuosos desenvolvimentos doutrinais resultantes de toda a calamidade. O mais importante deles foi, obviamente, o reconhecimento do sacramento da Penitência. O Cardeal Newman, o grande teólogo do desenvolvimento doutrinal, atribuiu às crises montanista e novacianista – e à subsequente necessidade de misericórdia pós-batismal – o crédito por uma melhor compreensão de muitos ensinamentos católicos que hoje tomamos por garantidos, nomeadamente a doutrina do Purgatório[101] e o sacramento da Reconciliação.[102]

Os católicos batizados já não precisavam de desesperar se recaíssem no pecado. Pelo contrário, podiam encontrar o perdão indo ter com um padre para obter a absolvição, mostrando um coração sincero e contrito. E isto não era um acontecimento único,

---

[99] Ibid., 174.
[100] Ibid., 174-175.
[101] Newman, *Development of Christian Doctrine*, 388–93.
[102] Ibid., 385–86.

como o batismo, mas podia ser procurado repetidamente após cada queda. Certamente, um novacianista veria aqui uma fonte de laxismo moral suscetível de ser explorada por pecadores sem escrúpulos. Mas o sacramento da Reconciliação é atualmente uma parte fundamental, consensual e indissociável da tradição católica. O grande Padre da Igreja, S. João Crisóstomo, exortava os pecadores que estavam ao seu cuidado:

> "Pecaste? Então entra na Igreja e limpa o teu pecado... [S]empre que pecares, arrepende-te do teu pecado... Vem, pois, arrepende-te, porque aqui há um hospital, não um tribunal, não um lugar onde se castiga pelos pecados, mas onde se concede o perdão dos pecados".[103]

Os paralelos com a retórica do Papa Francisco são impressionantes. Uma das frases de marca de Francisco é a Igreja como "um hospital de campanha para os pecadores".[104] Seguindo com as metáforas médicas, é digno de nota como, na sua controversa nota de rodapé na *Amoris Laetitia*, Francisco diz que a "Eucaristia não é um prémio para os perfeitos, mas um remédio generoso e um alimento para os fracos".[105] Essa visão dos sacramentos como

---

[103] Bryant. "Decius & Valerian, Novatian & Cyprian, Part II", 179.

[104] Ver, por exemplo, Francisco. "Homilia na Abertura do Sínodo dos Bispos": "E a Igreja é chamada a viver a sua missão na caridade que não aponta o dedo para julgar os outros, mas – fiel à sua natureza de mãe – sente-se no dever de procurar e cuidar dos casais feridos com o óleo da aceitação e da misericórdia; de ser 'hospital de campanha', com as portas abertas para acolher todo aquele que bate pedindo ajuda e apoio".

[105] Francisco. *Amoris Laetitia*, n351.

"remédio" era também comum nos argumentos católicos contra a heresia novacianista.[106]

A história repete-se

Mas nem os cismas nem as perseguições haviam terminado. Em 303 d.C., o Imperador Diocleciano iniciou aquela que seria a última perseguição anticristã do Império Romano. Esta seria, no entanto, de um alcance sem precedentes – tanto que ficou conhecida como "a Grande Perseguição".[107] Tal como os seus predecessores, Diocleciano tentou obrigar os cristãos a oferecer incenso aos deuses sob pena de morte. Mas para além disso, o imperador ordenou que os livros sagrados dos cristãos fossem confiscados e queimados, e que as suas igrejas fossem destruídas.[108] Mais uma vez, a Igreja procurou encontrar meios-termos, para que pudesse assim "surfar as ondas da crise e não se afogar no martírio".[109] Mais uma vez, esta atitude escandalizou os fiéis de tendência mais rigorista.

---

[106] Ver Bryant. "Decius & Valerian, Novatian & Cyprian, Part II", 161-162, 176: "Paciano de Barcelona compõe uma longa defesa epistolar da Igreja Católica contra as críticas cataristas, insistindo que os dons de Deus que revivem o espírito dos batizados – os 'remédios' da confissão e da penitência – serão necessários e utilizados até ao momento em que 'a Serpente se retire deste mundo'... Ao recusarem-se insensivelmente a estender os 'remédios curativos da penitência' aos seus irmãos feridos, os Katharoi são 'rebeldes contra o sacrifício salvador de Cristo' e devidamente marcados para a condenação como partidários da 'heresia de Caim, que odeia os irmãos'".

[107] Mullin, *A Short World History of Christianity*, 47-48, 53.

[108] Chapman. "Donatists."

[109] Mullin, *A Short World History of Christianity*, 72.

Para além das três categorias de apostasia vistas anteriormente neste capítulo, surgiu uma nova classe: os *traditores* (significando "traidores"), isto é, os clérigos que tinham entregado os livros sagrados às autoridades para serem queimados. Contudo, nem todos os *traditores* entregaram livros sagrados verdadeiros. Alguns usaram artifícios inteligentes, aproveitando-se da ignorância das autoridades em relação às escrituras cristãs, oferecendo falsificações para serem queimadas. No entanto, estes continuavam a ser considerados *traditores*.[110]

Um desses casos envolveu Mensúrio, sucessor de Cipriano como bispo de Cartago. Numa carta a um colega bispo, Mensúrio admitiu que tinha escondido os livros sagrados em sua casa e que, em vez deles, tinha entregue escritos heréticos às autoridades.[111] Além disso, Mensúrio tinha cooperado com as autoridades, não realizando cerimónias públicas durante o período da perseguição.[112]

Sabendo disto, alguns dos fiéis – que mais tarde seriam martirizados pela sua fé – renegaram Mensúrio e romperam comunhão com ele.[113] Este facto não agradou a Ceciliano, diácono e braço direito do bispo. Diz-se que Ceciliano "se enfureceu mais contra os mártires do que os próprios perseguidores".[114] Embora a objetividade destes relatos seja contestada (pois provêm do lado cismático), é importante notar como ir contra a unidade com o bispo legítimo era um pecado grave, como vimos nas secções

---

[110] Kirsch, "Lapsi."
[111] Chapman. "Donatists."
[112] Mullin, *A Short World History of Christianity*, 72.
[113] Chapman. "Donatists."
[114] Ibid.

Capítulo 5: Donatismo e falta de Misericórdia

anteriores deste capítulo.

Mensúrio morreu depois de a perseguição ter abrandado. Ceciliano foi eleito seu sucessor. No entanto, alguns fiéis da sua diocese não reconheceram a sua legitimidade, pois tinha sido consagrado por um *traditor*. Foi convocado um sínodo por bispos mais rigoristas, a fim de julgar o caso. Este acabou por declarar inválida a ordenação de Ceciliano e consagrou um certo Majorino como bispo de Cartago em seu lugar.[115]

Este concílio fez mais do que isso: aventurou-se no domínio doutrinal. Enquanto Mensúrio, antes deles, havia sustentado que a ordenação de um *traditor* era válida, o sínodo afirmou que um *traditor* nunca poderia ser bispo. Além disso, aqueles que estavam em comunhão com Ceciliano deveriam ser considerados excomungados. Quanto aos que resistiam a Ceciliano, chamavam-se a si mesmos de "Igreja dos Mártires".[116]

Novaciano já tinha lançado as sementes para este tipo de mentalidade. Segundo ele, os *lapsi* tinham perdido irreversivelmente a presença do Espírito Santo em si mesmos. Por isso, os clérigos caídos não podiam transmitir graça sacramental, pelo que os batismos conferidos por esses clérigos eram inválidos. Aqueles que quisessem ser recebidos na Igreja "Pura" teriam de repetir o batismo

---

[115] Mullin, *A Short World History of Christianity*, 72-73. Ver também Kaufman. "Donatism Revisited," 131-132: "Talvez já em 305 d.C., embora seja mais provável que na década seguinte, prelados vizinhos objetaram contra o alegado desdém do titular pelos confessores, questionaram a validade da sua consagração, e elegeram Majorino para o substituir. Ceciliano e os seus partidários recusaram-se a afastar-se".

[116] Chapman. "Donatists."

para terem a certeza de pertencer ao Corpo de Cristo.[117]

Agora, os seguidores de Majorino haviam retomado esta linha de pensamento onde os novacianistas a tinham deixado. Muito rapidamente, as dioceses começaram a ter dois bispos, um em comunhão com Ceciliano e outro com Majorino.[118] Este último acabaria por ser sucedido por um certo Donato,[119] e os seus seguidores passariam a ser conhecidos como "donatistas".

Entretanto, a perseguição de Diocleciano foi o estertor de morte do império pagão. Um ano após a abdicação de Diocleciano, Constantino foi coroado imperador, depois de vencer uma batalha na Ponte Mílvia, sob o sinal da cruz. Constantino tornou-se o primeiro imperador romano cristão, pondo assim fim à perseguição romana contra o catolicismo. Em 313, Constantino promulgou o Édito de Milão, concedendo tolerância religiosa em todo o império. Também restaurou igrejas e propriedades, pagou indemnizações e até doou dinheiro à Igreja. No entanto, viu-se confrontado com um dilema: como poderia apoiar a Igreja se havia duas fações em conflito, cada uma afirmando ser a Igreja única e verdadeira?

Isto era particularmente problemático em África, onde os bispos donatistas tinham criado uma verdadeira igreja paralela. Roma dependia da província africana para produzir grande parte dos seus cereais: esta região era mesmo apelidada de "celeiro do império".[120] Se Constantino queria evitar conflitos, precisava de encontrar uma forma de restaurar a unidade.

---

[117] Bryant. "Decius & Valerian, Novatian & Cyprian, Part II", 162.
[118] Chapman. "Donatists."
[119] Kaufman. "Donatism Revisited," 132.
[120] Mullin, *A Short World History of Christianity*, 73.

Capítulo 5: Donatismo e falta de Misericórdia

Constantino apelou ao Papa para que o ajudasse. Depois de ouvir os argumentos de Ceciliano e de Donato, o Papa decidiu que as acusações contra Ceciliano eram anónimas e infundadas. Por conseguinte, Ceciliano era o verdadeiro bispo católico, enquanto os donatistas eram os que estavam em cisma. Como Donato e os seus seguidores não acataram a decisão do Papa, Constantino pediu que se reunisse um sínodo em Arles. Este concílio emitiu uma série de cânones que proibiam o rebatismo e decretavam que as falsas acusações seriam punidas com excomunhão até à hora da morte. O concílio tentou ser moderado, declarando que os *traditores* também deviam ser recusados à comunhão, desde que a sua traição tivesse sido devidamente provada por um processo justo. Aqueles que tinham sido ordenados pelos *traditores,* no entanto, tinham sido ordenados validamente e deveriam manter os seus postos clericais.[121] Isso era inaceitável para os donatistas.

Exasperado pelos constantes apelos dos donatistas, Constantino ordenou que as suas igrejas fossem transferidas para os católicos, confiscou o resto das suas propriedades e expulsou o clero donatista. Os donatistas, por seu lado, sentiram-se orgulhosos desta "perseguição de Ceciliano", que "os Puros" estavam a sofrer às mãos da "Igreja dos *Traditores*".[122]

À medida que a resistência se tornou mais feroz, Constantino atenuou as suas medidas e pediu aos católicos que tolerassem os donatistas com paciência. Estes últimos, porém, não estavam isentos de comportamentos agressivos. Por várias vezes, os donatistas irromperam em violência, ocupando catedrais católicas à força.

---

[121] Chapman. "Donatists."
[122] Ibid.

Como não reconheciam a validade dos sacramentos administrados pelos *traditores*, os donatistas tomavam posse das igrejas católicas e lançavam a Eucaristia aos cães,[123] incorrendo assim num sacrilégio maior do que os que distribuíam a comunhão àqueles considerados pecadores pelos donatistas.

Aos donatistas juntaram-se também bandos de rufiões, chamados "circunceliões", que se "converteram" à fé donatista e aterrorizaram as populações católicas. Esses bandidos eram capazes até de medir forças com os exércitos imperiais. Embora atraídos pelos simplistas princípios de pureza dos donatistas, os circunceliões entregavam-se frequentemente aos vícios do jogo, da embriaguez e da prostituição. Por vezes, os circunceliões procuravam o martírio pondo desnecessariamente em perigo as suas vidas e até mesmo através do suicídio. O clero donatista não se orgulhava destes rudes seguidores, mas não se importava de usar os seus serviços para causar estragos na Igreja e no império. Por exemplo, os donatistas repreendiam os seus seguidores, explicando que o suicídio era um pecado grave. No entanto, eles reverenciavam os circunceliões suicidas como se estes fossem mártires.[124] Assim, aqueles que acusavam os católicos de se curvarem perante a conveniência não hesitavam em fazer o mesmo para atingirem os seus próprios objetivos.

Desconfiança e falta de amor

Os maiores campeões católicos contra o donatismo foram Sto.

---

[123] Ibid.
[124] Ibid.

Capítulo 5: Donatismo e falta de Misericórdia

Optato e Sto. Agostinho. Optato foi o primeiro a formular o princípio doutrinal segundo o qual a graça dos sacramentos deriva, não da dignidade do ministro, mas do *opus operatum* ("da obra realizada") por Jesus Cristo.[125] A indignidade do sacerdote ou do bispo não impedia a validade dos sacramentos que eles ministravam. Isto validava os cânones do Concílio de Arles, que proibiam os segundos batismos.

Mas foi Agostinho quem pregou o último prego no caixão teológico do donatismo. Os donatistas não se limitaram a excomungar Ceciliano e aqueles consagrados por ele. Eles também acreditavam que qualquer pessoa associada a Ceciliano era culpada por associação.[126] Uma vez que a Igreja universal, incluindo a Igreja de Roma, tinha decidido comungar com Ceciliano, então a Igreja no resto do mundo havia perecido. Os donatistas eram o último remanescente da verdadeira Igreja. Temiam tanto contaminar a sua pureza através da associação com os outros, que expulsavam qualquer católico que entrasse nas suas igrejas e depois lavavam o chão com sal.[127]

Esta atitude era um pecado grave contra a unidade da Igreja. Tal como Cipriano antes dele, Agostinho mantinha que a Igreja devia

---

[125] Ibid. Agostinho viria a assimilar o raciocínio de Optato. Ver Viss. "Augustine and the Donatists Controversy": "Petiliano, um padre donatista e rival de Agostinho, argumentou que a consciência do padre, se pura, poderia purificar um crente através da receção do batismo. Mas Agostinho insistia que a consciência do padre era irrelevante porque o poder dos sacramentos era administrado apenas por Cristo". Ver também Mullin. *A Short World History of Christianity*, 73- 74.

[126] Kaufman. "Donatism Revisited," 132.

[127] Chapman. "Donatists."

manter a sua *catolicidade* (ou seja, "unidade") em todo o mundo, incluindo em África.[128] Jesus tinha predito que o Evangelho chegaria a todas as partes do mundo e não ficaria confinado a uma determinada fação africana.[129] As crenças donatistas sobre uma santidade exclusiva a eles tornava impossível a concretização desta unidade.[130]

De acordo com Agostinho, esta falta de unidade ia contra as próprias reivindicações dos donatistas. O Novo Testamento havia instruído as igrejas sobre como lidar com problemas que tivessem em comum. Esses problemas apenas podiam ser conhecidos porque essas igrejas estavam "em comunhão" ("unidade") umas com as outras. Mas os donatistas não estavam unidos com a Igreja universal. Portanto, não podiam condenar a Igreja, pois teriam que estar em comunhão com aqueles que acusavam.[131] Enquanto os donatistas enfatizavam a *pureza* (mesmo que essa pureza fosse exclusivista), os católicos enfatizavam a *conexão*: as igrejas regionais, como a igreja africana, faziam parte de uma rede maior de igrejas. Os donatistas diziam que eram a verdadeira Igreja porque eram a Igreja mais pura. Os católicos contrapunham que eram a verdadeira Igreja porque eram universalmente reconhecidos, nomeadamente por Roma e Jerusalém.[132] Agostinho apelava à Sé de Roma, com uma sucessão ininterrupta de bispos desde S. Paulo e, mais especialmente, S. Pedro, "a rocha contra a qual as orgulhosas portas do Inferno não

---

[128] Viss. "Augustine and the Donatists Controversy," 5.
[129] Ibid., 7-8.
[130] Ibid., 5.
[131] Ibid., 6.
[132] Mullin, *A Short World History of Christianity*, 73.

Capítulo 5: Donatismo e falta de Misericórdia

prevalecerão".[133]

Estas diferentes conceções tinham implicações na definição da santidade da Igreja. Os donatistas tinham uma visão individualista da santidade, ao passo que, para os católicos, a santidade da Igreja era organizacional e comunitária: não era "empírica, mas estrutural".[134] A Igreja era, de facto, santa, mas também era bagunçada. A Arca de Noé, um tipo da Igreja, era uma arca de salvação, apesar de ser escura e suja.[135] Agostinho, tal como outros católicos, recorria frequentemente à parábola do trigo e do joio, em que o trigo bom e o joio mau estavam condenados a crescer juntos, lado a lado, até ao fim do mundo (não até que os donatistas ou os circunceliões decidissem eliminá-los).[136]

A verdadeira Igreja devia ser a videira única, cujos ramos crescem por toda a terra.[137] A Igreja era o Corpo de Cristo, um corpo unido nos seus membros numa estrutura de amor. "Pela graça de Deus e através do Seu amor, a nossa divisão e inimizade foram restauradas para a unidade com Ele, na igreja local e na igreja universal (católica)".[138] Aqui residia a questão principal. Não se tratava apenas de uma questão de unidade, mas de amor. Ou melhor, de unidade existente através do amor.

---

[133] Chapman. "Donatists."

[134] Mullin, *A Short World History of Christianity*, 73. Recordo-me da declaração do Papa Francisco (tão controversa na altura), de que "ninguém se salva sozinho, como indivíduo isolado". Ver Francisco. *Gaudete et Exsultate*, 6.

[135] Mullin, *A Short World History of Christianity*, 73.

[136] Viss. "Augustine and the Donatists Controversy," 7

[137] Chapman. "Donatists."

[138] Viss. "Augustine and the Donatists Controversy," 7.

Agostinho foi muito claro ao afirmar que a disputa entre católicos e donatistas não era tanto doutrinária, mas atitudinal. Primeiro, os donatistas entraram em cisma e só mais tarde se tornaram hereges.[139] No início, os seus princípios doutrinais pareciam indistinguíveis dos defendidos pelos católicos. Mas os donatistas tinham cedido a uma intensa desconfiança e suspeição em relação aos seus irmãos.[140] Essa desconfiança infundada evoluiu para uma falta de amor e de paz, que acabou por quebrar a unidade com a Igreja.[141] O maior problema da seita donatista não era o seu ponto de vista sobre o rebatismo ou a natureza da Igreja. Não era doutrinário ou dogmático. Pelo contrário, a raiz do seu erro era uma "conduta e prática cristãs distorcidas, nomeadamente pela *falta de amor*": "Vós não tendes amor... e por isso, para vossa própria honra, dividis a unidade".[142] Os donatistas tinham caído "nas trevas do cisma, perdendo a luz da caridade cristã", porque "a caridade cristã não pode ser preservada senão na unidade da Igreja".[143] Agostinho citou para este efeito o magnífico hino de S. Paulo à caridade: "Ainda que eu falasse as línguas dos homens e dos anjos, se não tiver

---

[139] Foi também isto o que aconteceu com os novacianos. Ver Chapman. "Novatian and Novatianism": "não havia heresia até se ter negado que a Igreja tem o poder de conceder absolvição em certos casos. Esta foi a heresia de Novaciano". Ver também Park. "Lacking Love or Conveying Love?" 111: "Neste sentido, o argumento de Newman, Lewis e Pérez – ou seja, que na fase inicial, o donatismo estava perto de um cisma, não de uma heresia, mas que na última fase se transformou numa heresia – poderia estar certo".

[140] Park. "Lacking Love or Conveying Love?" 105-106.

[141] Ibid., 107-108.

[142] Ibid., 110-111.

[143] Ibid., 108.

Capítulo 5: Donatismo e falta de Misericórdia

caridade, sou como o bronze que soa, ou como o címbalo que retine".[144]

A desconfiança dos donatistas era tão grande que punha em perigo a caridade e a unidade *entre eles*. Segundo os donatistas, ao cortejar o mundo, a Igreja Católica tinha-se tornado indistinguível do mundo.[145] Mas quando a perseguição antidonatista do Imperador Constantino se abateu, alguns deles acolheram o novo *status quo* e habituaram-se a ele. Os mais rígidos entre os donatistas separaram-se então dos seus homólogos acomodados.[146] Assim, a Igreja donatista estava fraturada por um cisma interno, devido à sua falta de caridade e de unidade. Como salientou Agostinho, se os donatistas tivessem amor e tolerância, a Igreja não teria sido dividida pela sua desconfiança.[147]

Nesse sentido, Agostinho virou uma vez mais o jogo contra os donatistas, dizendo-lhes que, enquanto condenavam os *traditores* como "traidores", *eles* eram os verdadeiros "traidores dos livros sagrados".[148] Mais uma vez, os maiores pecadores eram os que se esquivavam da misericórdia. Agostinho também levantou alguns argumentos *ad hominem*, trazendo à tona as próprias inconsistências dos donatistas.[149] Afinal de contas, eles permitiam a plena comunhão a malfeitores como os circunceliões, e vários dos "Puros" tinham sido eles próprios *traditores*.[150]

---

[144] 1 Cor 13,1. Ver "Lacking Love or Conveying Love?" 110.
[145] Kaufman. "Donatism Revisited," 139.
[146] Ibid., 135.
[147] Park. "Lacking Love or Conveying Love?" 111.
[148] Ibid., 108.
[149] Chapman. "Donatism."
[150] A *Enciclopédia Católica* menciona o caso de um certo bispo

Lembro-me mais uma vez dos ensinamentos perspicazes do Papa Francisco sobre o filho mais velho na parábola do Pai Misericordioso:

> Mas o filho mais velho, que não aceita a misericórdia do seu pai, fecha-se, comete um erro pior: ele presume que é justo, presume que é atraiçoado e julga tudo com base na sua conceito de justiça. Então ele zanga-se com o irmão e reprova o pai.[151]

> Com efeito, na parábola o filho mais velho não diz ao Pai "meu irmão", não, diz "o teu filho", como se dissesse: "não é meu irmão". E no final ele mesmo corre o risco de ficar fora de casa. Sim – diz o texto – "não queria entrar". Porque lá estava o outro.[152]

Como os novacianos, os donatistas e o filho mais velho, os rígidos podem acabar por recusar a sua própria salvação, não estendendo a misericórdia aos seus irmãos caídos. Perante esta "rigidez exterior", por vezes é melhor – como diz Francisco – que Deus "lhes atire uma casca de banana para a frente, para que dêem uma boa escorregadela, se envergonhem de ser pecadores e assim

---

donatista chamado Silvano que não só tinha sido um *traditor*, mas também tinha participado num roubo de bens do tesouro da igreja. Ver Chapman. "Novatian and Novatianism".

[151] Francisco. "Angelus". 15 de setembro de 2019 (tradução do website do Vaticano).

[152] Francisco. "Angelus". 27 de março de 2022 (tradução do website do Vaticano).

Capítulo 5: Donatismo e falta de Misericórdia 179

encontrem" o Salvador.[153] Infelizmente, não parece que a pecaminosidade dos donatistas lhes tenha amolecido o coração para a misericórdia.

Em 411 d.C., o Imperador Honório decidiu resolver a questão de uma vez por todas. Enviou um oficial chamado Marcelino para julgar a causa donatista com total imparcialidade. Naturalmente, Agostinho foi o principal orador do lado católico. A *Enciclopédia Católica* descreve a estratégia dos donatistas como sendo a de levantar "objeções técnicas, para provocar atrasos, e por todos os meios para impedir que os disputantes católicos expusessem o seu caso. O caso católico foi, no entanto, claramente enunciado... Era então evidente que o desinteresse dos donatistas em ter uma verdadeira discussão se devia ao facto de não poderem responder aos argumentos e documentos apresentados pelos católicos. A insinceridade dos sectários prejudicou-os muito. Os principais pontos doutrinais e as provas históricas dos católicos foram perfeitamente esclarecidos".[154]

No final, Marcelino julgou em favor do partido católico. Honório promulgou uma lei final contra os donatistas, exilando todos os seus bispos e clérigos de África. Os circunceliões tentaram uma última resistência armada, mas o donatismo, de um modo geral, tinha sido ferido de morte.[155]

---

[153] Francisco. "Darkness of the Heart."
[154] Chapman. "Donatism."
[155] Ibid.

Capítulo 6

Pelagianismo e Autossuficiência

[É] o neopelagianismo auto-referencial e prometeuco de quem, no fundo, só confia nas suas próprias forças e se sente superior aos outros por cumprir determinadas normas ou por ser irredutivelmente fiel a um certo estilo católico próprio do passado. É uma suposta segurança doutrinal ou disciplinar que dá lugar a um elitismo narcisista e autoritário, onde, em vez de evangelizar, se analisam e classificam os demais e, em vez de facilitar o acesso à graça, consomem-se as energias a controlar.

– Francisco, *Evangelii Gaudium*, 94

Um dos pontos controversos da *Amoris Laetitia* é a sua implementação pastoral da "lei da gradualidade" de S. João Paulo II.[1] Este documento reconhece as dificuldades que alguns

---

[1] Ver Francisco. *Amoris Laetitia*, 295: "Nesta linha, São João Paulo II propunha a chamada 'lei da gradualidade', ciente de que o ser humano 'conhece, ama e cumpre o bem moral segundo diversas etapas de crescimento'. Não é uma 'gradualidade da lei', mas uma gradualidade no exercício prudencial dos atos livres em sujeitos que não estão em condições de compreender, apreciar ou praticar plenamente as exigências objetivas da lei" (tradução do website do Vaticano). Ver também João Paulo II. *Familiaris Consortio*, 9: "É pedida uma conversão contínua, permanente, que, embora exigindo o afastamento interior de todo o mal e a adesão ao bem na sua plenitude, se actua concretamente em passos que conduzem sempre para além

católicos divorciados e civilmente recasados podem encontrar nas suas tentativas de seguir a doutrina da Igreja e pede um acompanhamento pastoral que reconheça mais plenamente o carácter *progressivo* do seu caminho espiritual. Alguns dos críticos da *Amoris Laetitia*, pelo contrário, afirmaram que a exortação contradiz o seguinte cânone infalível do Concílio de Trento[2]: "Se alguém disser que os mandamentos de Deus são impossíveis de cumprir, mesmo para aquele que é justificado e constituído em graça, seja anátema".[3] Como Deus não nos manda fazer o impossível, *Amoris Laetitia* seria herética[4] ou, pelo menos, minimizaria a gravidade do pecado.[5]

---

dela. Desenvolve-se assim um processo dinâmico, que avança gradualmente com a progressiva integração dos dons de Deus e das exigências do seu amor definitivo e absoluto em toda a vida pessoal e social do homem" (tradução do website do Vaticano).

[2] Como exemplo, ver a secção "Inconsistency with the teaching of Trent on grace" em Brugger, "Five Serious Problems with Chapter 8 of *Amoris Laetitia*."

[3] Trento, 6ª Sessão, c. XVIII.

[4] Veja-se a primeira proposição alegadamente herética "corrigida" pela *Correctio filialis*: "Uma pessoa justificada não tem a força, com a graça de Deus, para cumprir as exigências objetivas da lei divina, como se algum dos mandamentos de Deus fosse impossível para os justificados; ou como se significasse que a graça de Deus, quando produz a justificação num indivíduo, não produz invariavelmente e por sua natureza a conversão de todo o pecado grave, ou não é suficiente para a conversão de todo o pecado grave".

[5] Ver, por exemplo, Tranzillo. "*Amoris Laetitia*, the Human Person, and the Meaning of Marital Indissolubility": "Muitas pessoas que se resignaram ao mal estão em paz consigo mesmas a esse respeito. O exame de consciência deve, portanto, basear-se num facto concreto: obedeço ou não obedeço plenamente aos mandamentos de Deus?

Capítulo 6: Pelagianismo e Autossuficiência

Como argumentei no meu livro *The Orthodoxy of Amoris Laetitia*, o Papa Francisco não estava de todo a contradizer Trento. Em vez disso, ele reafirmou o cânone tridentino, ao mesmo tempo que o entrelaçou perfeitamente com outra referência da *Familiaris Consortio* de João Paulo II:

> Com efeito, também a lei é dom de Deus, que indica o caminho; um dom para todos sem excepção, que se pode viver com a força da graça, embora cada ser humano *"avance gradualmente com a progressiva integração dos dons de Deus e das exigências do seu amor definitivo e absoluto em toda a vida pessoal e social"*.[6]

Como argumentei nesse livro, *Amoris Laetitia* não contradiz Trento, mas apenas uma interpretação pessoal de Trento feita por pessoas nos tempos modernos. De acordo com esta interpretação pessoal de Trento, um pecador nunca pecaria se quisesse realmente deixar de pecar, pois Deus daria sempre a graça suficiente para que o pecador o conseguisse imediatamente. Esta interpretação errónea de Trento é contrária

---

Porque Deus não ordena o impossível. Ele dá-nos toda a ajuda necessária para lhe obedecermos. De facto, os seus mandamentos nem sequer são pesados, mas leves (Mt 11,30; 1Jo 5,3). Muitas vezes, achamos os mandamentos pesados, ou não os cumprimos de todo, por causa da nossa própria condição lamentável".

[6] Ibid., 295. A parte não italicizada desta citação é uma referência ao cânone do Concílio de Trento, enquanto a parte em itálico é uma citação direta de *Familiaris Consortio*, 9. Ver também o meu argumento em Gabriel. *The Orthodoxy of Amoris Laetitia*, 181-182.

à realidade, pois, caso contrário, as pessoas não teriam dificuldade em libertar-se dos seus pecados.⁷ Além disso, contradiz o próprio Trento, pois noutro cânone, o concílio decreta: "Se alguém disser que um homem... é capaz, durante toda a sua vida, *de evitar todos os pecados, mesmo aqueles que são veniais*, exceto por um privilégio especial de Deus, como a Igreja sustenta em relação à Santíssima Virgem, seja anátema".⁸

Esta interação entre pecado, graça e gradualidade é também uma marca do pensamento de Francisco. Logo no início do seu pontificado, na sua exortação programática *Evangelii Gaudium*, Francisco alertou para dois caminhos diferentes – embora inter-relacionados – que podem alimentar o mundanismo espiritual: o neognosticismo e o neopelagianismo.⁹ Voltaremos ao tema do mundanismo espiritual no próximo capítulo. Por agora, concentremo-nos um pouco mais no que Francisco quis dizer com neopelagianismo.

Sua Santidade desenvolveu os seus pensamentos com muito mais pormenor na sua exortação apostólica sobre a santidade *Gaudete et Exsultate*. Aqui, Francisco dedicou uma secção inteira do documento ao "Pelagianismo Contemporâneo". Alguns católicos, acreditando que o que nos torna santos é o tipo de vida que levamos, começaram a atribuir o poder da santificação à vontade humana, ou ao esforço pessoal.¹⁰ Por

---

⁷ Gabriel. *The Orthodoxy of Amoris Laetitia*, 80.

⁸ Trento, 6ª Sessão, c. XXIII.

⁹ Francisco. *Evangelii Gaudium*, 94.

¹⁰ Francisco. *Gaudete et Exsultate*, 47-48 (tradução do website do Vaticano).

Capítulo 6: Pelagianismo e Autossuficiência

outras palavras, o neopelagianismo é a crença errada de que a santidade depende das ações de cada um, através da determinação individual e da pura força de vontade.

Esta crença é errónea, porque não deixa espaço para o mistério de Deus nem para a ação da Sua graça.[11] Um ensinamento da Igreja frequentemente esquecido é que somos justificados não pelas nossas obras ou esforços, mas pela graça do Senhor, que toma sempre a iniciativa.[12] Citando o Segundo Concílio de Orange, Francisco ensina que mesmo "até o desejo de ser puro se realiza em nós por infusão do Espírito Santo e com sua ação sobre nós".[13] Além disso, citando o Catecismo, Francisco lembra-nos que o dom da graça "ultrapassa as capacidades da inteligência e as forças da vontade humana".[14]

É claro que os críticos podem não se reconhecer nestas palavras. Poderão responder que é precisamente o seu respeito pela graça de Deus que os leva a tomar esta posição.[15] São eles –

---

[11] Ibid., 47.
[12] Ibid., 52.
[13] Ibid., 53.
[14] Ibid., 54.
[15] Ver, por exemplo, Ferrara. "Pope Pelagius?": "Uma 'graça santificante' que se presume ser mais ou menos universal entre os homens que geralmente se presume estarem em boa consciência, dissociada de qualquer ato de fé em Cristo ou mesmo de um comportamento basicamente moral, não seria de todo a graça santificante – um dom divino acrescentado à natureza decaída. Seria, antes, um atributo intrínseco do homem pelagiano, que nunca caiu em primeiro lugar. O homem pelagiano, capaz de se salvar a si próprio sem fé, batismo ou Igreja Católica, é precisamente o homem da visão bergogliana".

assim argumentam – que reconhecem a eficácia da graça, pois defendem que um pecador que queira verdadeiramente deixar de pecar pode fazê-lo com a ajuda da graça. Caso contrário, a graça de Deus seria impotente para afastar um pecador de uma vida de pecado.

No entanto, o oposto é verdade. O Papa Francisco admite que o neopelagianismo pode falar "da graça de Deus com discursos edulcorados", mas "no fundo, só confia nas suas próprias forças e sente-se superior aos outros por cumprir determinadas normas ou por ser irredutivelmente fiel a um certo estilo católico".[16] Por "trás da ortodoxia, as nossas atitudes podem não corresponder ao que afirmamos sobre a necessidade da graça e, na prática, acabamos por confiar pouco nela".[17]

Esta visão errónea da graça é causada ou agravada por uma certa aversão à fragilidade humana:

> *Quando alguns deles se dirigem aos frágeis, dizendo-lhes que se pode tudo com a graça de Deus, basicamente costumam transmitir a ideia de que tudo se pode com a vontade humana, como se esta fosse algo puro, perfeito, omnipotente, a que se acrescenta a graça.* Pretende-se ignorar que "nem todos podem tudo", e que, nesta vida, as fragilidades humanas não são curadas, completamente e duma vez por todas, pela graça...
>
> No fundo, a falta dum reconhecimento sincero, pesaroso

---

[16] Francisco. *Gaudete et Exsultate*, 49 (tradução do website do Vaticano).
[17] Ibid., 50.

e orante dos nossos limites é que impede a graça de atuar melhor em nós, pois não lhe deixa espaço para provocar aquele bem possível que se integra num caminho sincero e real de crescimento. A graça, precisamente porque supõe a nossa natureza, não nos faz improvisamente super-homens. Pretendê-lo seria confiar demasiado em nós próprios... A graça atua historicamente e, em geral, toma-nos e transforma-nos de forma progressiva. Por isso, se recusarmos esta *modalidade histórica e progressiva, de facto podemos chegar a negá-la e bloqueá-la, embora a exaltemos com as nossas palavras.*[18]

Como o nome sugere, o neopelagianismo surge como um ressurgimento de uma heresia mais antiga: o pelagianismo. No entanto, o neopelagianismo não é uma pura reiteração da sua versão antiga. Pelo contrário, Francisco usa este termo para se referir a atitudes erradas que refletem, nos seus corações, o que havia de errado com aquela heresia. Como o Bispo Serratelli de Paterson, Nova Jérsia, explica: "Francisco deteta vestígios deste tipo de pensamento nas pessoas que hoje agem como se a salvação dependesse da força humana ou de meios meramente humanos".[19]

Mas o que é exatamente o pelagianismo? E como podemos aprender com ele, de modo a detetar os vestígios de pelagianismo nos nossos dias? Mais importante para o objetivo

---

[18] Ibid., 49-50.
[19] Serratelli. "The faith confronting Neo-Pelagianism and Neo-Gnosticism."

deste livro: eram os pelagianos rígidos, como o Papa Francisco frequentemente diz que eram?[20]

Atletas morais e humanos frágeis

Ao tornar-se imperador e cristão, Constantino criou as condições para um *boom* eclesiástico. O número de batismos disparou. Ser cristão deixou de ser uma desvantagem para um cidadão romano, para passar a ser uma oportunidade. Ser da mesma religião que o imperador melhorava as perspetivas de vida. Este facto, naturalmente, também fez aumentar o número de conversões insinceras.[21] Muitos cristãos fugiram desta nova mundanidade católica, procurando refúgio numa vida ascética.[22]

Um desses cristãos foi Pelágio, um monge bretão. Depois de se mudar para Roma, por volta de 410 d.C., tornou-se famoso pelo seu ascetismo e comportamento moral.[23] Pelágio estava preocupado com a falta de padrões morais entre os cristãos e esperava melhorar a sua conduta através dos seus ensinamentos.[24] Para ele, a cristianização apressada do império

---

[20] Ver Francisco. "Homilia na *Domus Sanctae Marthae*": "Pensemos nos pelagianos, nestes... nesses rígidos famosos". Ver também Francisco. "Homilia no Domingo da Palavra de Deus": "Falei da rigidez, deste pelagianismo moderno, como uma das tentações da Igreja" (traduções do website do Vaticano).

[21] Mullin, *A Short World History of Christianity*, 59.

[22] Ibid., 60-61.

[23] Lamberigts. "Recent Research into Pelagianism," 178.

[24] Editores da *Encyclopaedia Britannica*. "Pelagianism." Ver também Squires. "Reassessing Pelagianism," 117: "De facto, [Pelágio] sentia-se desconfortável com o laxismo que tinha vindo a aumentar

não estava a fazer das pessoas verdadeiros cristãos, mas sim "pagãos conformados".²⁵

Pelágio concentrou-se em alcançar a pureza, tal como os donatistas.²⁶ Segundo o monge, a santidade da Igreja estava relacionada com a santidade de cada fiel (ver capítulo 5).²⁷ Enquanto que, para os donatistas, essa pureza podia ser alcançada "emparedando-se" numa comunidade "pura", Pelágio acreditava que essa pureza podia ser alcançada por cada indivíduo através de pura determinação da vontade.²⁸ Para Pelágio, o pecado é um ato da vontade humana, na medida em que cada pessoa é livre de escolher se quer pecar ou não. Se assim não fosse, as pessoas não seriam responsáveis pelos seus atos.²⁹

---

desde o início do século IV".

²⁵ Ó Riada. "Pelagius to Demetrias."

²⁶ Squires. "Reassessing Pelagianism," 116, 120: "Podemos ver aqui que há algumas semelhanças importantes entre os donatistas e Pelágio. Ambos colocavam a pureza no centro do seu pensamento. Embora tenha sido Petiliano a dizer que 'não deveis chamar-vos santos, antes de mais, pois declaro que ninguém tem santidade (*sanctitas*) que não tenha levado uma vida de inocência (*innocens*)', isto poderia facilmente ter sido dito por Pelágio... Ambos [donatistas e Pelágio] reivindicavam uma pureza superior à dos seus oponentes".

²⁷ Lamberigts. "Recent Research into Pelagianism," 183.

²⁸ Mullin, *A Short World History of Christianity*, 75

²⁹ Lamberigts. "Recent Research into Pelagianism," 181: "[Pelágio] considerava o determinismo maniqueísta como um perigo para a autêntica ética cristã, que, segundo ele, só poderia existir na medida em que componentes como a liberdade e a responsabilidade fossem salvaguardadas. Precisamente devido ao facto de levar a sério essa liberdade e responsabilidade, Pelágio insistia assim que a pessoa humana, que tinha recebido a sua *posse* de Deus, tinha o *dever* de viver

Além disso, isso diminuiria a bondade de Deus, pois Deus ordenou aos homens que agissem com justiça e Ele não nos pede que façamos o impossível.[30] Numa carta à virgem Demétria, Pelágio escreveu: "O melhor incentivo para a mente consiste em ensinar-lhe que é possível fazer qualquer coisa que se queira realmente fazer".[31]

Por isso, Pelágio detestava qualquer apelo à fragilidade humana quando se tratava dos mandamentos de Deus. Como ele ensinou a Demétria:

> [P]elo contrário, com uma atitude orgulhosa e casual, à maneira dos servos inúteis e arrogantes, gritamos contra a face de Deus e dizemos: "É duro, é difícil, não podemos fazê-lo, somos apenas homens, estamos envolvidos por uma carne frágil". Que loucura cega! Que insensatez profana! Acusamos Deus de uma dupla falta de conhecimento, de modo que ele parece não saber o que fez, e não saber o que ordenou; como se, esquecido da fragilidade humana da qual Ele próprio é o autor, Ele impusesse ao Homem ordens que não podemos suportar...
>
> O principal artifício desse inimigo mais maligno, o seu estratagema mais astuto, é empregar estas noções

---

uma vida sem pecado".

[30] Bray. "Augustine and the Pelagian Controversy." Ver também Pelágio. "A letter from Pelagius": "Além disso, o Senhor da Justiça queria que o Homem fosse livre para agir e não sob compulsão; foi por essa razão que ele o deixou livre para tomar suas próprias decisões".

[31] Pelágio. "A letter from Pelagius."

como um meio de desgastar as almas inexperientes e atacar as mentes recém-embarcadas na vocação com aquele sentimento de depressão que às vezes resulta da própria conduta, de modo que uma mente pode ser facilmente dissuadida de progredir com um projeto quando começa a perceber quão duros são os primeiros passos.[32]

Pelágio rejeitou os argumentos daqueles que afirmavam que pecavam por causa da fraqueza humana.[33] Para ele, a razão pela qual parecia difícil fazer o bem era devido aos hábitos pecaminosos de longa data. "O hábito é o que alimenta tanto os vícios quanto as virtudes, e é mais forte naqueles com quem cresceu pouco a pouco desde o início das suas vidas".[34] Os maus hábitos antigos atacariam a nova liberdade de vontade do convertido através da preguiça e da ociosidade. Pelo contrário, a maneira de se opor a esta inclinação para o mal era através do treino moral, aplicado por Pelágio como se estivesse a treinar um atleta.[35]

Com base nisso, pode-se facilmente atribuir a Pelágio uma certa tendência para o orgulho nas próprias capacidades, ou uma minimização da importância da graça. No entanto, tal como os

---

[32] Ibid.
[33] Editores da *Encyclopaedia Britannica*. "Pelagianism."
[34] Pelágio. "A letter from Pelagius."
[35] Ver, por exemplo, Pelágio. "A letter from Pelagius": "Os primeiros cinco anos são os melhores para a formação moral, pois há neles uma qualidade flexível e dúctil que pode ser facilmente moldada e dirigida de acordo com os desejos do instrutor".

neopelagianos de hoje, Pelágio rejeitaria ambas as acusações. Por um lado, a humildade é uma virtude e, portanto, algo que Pelágio valorizava muito. Como ele mesmo ensinou: "Diante de Deus não há nada mais elevado do que a humildade, e ele mesmo fala através do profeta: 'Para quem olharei Eu, se não for para aquele que é humilde e cala e treme diante da Minha palavra?'".[36] Além disso, esta humildade era necessária para obter moderação durante a formação moral, para que a carne "seja controlada, mas não quebrada" e para que a alma não seja "sobrecarregada pelo trabalho que esta tarefa implica... [para que não] soçobre imediatamente sob o seu peso".[37]

Quanto à graça, Pelágio também falou dela de forma edulcorada.[38] Pelágio sabia que a tentação é demasiado forte para que os humanos consigam resistir-lhe sem a graça de Deus. No entanto, o seu conceito de graça era diferente do que lemos no Catecismo. Pelágio acreditava que a graça era um *poder* que nos era dado para podermos escolher o bem.[39]

Pelágio também foi acusado de ver a graça como uma mera "assistência externa, através da qual a Lei, os Evangelhos e o

---

[36] Ibid.

[37] Ibid. "Portanto, que a santidade seja procurada com moderação, e os jejuns, que tanto enfraquecem o corpo, sejam praticados de forma descomplicada e com toda a humildade de espírito, para que não insuflem o espírito e para que um assunto que exige humildade não gere orgulho e que os vícios não nasçam da virtude".

[38] cf. Francisco. *Gaudete et Exsultate*, 49: "Quem se conforma a esta mentalidade pelagiana ou semipelagiana, embora fale da graça de Deus com discursos edulcorados, no fundo, só confia nas suas próprias forças".

[39] Bray. "Augustine and the Pelagian Controversy."

exemplo de Cristo eram 'oferecidos' à pessoa humana, que era livre de aceitar a sua assistência ou rejeitá-la sem restrições ou obstáculos".[40] Quer esta acusação seja exata ou não, Pelágio certamente via Jesus como um "exemplo a ser seguido"[41] – isto será importante mais adiante.

O sistema de pensamento do monge possuía muitas ramificações teológicas, nomeadamente no que diz respeito ao pecado original e ao batismo infantil, o que acabou por levar à sua condenação como heresia. Para o propósito deste livro, no entanto, o que mais nos interessa – além das ideias de Pelágio sobre a graça – são as suas ideias sobre impecabilidade.

A possibilidade de impecabilidade

A impecabilidade ou "ausência de pecado" é uma conclusão lógica derivada do pensamento de Pelágio. Se o pecado é uma escolha livre, e se os seres humanos têm livre-arbítrio para evitar o pecado, então é possível – pelo menos teoricamente – que uma pessoa viva uma vida sem pecado. Embora o pelagianismo, enquanto movimento, reunisse um grupo heterogéneo de pessoas com crenças diversas em muitos pontos, o que parecia uni-las a todas era esta crença na possibilidade de impecabilidade.[42] Por isso, S. Jerónimo, um dos maiores

---

[40] Lamberigts. "Recent Research into Pelagianism," 177.
[41] Ibid., 152.
[42] Squires. "Reassessing Pelagianism," 5-6: o autor deste artigo não parece discordar do facto de este princípio ter sido o que uniu o movimento pelagiano, mas sim se este era *o* princípio central desse movimento.

adversários do pelagianismo, desdenhava-os, chamando-lhes ironicamente "pregadores da impecabilidade".[43]

Havia uma falha óbvia nesta linha de raciocínio: mesmo que a ausência de pecado fosse possível em teoria, na prática, parecia não haver registo de qualquer pessoa sem pecado para além de Jesus Cristo.[44] Mas os pelagianos não se intimidaram com essa objeção. Como o Dr. Gerald Bray, professor da Beeson Divinity School em Birmingham, diz: "Jesus foi a exceção que provou a regra. Ele cumpriu a Lei na perfeição e, por isso, não tinha pecado. O facto de Ele ter conseguido isso mostra que tal é possível e torna aqueles que não conseguem viver de acordo com o Seu padrão culpados pelo seu pecado".[45]

Pelágio tentou argumentar que algumas das outras figuras bíblicas também não tinham pecado, como Jó ou Sta. Isabel.[46] Muitos autores católicos propuseram-se a refutá-lo, deixando apenas o caso da Virgem Maria em aberto – ou sem se atreverem a abordar este caso em particular.[47] Assim, no resto deste capítulo, qualquer argumento contra a possibilidade de uma vida sem pecado não deve ser interpretado como incluindo o dogma da Imaculada Conceição[48] uma vez que, como o Concílio

---

[43] Rackett. "What's wrong with Pelagianism?" 223.

[44] Ibid., 229: "Finalmente, Jerónimo... repreendeu os pelagianos pela sua incapacidade de produzir quaisquer exemplos de pessoas sem pecado".

[45] Bray. "Augustine and the Pelagian Controversy."

[46] Squires. "Reassessing Pelagianism," 37.

[47] See Squires. "Reassessing Pelagianism," 36 (para Sto. Agostinho) e 91 (para S. Jerónimo).

[48] É bom relembrar que o cânone do Concílio de Trento

Capítulo 6: Pelagianismo e Autossuficiência

de Trento admite, isso foi "um privilégio especial de Deus".[49]

Para além de Pelágio, o maior divulgador da sua filosofia foi Celéstio, um eunuco e nobre advogado, com quem o monge bretão fez amizade durante a sua estadia em Roma. Embora Sto. Agostinho tenha admitido que Pelágio era um "homem santo", ele chamou Celéstio de "incrivelmente loquaz".[50] Atraído pela vida ascética dos ensinamentos de Pelágio, Celéstio gabava-se de "fazer mais do que o prescrito na Lei e no Evangelho".[51] Afirmou também, com ousadia, que "os seres humanos não podem ser chamados filhos de Deus a não ser que, em todos os modos, tenham chegado a estar sem pecado".[52] Celéstio então esforçou-se para propor uma estrutura intelectual que provasse quase silogisticamente a possibilidade de uma vida impecável. As suas proposições eram as seguintes:

1) "Se o pecado não pode ser evitado, não é pecado; se pode ser evitado, pode-se viver sem pecado".
2) "Se o pecado é uma parte essencial da natureza humana, deixa de ser pecado; se é uma parte acidental, pode ser evitado".
3) "A injunção de viver sem pecado implica a sua

---

mencionado previamente, anatematizando a crença da possibilidade de uma vida sem pecado, faz a seguinte exceção: ".... a não ser por um privilégio especial de Deus, como a Igreja sustenta em relação à Santíssima Virgem". Ver Trento, 6ª Sessão, c. XXIII

[49] Trento, 6ª Sessão, c. XXIII.
[50] Pohle. "Pelagius and Pelagianism."
[51] Squires. "Reassessing Pelagianism," 150.
[52] Rackett. "What's wrong with Pelagianism?" 226.

possibilidade".

4) "Cada um de nós pode estar sem pecado, embora não o esteja. Mas se examinarmos porquê, admitimos livremente que a culpa é nossa".[53]

Entre os escritores católicos que procuraram refutar estes argumentos pelagianos, destacam-se dois gigantes: Sto. Agostinho (que já seguimos no capítulo anterior) e S. Jerónimo. Enquanto Agostinho preferiu refutar o pelagianismo com base na graça e no pecado original, foi Jerónimo quem mais sistematicamente desmantelou o conceito pelagiano de impecabilidade.[54]

Para Jerónimo, a teoria da impecabilidade era blasfema, pois implicava uma igualdade entre Deus e o Homem,[55] uma vez que o Homem podia alcançar este estado imaculado sem qualquer ajuda de Deus.[56] Enquanto Pelágio desejava criar uma Igreja "sem mancha nem ruga",[57] Jerónimo afirmava que tal estado só seria possível no Céu: antes disso, toda a perfeição humana era relativa.[58]

O Padre da Igreja admitia que os seres humanos podiam potencialmente alcançar a perfeição no exercício de *uma ou duas* virtudes, mas não na *totalidade* da ação humana (exceto, claro,

---

[53] Rackett. "What's wrong with Pelagianism?" 226.
[54] Squires. "Jerome on sinlessness," 697, 701.
[55] Ibid., 701.
[56] Squires. "Reassessing Pelagianism," 159-160.
[57] Ibid., 117.
[58] Rackett. "What's wrong with Pelagianism?" 230.

no caso de Jesus).⁵⁹ Além disso, Jerónimo reconhecia que as pessoas podem, de facto, evitar completamente o pecado, mas apenas por *um curto período de tempo*. Tal como uma pessoa pode jejuar, caminhar ou dormir durante um curto período de tempo, mas não perpetuamente, também os seres humanos não podem estar sem pecado senão momentaneamente. A perpétua ausência de pecado estava reservada apenas a Deus,⁶⁰ e este era um grande abismo que separava Deus do Homem.

Jerónimo também tentou minar o pelagianismo ligando-o a todo o tipo de heresias. Para o objetivo deste livro, é particularmente importante notar como Jerónimo ligou o conceito de potencial impecabilidade de Pelágio com o conceito estóico de *apatheia* ("impassibilidade").⁶¹ Os académicos discutem ainda hoje se esta comparação é exata ou justa.⁶² Mas,

---

⁵⁹ Squires. "Jerome on sinlessness," 701.

⁶⁰ Ibid., 702.

⁶¹ Rackett. "What's wrong with Pelagianism?" 229—230. Ver também Squires. "Reassessing Pelagianism," 105.

⁶² Para um resumo sucinto da diversidade de pontos de vista sobre este assunto, ver Squires "Reassessing Pelagianism", 106. O autor acaba por concordar que, embora os pontos de vista de Pelágio possam não ser totalmente estóicos, foram certamente influenciados pelo estoicismo. Ver Squires "Reassessing Pelagianism", 107-108: "Embora esteja fora do âmbito desta dissertação oferecer uma análise detalhada da relação entre Pelágio e os estóicos, eu diria que ele foi, de facto, influenciado por eles. Não se lê em Pelágio nenhuma citação direta deles, mas Jerónimo deteta corretamente alguns pressupostos fundamentais semelhantes. É muito provável que Pelágio tenha estado mergulhado no meio estóico durante os anos em que esteve entre a elite romana. O estoicismo tinha sido popular em Roma antes de Constantino e muitos dos primeiros cristãos depois de Constantino,

seja como for, o facto de uma luminária do pensamento católico ortodoxo (como foi Jerónimo) ter rejeitado a rigidez estóica deve ser analisado por si só se quisermos avaliar como fidelidade não implica necessariamente rigidez.

O estoicismo foi um sistema filosófico, iniciado na Grécia por volta de 322 a.C. Mais tarde, tornou-se moda entre as elites do Império Romano. Como escola de pensamento, rivalizava com os aristotélicos que, como vimos no capítulo 1, viriam a ser integrados na teologia católica por S. Tomás de Aquino, durante a Idade Média. Deixemos Jerónimo por um pouco e apoiemo-nos brevemente em Aquino para compreendermos como um catolicismo mais desenvolvido viria a rejeitar o estoicismo, para melhor apreciarmos a reação de Jerónimo.

No que diz respeito aos atos, Aristóteles subdividiu-os em duas categorias: 1) atos humanos e

2) atos do Homem. Os atos humanos são voluntários, pois procedem diretamente da vontade. A vontade, por sua vez, escolhe a melhor forma de agir depois de a razão apreender deliberadamente o fim da ação.[63] Pelo contrário, os actos do Homem são condicionados por fatores externos, reduzindo

---

especialmente os ascetas empenhados na vida de *otium*, tinham sido influenciados por este movimento. Staniforth disse que o estoicismo era 'um código viril, racional e temperado, um código que insistia no trato justo e virtuoso, na autodisciplina, na fortaleza inabalável e na completa liberdade das tempestades da paixão [que] era admiravelmente adequado ao caráter romano'. Tal afirmação poderia ter sido feita sobre o pensamento de Pelágio".

[63] Ming. "Human acts." Ver também Aquino. *Summa Theologiae*, I-II, q. 6, a. 1

Capítulo 6: Pelagianismo e Autossuficiência 199

assim a voluntariedade do ato.[64] Estes são também chamadas de *paixões*, ou seja, movimentos dos apetites sensitivos, de modo que a pessoa tende a alcançar algum bem ou evitar algum mal[65] (aqui não considerado necessariamente como um bem ou mal *moral*, mas como um bem ou mal *prático*). As paixões, portanto, não são completamente voluntárias, pois dependem dos sentidos e não da vontade.

Os estóicos e os aristotélicos discordavam sobre este assunto, uma vez que os estóicos não faziam distinção entre os apetites intelectuais e os apetites sensíveis. Por outras palavras, não faziam distinção entre as paixões da alma (apetite sensitivo) e os movimentos da vontade (apetite intelectual). Para os estóicos, as paixões eram "doenças da alma".[66] Uma vez que, para os estóicos, todas as paixões da alma eram más, então a bondade moral de um ato era necessariamente diminuída pelas paixões.[67] Por isso, os estóicos tentavam atingir um estado de *apatheia* ou "impassibilidade", isto é, ausência de paixões.

---

[64] Ming. "Human acts."
[65] Devine. "Passions." Ver também Aquino. *Summa Theologiae*, I-II, q. 22, a. 3.
[66] Aquino. *Summa Theologiae*, I-II, q. 24, a. 2, co.
[67] Ibid., I-II, q. 24, a. 3, co. Esta afirmação não é totalmente exata, uma vez que os estóicos acreditavam que existiam algumas paixões "boas", as paixões eupáticas. Ver Gleason. "Review of Stoicism and Emotion": "O sábio estóico não é desprovido de sentimentos. Ele faz uma distinção nítida entre as respostas afetivas comuns, dirigidas ao exterior, e as respostas eupáticas... O sábio normativo, claro, não tem defeitos de caráter, mas Garber defende as suas formas genuinamente eupáticas de emoção: um anseio pelo que é bom, manifestado na amizade ou (até) no amor erótico".

Não era assim para os aristotélicos – e, portanto, para os católicos imbuídos da teologia tomista. As paixões não são necessariamente más, mas são apenas movimentos do apetite sensitivo. Pertencem à natureza humana, uma vez que os sentidos também fazem parte da pessoa. O que torna as paixões boas ou más é o facto de estarem ou não ordenadas para a razão.[68] Se as paixões são contrárias à ordem da razão, inclinam-nos para o pecado. No entanto, se as paixões são controladas pela razão, inclinam-nos para a virtude.[69]

Uma vez que o bem de um ser humano se encontra na razão, então uma pessoa é tanto mais perfeita quanto mais estiver ordenada para a razão. Isto significa que é mais perfeito para uma pessoa ordenar as suas paixões à razão, do que extirpar as paixões por completo.[70] É insensato e antinatural atingir um estado de pura ausência de paixões. De acordo com a teologia católica, é muito melhor ordenar as nossas paixões à razão através de hábitos virtuosos, para que nos tornemos mais naturalmente inclinados a fazer o bem.

A inculcação de hábitos virtuosos exige, de facto, uma boa formação moral, para que possamos crescer gradualmente em virtude. Mas este enquadramento também admite a fragilidade humana, uma vez que nem todos os atos são completamente voluntários. É uma explicação mais adequada à realidade em que vivemos e evita uma rigidez moral excessiva como a que os estóicos alegadamente defendiam.

---

[68] Ibid., I-II, q. 24, a. 2, co
[69] Ibid., I-II, q. 24, a. 2, ad 3.
[70] Ibid., I-II, q. 24, a. 3 co.

Capítulo 6: Pelagianismo e Autossuficiência

Voltando a Jerónimo, podemos agora compreender por que ele sentiu que estava a minar significativamente o pelagianismo ao afirmar a sua influência pelo estoicismo. Para os estóicos, o indivíduo devia eliminar as suas paixões através da prática ou da meditação na virtude. Mas para Jerónimo, atingir este objetivo seria transformar a pessoa "ou numa pedra ou num deus".[71] Pelágio e os seus seguidores estavam a sobrestimar o poder do livre-arbítrio,[72] e, ao mesmo tempo, a subestimar a influência da carne na alma. Embora Pelágio reconhecesse certamente esta influência da carne, também acreditava que a carne podia ser vencida através da pura determinação da vontade.[73] Para Jerónimo, o livre-arbítrio era de facto preservado, mas "de acordo com as *circunstâncias, o tempo e o estado de fragilidade humana*".[74]

Redefinindo a graça

Em 411 d.C., Pelágio e Celéstio viajaram para o Norte de África. Atracaram perto de Hipona, a diocese de Sto. Agostinho. O bom bispo estava ausente nessa altura, ocupado com os donatistas noutras partes de África (ver capítulo 5). Pelágio seguiu então para a Palestina, mas Celéstio ficou em Cartago, onde pediu para ser ordenado sacerdote.[75] Isto levou a que os

---

[71] Squires. "Jerome on sinlessness," 700.
[72] Rackett. "What's wrong with Pelagianism?" 230.
[73] Squires. "Reassessing Pelagianism," 160.
[74] Squires. "Jerome on sinlessness," 702.
[75] Pohle. "Pelagius and Pelagianism."

seus escritos e ensinamentos fossem objeto de um maior escrutínio. Celéstio tinha-se oposto à doutrina do pecado original, pois esta era a única forma de conciliar o cristianismo com os seus princípios pelagianos.[76] Um diácono apresentou ao seu bispo uma carta com seis teses de Celéstio que deviam ser consideradas heréticas. Foi convocado um sínodo em Cartago para examinar a questão. Celéstio recusou-se a retratar qualquer uma das seis teses, alegando que o pecado original ainda era uma questão em aberto e que, portanto, a sua negação não era heresia. O sínodo de Cartago, no entanto, excluiu Celéstio da ordenação e condenou as seis teses como heréticas.[77] Pelágio defendeu-se, afastando-se do seu aluno, dizendo que não subscrevia as seis heresias.[78]

Embora a maioria destas seis teses tratasse de Adão, uma delas (a sexta) dizia respeito à típica ideia pelagiana de uma possível impecabilidade.[79] Esta declaração, condenada como herética em Cartago, afirmava: "mesmo antes do advento de Cristo havia homens sem pecado".[80]

No início, Agostinho teve receio de censurar a possibilidade de impecabilidade. O bispo advertia que "não se deve opor imediatamente, com imprudência, àqueles que dizem que os seres humanos são capazes de estar sem pecado nesta vida", para não pôr em causa o livre-arbítrio humano ou a misericórdia

---

[76] Rackett. "What's wrong with Pelagianism?" 225.
[77] Pohle. "Pelagius and Pelagianism."
[78] Squires. "Reassessing Pelagianism," 150.
[79] Ibid.
[80] Pohle. "Pelagius and Pelagianism."

divina.⁸¹ Nesta altura, Agostinho acreditava, de facto, que era teoricamente possível um ser humano viver uma vida sem pecado, embora na prática só Jesus o tivesse conseguido. Para ele, a possibilidade teórica de impecabilidade não era errónea nem perigosa, desde que ninguém se afirmasse sem pecado, pois isso aumentaria o seu orgulho.⁸²

No entanto, à medida que as ideias pelagianas se espalhavam pelo Norte de África, Agostinho compreendeu que tinha de intervir. Embora estivesse disposto a aceitar uma impecabilidade teórica, a visão de Pelágio sobre a graça estava a universos de distância da perceção de Agostinho. Por isso, o bispo de Hipona procurou refutar o pelagianismo, não com base na impecabilidade, mas na graça.⁸³

Para sermos justos, S. Jerónimo *também* contestou o pelagianismo relativamente à graça. Jerónimo admitia que Pelágio reconhecia de facto a importância da graça: o problema era que Pelágio tinha redefinido o significado de "graça" num sentido mais restritivo. Pelágio tinha definido a graça como os mandamentos de Deus, o livre-arbítrio e a criação.⁸⁴ Tudo isto

---

⁸¹ Rackett. "What's wrong with Pelagianism?" 231.
⁸² Ibid., 232.
⁸³ Ibid., 232.
⁸⁴ Squires. "Reassessing Pelagianism," 157. Ver também Rackett. "What's wrong with Pelagianism?" 229. Ver também Ogliari. *Gratia et Certamen*, 236: ""[N]ós percebemos novamente o entendimento da graça de Pelágio como sendo primariamente uma graça 'fundamental' inerente à natureza humana e não extrinsecamente adicionada a ela. Concedida por Deus através da criação do Homem, esta graça é uma parte integral da natureza deste último, e como tal não pode ser pensada como afetando, a partir de fora, o exercício autónomo do

eram dádivas gratuitas de Deus, que permitiam a todos viver uma vida sem pecado, se assim o quisessem. Mas Jerónimo observou corretamente que a graça de Deus é necessária *em cada momento e em cada ato*.

Agostinho viu outras maneiras pelas quais Pelágio tinha redefinido a graça. Enquanto que, para Agostinho, o pecado de Adão tinha sido transmitido ao resto da humanidade por *propagação*, para Pelágio isso acontecia por *imitação*.[85] Além disso, enquanto Pelágio via a graça como um poder que nos é dado para podermos escolher o que é bom, Agostinho via-a como algo de que precisamos para nos libertar de uma condição espiritual sobre a qual nada podemos fazer.[86] Para Agostinho, o erro mais "fatal" de Pelágio foi ter afirmado que se pode viver sem pecado *e, ao mesmo tempo, sem a graça divina, devidamente entendida*.[87]

Entretanto, Pelágio tinha ficado na Palestina, protegido sob a alçada do bispo de Jerusalém, que "amava muito" o seu hóspede. O bispo tinha tentado exonerar Pelágio num concílio local, mas como a polémica não se extinguia, foi convocado um novo sínodo em Dióspolis (atual Israel).[88]

Durante o sínodo de Dióspolis, Pelágio rejeitou algumas das declarações mais controversas dos seus discípulos, incluindo Celéstio. O objetivo mais importante de Pelágio era salvaguardar

---

livre-arbítrio humano".

[85] Squires. "Jerome on sinlessness," 704.
[86] Bray. "Augustine and the Pelagian Controversy."
[87] Rackett. "What's wrong with Pelagianism?" 233.
[88] Pohle. "Pelagius and Pelagianism."

Capítulo 6: Pelagianismo e Autossuficiência

o seu princípio favorito: a possibilidade de impecabilidade. Para apaziguar o concílio, o monge concordou em negar que alguém tivesse vivido uma vida sem pecado, desde que pudesse continuar a manter a sua possibilidade teórica nestes termos: os seres humanos "são capazes de estar sem pecado pelo seu próprio trabalho *e* pela graça de Deus".[89] Mas hava aqui uma duplicidade: quando Pelágio dizia "a graça de Deus", o que ele queria dizer era "a criação de Deus".[90] Este ardil foi suficiente para enganar o sínodo e conceder-lhe a absolvição de todas as acusações.

Uma vez que um grupo de bispos tinha acabado de proclamar Pelágio como ortodoxo, isto criou um grande problema para Agostinho. Como poderia ele agora extirpar do seu rebanho os perversos ensinamentos de Pelágio? Foi precisamente nessa altura que Agostinho compreendeu que a hipótese de uma impecabilidade teórica não podia mais ser sustentada, se o bom bispo quisesse salvar uma compreensão correta da graça de Deus.[91]

Em breve, Agostinho descobriria o engano de Pelágio. Numa carta, o monge escreveu sobre como os bispos de Dióspolis haviam aprovado a sua declaração de que "os seres humanos são capazes de ficar sem pecado e *facilmente* guardar os mandamentos de Deus, se quiserem". Agostinho notou que a

---

[89] Rackett. "What's wrong with Pelagianism?" 233.

[90] Pohle. "Pelagius and Pelagianism."

[91] Squires. "Reassessing Pelagianism," 43-44. Para ler um resumo do quanto a posição de Agostinho sobre uma impecabilidade teórica mudou ao longo dos anos, ver Squires. "Reassessing Pelagianism," 28-29, 32.

palavra "facilmente" não constava do testemunho de Pelágio durante o sínodo. Além disso, não havia nenhuma referência à graça nessa declaração. Agostinho alegou então que, com esta declaração, Pelágio continuava a afirmar que as pessoas podiam tornar-se impecáveis sem qualquer intervenção da graça divina.[92] Por outras palavras, Pelágio tinha falado da graça "com discursos edulcorados" no sínodo, mas "no fundo, só confiava nas suas próprias forças".[93]

Agostinho e os bispos do Norte de África reuniram-se num sínodo para condenar Pelágio e apelaram depois para a Sé de Roma. Partindo do princípio de que as resoluções dos sínodos provinciais não têm força vinculativa enquanto não forem confirmadas pela autoridade suprema da Sé Apostólica, o Papa desenvolveu a doutrina católica sobre o pecado original e a graça. Na sequência de um decreto papal, realizou-se um novo concílio em Cartago, em 418, com a presença de duzentos bispos africanos.[94]

Este Concílio de Cartago emitiu 8 (ou 9, de acordo com a fonte) cânones, mais tarde confirmados pelo Papa, tornando-se assim artigos de fé.[95] Entre esses cânones, aquele que deu um golpe mortal no conceito pelagiano de impecabilidade foi: "Sem a graça de Deus, não é apenas mais *difícil*, mas absolutamente *impossível* realizar boas obras".[96]

---

[92] Rackett. "What's wrong with Pelagianism?" 232. Ver também Squires. "Reassessing Pelagianism," 42-43.

[93] Francis. *Gaudete et Exsultate*, 49.

[94] Pohle. "Pelagius and Pelagianism."

[95] Ibid.

[96] Ibid. Ver também Squires. "Reassessing Pelagianism," 45.

Capítulo 6: Pelagianismo e Autossuficiência

Os cânones do Concílio de Cartago também expuseram a falsa humildade de Pelágio. Autores católicos haviam argumentado que o pelagianismo levaria inevitavelmente ao orgulho, mas Pelágio contra-atacara dizendo que a humildade era uma virtude a ser tida em alta conta. No entanto, tratava-se de uma falsa humildade: o indivíduo poderia, por exemplo, rezar "perdoai-nos as nossas ofensas" durante o Pai-Nosso, não porque tivesse alguma ofensa a perdoar, mas por causa de uma humildade forçada sem ligação à realidade. Para resolver este problema, o Concílio de Cartago emitiu os seguintes cânones:

1) Devemos confessar-nos pecadores, não por humildade, mas por verdade.
2) Os santos realizam a petição do Pai-Nosso, "perdoa-nos as nossas ofensas", não só pelos outros, mas também por si próprios.
3) Os santos pronunciam a mesma súplica, não por mera humildade, mas por verdade.[97]

As implicações destes cânones eram obviamente antipelagianas: era impossível não ter pecado, mesmo para aqueles considerados "pessoas santas".[98] Pelágio foi exilado de Jerusalém e instalou-se no Egito, onde viria a morrer. Celéstio refugiou-se com o Bispo Nestório de Constantinopla, que também se tornaria um herege, embora de um tipo diferente.

---

[97] Pohle. "Pelagius and Pelagianism." Ver também Squires. "Reassessing Pelagianism," 45.

[98] Squires. "Reassessing Pelagianism," 45.

Algumas décadas mais tarde, o pelagianismo seria definitivamente condenado como heresia (juntamente com o donatismo) no Concílio Ecuménico de Éfeso, em 431 d.C.[99] Como afirma a *Enciclopédia Católica*, o erro mais grave de Pelágio foi "não se submeter às decisões doutrinais da Igreja".[100]

A lei vitoriosa do amor

Apesar de terem triunfado sobre o pelagianismo, os pontos de vista de Agostinho sobre a graça não eram fáceis de aceitar. O pessimismo de Agostinho em relação à natureza humana e o papel central atribuído à graça, que sempre toma a iniciativa em relação à vontade do Homem, foi demasiado para muitos aceitarem. Por esta razão, alguns pensadores tentaram encontrar um "meio-termo" entre a heresia de Pelágio e as estranhas opiniões de Agostinho.

Um Agostinho mais velho apelidaria esses pensadores de "relíquias dos pelagianos". Em tempos mais modernos, foi adotado o termo "semipelagianos", uma vez que essas pessoas claramente não eram agostinianas, mas "meio pelagianas". No entanto, hoje em dia, a maioria dos estudiosos não gosta desse termo, uma vez que ele foi produzido em conexão com debates posteriores sobre a graça durante o século XVI (ver capítulo 8). Trata-se, portanto, de uma expressão ideologicamente carregada. Atualmente, os académicos preferem a designação de massilianos, tal como estes pensadores eram conhecidos no seu

---

[99] Pohle. "Pelagius and Pelagianism."
[100] Ibid.

Capítulo 6: Pelagianismo e Autossuficiência

tempo, uma vez que muitos deles eram monges de Marselha.[101]

Os massilianos tentaram encontrar uma perspetiva equilibrada. Por um lado, aceitaram as decisões do Concílio de Cartago, devidamente ratificadas pelo Papa. Por outro lado, tentaram preservar o conceito de livre-arbítrio humano, permitindo que o Homem *iniciasse* o processo de conversão (o chamada *initium fidei*).[102] Os seus princípios fundamentais eram, segundo a *Enciclopédia Católica*:

1) Ao distinguir entre o início da fé (*initium fidei*) e o aumento da fé (*augmentum fidei*), pode-se referir o primeiro ao poder do livre-arbítrio, enquanto a própria fé e o seu aumento dependem absolutamente de Deus;
2) A gratuidade da graça deve ser mantida contra Pelágio na medida em que todo o mérito estritamente natural é excluído; isso, no entanto, não impede que a natureza e as suas obras tenham uma certa pretensão à graça;
3) No que diz respeito à perseverança final em particular, ela não deve ser considerada como um dom especial da graça, uma vez que o Homem justificado pode, por suas próprias forças, perseverar até ao fim.[103]

Entre os monges de Marselha, o mais conceituado – ainda hoje – foi João Cassiano, "homem célebre e santo".[104] É certo que

---

[101] Pohle. "Semipelagianism."
[102] Ogliari. *Gratia et Certamen*, 295.
[103] Pohle. "Semipelagianism."
[104] Ogliari. *Gratia et Certamen*, 278-282, 288, 291.

Cassiano tinha tendências semipelagianas, nomeadamente 1) a sua visão otimista da natureza humana; 2) uma certa convicção estóica de que o vício não é intrínseco ao Homem e pode, por isso, ser eficazmente extirpado;[105] e ainda 3) a noção de que uma pessoa pode "iniciar" o processo de conversão (*initium fidei*), através do desejo de uma nova vida, do arrependimento da anterior vida e da esperança na salvação.[106] No entanto, como era apenas "meio" pelagiano, Cassiano também tinha alguns pontos de contacto com a filosofia agostiniana, nomeadamente no que diz respeito à graça. É instrutivo explorar estes pontos de contacto, uma vez que o massilianismo foi uma tentativa de encontrar um meio-termo entre o pelagianismo e o agostinianismo. Consequentemente, o massilianismo evidencia os erros do pelagianismo sempre que se afasta da doutrina pelagiana.

Embora partilhasse o otimismo do pelagianismo e do estoicismo, Cassiano também compreendia que o Homem não pode realizar qualquer boa obra ou salvar-se apenas pelos seus próprios esforços.[107] Para Cassiano, a liberdade total da vontade só pode ser alcançada através de uma submissão total à vontade de Deus: "Aquele que se torna verdadeiramente livre, torna-se prisioneiro do Senhor".[108]

Cassiano também se distanciou de Pelágio na questão da impecabilidade teórica. Espelhando perfeitamente a retórica de

---

[105] Ibid., 282.
[106] Ibid., 296.
[107] Ibid., 280.
[108] Ibid., 298.

Capítulo 6: Pelagianismo e Autossuficiência

Agostinho e Jerónimo, Cassiano afirmava que só se podia evitar o pecado por um curto período de tempo, não perpetuamente: "Posso jejuar, observar, andar, cantar, sentar-me, dormir perpetuamente?"[109] No entanto, Cassiano acrescentou uma reviravolta interessante ao debate sobre a impecabilidade então em curso. Como monge ascético, Cassiano levou o conceito de impecabilidade a outro nível. Para Cassiano, *a virtude perfeita era definida como a contemplação contínua e não distraída de Deus*. Mesmo a mais fugaz rutura nesta contemplação seria uma grave ofensa contra Deus. Nem mesmo o mais virtuoso dos monges poderia manter tal perfeição continuamente, pois eventualmente as necessidades da carne levariam a mente a perder a concentração. Neste sentido, ninguém poderia ser impecável, pois ninguém poderia permanecer sempre vigilante na oração. Podia-se ser santo (*sanctus*), mas não imaculado (*immaculatus*).[110]

Além disso, Cassiano mostrou como os ensinamentos de Pelágio minavam efetivamente a natureza salvífica de Cristo. Pelágio acreditava que Jesus tinha salvo a humanidade, sim, mas sendo um exemplo que devíamos imitar. Cassiano sabia que este era um ensinamento perigoso com profundas implicações cristológicas: tal como o herético Nestório tinha postulado que havia, de facto, dois Cristos (um a mesma Pessoa que é Deus, o outro o filho da Virgem Maria), Pelágio tinha insistido na existência de dois Cristos (um mestre e outro redentor). Dizer que Cristo é simplesmente um exemplo é pôr em causa o seu

---

[109] Squires. "Reassessing Pelagianism," 70.
[110] Ibid., 65-67, 84.

papel de mediador entre Deus e a humanidade.[111]

No entanto, por mais correto que Cassiano estivesse em todos estes pontos, Agostinho também abordou a teologia massiliana nos seus últimos escritos. Para Agostinho, era fundamental que a graça fosse, como o próprio nome indica, "gratuita". Por outras palavras, a graça deve preceder qualquer boa obra do Homem, mesmo a iniciativa da fé: o *desejo* de querer e de fazer o bem vem de Deus, não do Homem.[112] Depois da Queda, o livre-arbítrio está demasiado corrompido e enfraquecido para ser capaz de fazer o bem por si próprio – embora, claro, o livre-arbítrio não seja completamente anulado.[113]

Mas como conciliar isso com a existência do livre-arbítrio humano? Para Agostinho, o livre-arbítrio era tanto mais perfeito quanto mais Deus o tinha restituído à sua bondade original. Neste sentido, a graça não extingue o livre-arbítrio, antes reforça-o e aperfeiçoa-o.[114] Deixado à sua própria sorte, o Homem rejeitaria sempre a graça, porque o pecado original inclina-o demasiado para o mal.[115] Há, portanto, uma distinção agostiniana entre "livre-arbítrio" e "liberdade". O livre-arbítrio é a capacidade de escolher, seja o bem, seja o mal. O livre-arbítrio pode escolher o bem se depender da graça, mas só pode escolher o mal se depender de si mesmo. Por outras palavras, sem a graça,

---

[111] Ibid., 152-153.
[112] Ogliari. *Gratia et Certamen*, 256.
[113] Ibid., 258.
[114] Ibid., 258.
[115] Ibid., 245.

a "liberdade" humana é apenas a liberdade de pecar. Diz-se que o homem é *liber* ("livre"), mas não *liberatus* ("liberto").[116] Como escreve Donato Ogliari, atual abade de S. Paulo Extra-Muros, no seu livro sobre o tema *Gratia et Certamen* ("Graça e Luta"):

> Isto, no entanto, não implica a aniquilação da liberdade humana, e é precisamente com o objetivo de eliminar tal objeção que Agostinho acaba por chegar à formulação de que a graça atua irresistivelmente (*indeclinabiliter et insuperabiliter*), através da vontade do Homem. O contexto de tal formulação é o pressuposto de que a vontade do Homem é atraída pelo que dá prazer e que ama o que dá deleite. A graça atuante adapta-se a este movimento espontâneo e natural da vontade, e fá-lo gradualmente, tomando como que a vontade pela mão... O amor ao bem (*inspiratio caritatis*) é tão profundamente instilado pelo Espírito Santo no coração do Homem, que a vontade se deixa guiar por Ele e, enquanto experimenta deleite, inclina-se firme e infalivelmente para Deus. Agostinho procura mostrar que a graça pode levar a vontade a agir de forma irresistível e infalível, sem ser obrigada a isso.[117]

Por outras palavras, uma vez que a vontade escolhe o que dá prazer, e uma vez que o Homem não-justificado se deleita com o mal, então a graça de Deus deve possuir um "prazer que

---

[116] Ibid., 248.
[117] Ibid., 245-246.

conquista a vontade". Pela graça, o Homem deixa de se deleitar com o mal e passa a deleitar-se com o bem, de modo que o Homem passa a desejar e a amar os mandamentos de Deus. Neste sentido, o livre-arbítrio não é constrangido, uma vez que continua a escolher livremente de acordo com o seu prazer / desejo, mas a iniciativa de Deus é também salvaguardada, uma vez que a Sua graça fundamenta a decisão da vontade, mudando as suas inclinações mais íntimas[118] (ver também o capítulo 3 no que diz respeito a seguir directivas morais por virtude *versus* por um sentido de dever).

Em resumo, segundo Agostinho, a graça de Deus atua através do amor / deleite. "A lei do amor é a lei da liberdade".[119] Este é o contexto correto da famosa máxima de Agostinho: "ama e faz o que quiseres".[120] É interessante como o Papa Francisco termina a sua secção sobre o "Pelagianismo Contemporâneo" na *Gaudete et Exsultate* explicando como o amor é o resumo da Lei:

> Para evitar isso, é bom recordar frequentemente que existe uma hierarquia das virtudes, que nos convida a buscar o essencial. A primazia pertence às virtudes teologais, que têm Deus como objeto e motivo. E, no centro, está a caridade. S. Paulo diz que o que conta verdadeiramente é "a fé que atua pelo amor" (Gal 5, 6). Somos chamados a cuidar solicitamente da caridade: "quem ama o próximo cumpre plenamente a Lei. (...)

---

[118] Ibid., 246-7.
[119] Ibid.
[120] Agostinho. "Homilia 7".

Assim, é no amor que está o pleno cumprimento da lei"(Rm 13, 8-10). É que toda a Lei se resume neste único preceito: "Ama o teu próximo como a ti mesmo" (Gal 5, 14).

Por outras palavras, no meio da densa selva de preceitos e prescrições, Jesus abre uma brecha que permite vislumbrar dois rostos: o do Pai e o do irmão. Não nos dá mais duas fórmulas ou dois preceitos; entrega-nos dois rostos, ou melhor, um só: o de Deus que se reflete em muitos, porque em cada irmão, especialmente no mais pequeno, frágil, inerme e necessitado, está presente a própria imagem de Deus. De facto, será com os descartados desta humanidade vulnerável que, no fim dos tempos, o Senhor plasmará a sua última obra de arte. Pois, o que é que resta? O que é que tem valor na vida? Quais são as riquezas que não desaparecem? Seguramente duas: o Senhor e o próximo. Estas duas riquezas não desaparecem.[121]

A graça atua através do amor, e o amor liga-nos tanto a Deus como ao nosso próximo, no qual podemos encontrar o próprio Deus. Mas este próximo reflete, não só o rosto de Deus, mas também a fragilidade da humanidade. Noutro lugar, o Papa Francisco ensina-nos que Deus é um "artífice paciente e misericordioso", citando a célebre frase de S. Paulo sobre os homens transportarem "este tesouro em vasos de barro, para que

---

[121] Francisco. *Gaudete et Exsultate*, 60-61 (tradução do website do Vaticano).

a excelência do poder seja de Deus, e não de nós (2 Cor 4, 7)".[122]

Para que Deus mostre a sua arte e o seu poder, é preciso que nos deixemos moldar por Ele. Para que isso aconteça, devemos "desapegar-nos dos nossos hábitos cómodos, da rigidez dos nossos esquemas e da presunção que já somos completos, e termos a coragem de nos pormos na presença do Senhor".[123] Francisco convida-nos a convertermo-nos, recordando-nos a etimologia da palavra "converter": *"metanoeín"* em grego, de *"metá"* (que significa "para além") e *"noéin"* ("pensar"). Por outras palavras, converter-se é "pensar além": "ir além da maneira habitual de pensar, além dos nossos habituais esquemas mentais. Concretamente penso nos esquemas que reduzem tudo ao nosso eu, à nossa pretensão de autossuficiência; ou nos esquemas fechados pela rigidez e o medo que paralisam, pela tentação 'sempre se fez assim, para quê mudar?'"[124]

É certo que "há mandamentos, e devemos segui-los". Mas "o apego à Lei ignora o Espírito Santo", porque o cumprimento dos mandamentos deve ser feito sempre "na perspetiva da graça deste grande dom, que nos foi dado pelo Pai. Só assim podemos compreender verdadeiramente a Lei, sem reduzir o Espírito e o

---

[122] Francisco. "Discurso aos Participantes no Congresso Internacional da Congregação para o Clero" (tradução do website do Vaticano).

[123] Francisco. "Discurso aos Participantes no Congresso Internacional da Congregação para o Clero" (tradução do website do Vaticano).

[124] Francisco. "Homília na Sala de Concertos Megaron" (tradução do website do Vaticano).

Capítulo 6: Pelagianismo e Autossuficiência

Filho à Lei".[125]

A teologia do Papa Francisco é profundamente agostiniana, e por uma boa razão. No final, o agostinianismo tornou-se *o* ensinamento católico sobre a graça. Durante um século, tanto os agostinianos como os massilianos puderam confrontar-se sem qualquer condenação formal de qualquer das partes.[126] Mas em 529 d.C., o Segundo Sínodo de Orange (que, como vimos no início deste capítulo, foi citado pelo Papa Francisco em *Gaudete et Exsultate*)[127] condenou os três principais dogmas semipelagianos mencionados no início desta secção. Este sínodo definiu dogmaticamente a impotência total da natureza para o bem, a necessidade absoluta da graça preveniente para os atos bons (especialmente para o início da fé), e a gratuidade absoluta da primeira graça e da perseverança final.[128] Estes cânones seriam solenemente ratificados pelo Papa, consagrando assim a visão de Agostinho sobre a graça como doutrina católica. As últimas "relíquias pelagianas" tinham sido banidas da ortodoxia católica, embora permanecessem sempre como uma tentação para os católicos fiéis até aos dias de hoje.

---

[125] Francisco, "Half a life."

[126] Ogliari. *Gratia et Certamen*, 432.

[127] Francisco. *Gaudete et Exsultate*, 53 (tradução do website do Vaticano).

[128] Pohle. "Semipelagianism." Ver também Ogliari. *Gratia et Certamen*, 435-436.

Capítulo 7

Heresias Medievais e Mundanidade Espiritual

[O] caminho da oração, está aberto a todos aqueles que, humildemente, se abrem à ação do Espírito na própria vida, e que o sinal de que progredimos neste caminho é o de sermos cada vez mais humildes, sempre mais atentos às necessidades dos nossos irmãos, filhos melhores do povo santo de Deus. Este caminho não está aberto àqueles que se consideram puros e perfeitos, os cátaros de todos os séculos, mas a quem, consciente dos seus pecados, descobre a beleza da misericórdia de Deus, que acolhe todos, redime todos e convida todos à sua amizade.

– Francisco, Vídeo-Mensagem ao Congresso Internacional "Mujer Exceptional"

Um dos maiores males que atualmente mina a credibilidade da Igreja é a corrupção. Quer se trate de corrupção financeira ou sexual, estes escândalos mancham gravemente o nome da Igreja e, por conseguinte, a sua capacidade de evangelizar o mundo de forma convincente. É por isso que o Papa Francisco tem sublinhado continuamente – ecoando o seu antecessor Bento XVI – como é importante que a Igreja cresça "através da atração, não do proselitismo".[1] Pregar sem dar um exemplo não convencerá

---

[1] Ver, por exemplo, Francisco. "Audiência geral", 11 de janeiro de 2023: "Somos aqueles que anunciam o Senhor, não anunciamos a nós

ninguém nos dias de hoje.

O Papa Francisco dedicou uma parte significativa do seu pontificado à implementação de políticas destinadas a reduzir a corrupção no seio da Igreja² – uma corrupção a que chama "o esterco do Diabo".³ Certamente, ainda há muito trabalho a ser feito nessa área, e as preocupações com a corrupção dentro da Igreja não devem ser minimizadas ou justificadas. No entanto, é importante notar uma tendência perturbadora entre alguns dos críticos do Papa: eles instrumentalizam uma justa aversão à corrupção para atingirem os seus próprios objetivos predeterminados. Para eles, a "corrupção" é um fruto da mundanidade dentro da Igreja, e eles pensam que foram incumbidos de acabar com a mundanidade, nos seus próprios termos.

Não tenhamos ilusões: a corrupção *é, de facto*, um fruto da mundanidade na Igreja. O problema é que, para estes críticos, a luta contra a mundanidade e a corrupção não pode ser dissociada dos seus projectos a *priori* nos domínios da liturgia e da doutrina.⁴ As

---

mesmos, nem anunciamos um partido político, uma ideologia, não: anunciamos Jesus. É preciso pôr Jesus em contato com as pessoas, sem as convencer, mas deixar que o Senhor convença. Com efeito, como nos ensinou o Papa Bento XVI, 'a Igreja não faz proselitismo. Ao contrário, ela desenvolve-se por atração'. Não esqueçais isto: quando virdes cristãos que fazem proselitismo, que fazem uma lista de gente que venha... estes nãos são cristãos, são pagãos disfarçados de cristãos mas o coração é pagão. A Igreja não cresce por proselitismo, cresce por atração".

² Ver, por exemplo, Muhammad. "Pope Francis issues orders." Ver também Francisco. *Vos Estis*.

³ Ljubas. "Pope Francis: Corruption is an Ancient Evil, Devil's Dung."

⁴ Ver, por exemplo, Schaetzel. "How to Deal with Corruption in the Catholic Church." Ver também Reno. "Faith Amid Corruption."

Capítulo 7: Heresias Medievais e Mundanidade Espiritual

respostas ao flagelo já estão pré-definidas: são o que estes críticos já queriam implementar na Igreja de antemão, quer houvesse corrupção ou não. Assim, existe aqui o perigo de se aplicarem medidas ineficazes, porque o foco não está no objetivo central da luta contra a corrupção, mas noutra coisa que tem de ser feita, aconteça o que acontecer. Isto é também uma espécie de rigidez.

Mais uma vez empregando um dos seus neologismos, o Papa Francisco chama a este erro "deveriaqueísmo", do português "deveria que ser" (original "habriaqueísmo" do espanhol "habria que").[5] Para o Santo Padre, esta é *também* uma forma de mundanidade. De facto, Francisco introduz esta nova palavra na sua programática exortação apostólica *Evangelii Gaudium*, numa secção que trata do que ele chama de "mundanidade espiritual".[6]

A mundanidade espiritual "reduz a espiritualidade a uma aparência: leva-nos a ser 'comerciantes do espírito', homens revestidos de formas sagradas que, na realidade, continuam a pensar e a agir segundo as modas do mundo. Isto acontece quando nos deixamos fascinar pelas seduções do efémero, pela mediocridade e pelo hábito, pelas tentações do poder e da influência social... pela vanglória e pelo narcisismo, pela intransigência doutrinal e pelo esteticismo litúrgico".[7] A mundanidade espiritual manifesta-se de muitas maneiras: "um cuidado exibicionista da liturgia, da doutrina e do prestígio da Igreja... um fascínio de poder mostrar conquistas sociais e políticas, ou numa vanglória ligada à gestão de assuntos práticos... em várias formas de se apresentar a si mesmo envolvido

---

[5] Francisco, *Evangelii Gaudium*, 96.
[6] Esta secção estende-se pelos parágrafos 93-97 da *Evangelii Gaudium*.
[7] Francisco. "Carta aos Sacerdotes da Diocese de Roma".

numa densa vida social cheia de viagens, reuniões, jantares, recepções... num funcionalismo empresarial, carregado de estatísticas, planificações e avaliações, onde o principal beneficiário não é o povo de Deus mas a Igreja como organização".[8] Em suma, "uma Igreja mundana sob vestes espirituais ou pastorais".[9]

Embora não procure a glória do Senhor, mas antes "a glória humana e o bem-estar pessoal", a mundanidade espiritual esconde-se por detrás da aparência de piedade e até de amor à Igreja. Como se baseia nas aparências, nem sempre está ligado ao pecado exterior: "externamente, tudo parece correcto".[10] É uma "tentação suave" de "demónios elegantes", que se escondem "por detrás de boas aparências, mesmo dentro de motivações religiosas".[11] Por esta razão, é particularmente insidiosa: se "invadisse a Igreja e trabalhasse para a corromper, minando os seus próprios princípios, seria infinitamente mais desastrosa do que qualquer mundanidade simplesmente moral".[12] *"É uma tremenda corrupção, com aparências de bem"*.[13]

Segundo o Papa Francisco, a rigidez e a mundanidade espiritual são "meias-irmãs", "uma chama a outra".[14] Isto sucede porque a

---

[8] Francisco, *Evangelii Gaudium*, 95 (tradução do website do Vaticano).

[9] Ibid., 97.

[10] Ibid., 93. Neste sentido, o Papa Francisco compara esta mundanidade espiritual à hipocrisia dos fariseus. A procura da glória pessoal sob o pretexto de procurar a glória de Deus assemelha-se, de facto, à "vida dupla" que explorámos no capítulo 3.

[11] Francisco. "Carta aos Sacerdotes da Diocese de Roma".

[12] Ibid.

[13] Francisco, *Evangelii Gaudium*, 97 (tradução do website do Vaticano).

[14] Francisco. Discurso à União Apostólica do Clero

Capítulo 7: Heresias Medievais e Mundanidade Espiritual

mundanidade espiritual pode ser alimentada por dois erros profundamente inter-relacionados, que (como estamos a ver ao longo deste livro) também estão ligados à rigidez. Um é o neopelagianismo, que explorámos no último capítulo. O outro é o neognosticismo, uma "fé fechada no subjectivismo, onde apenas interessa uma determinada experiência ou uma série de raciocínios e conhecimentos que supostamente confortam e iluminam, mas, em última instância, a pessoa fica enclausurada na imanência da sua própria razão ou dos seus sentimentos".[15] Neste sentido, é importante notar como o Papa Francisco nos recorda frequentemente que não devemos transformar a fé numa ideologia.

"Se formas e métodos são defendidos por si mesmos, tornam-se ideológicos, distantes da realidade que está em evolução contínua; fechados às novidades do Espírito, acabam por sufocar o próprio carisma que os gerou".[16] As ideologias, independentemente do seu tipo, são sempre rígidas.[17] Apropriam-se do dom de Deus, que é sempre gratuito, e depois transformam-no em propriedade sua... "aprisionado numa doutrina de muitas leis... A aliança passa a ser interpretada segundo o meu parecer, ideologizado".[18]

Embora os críticos do Papa possam não se rever nestas palavras – decerto eles argumentariam que acreditam numa doutrina ou

---

[15] Francisco, *Evangelii Gaudium*, 94 (tradução do website do Vaticano). Ver a descrição que Sua Santidade faz deste neognosticismo em Francisco. *Gaudete et Exsultate*, 36-46.

[16] Francisco. "Discurso no III Congresso dos Movimentos Eclesiais" (tradução do website do Vaticano).

[17] Francisco. "Disciples of the Lord and not of ideology."

[18] Francisco. "Não esqueçamos a gratuidade" (tradução do website do Vaticano).

moral objetivas e não subjetivas – a verdade é que a sua fé continua a ser subjetiva e redutível à sua opinião, uma vez que rompe a comunhão com a Igreja no seu todo, que deve estar sob o Papa, o garante da unidade.[19] O Santo Padre recorda-nos como "*os Santos, que hoje recordamos, foram pilares de comunhão... Não somos solistas à procura de audiência, mas irmãos organizados em coro*"[20]. Infelizmente, alguns católicos têm a pretensão de "dominar o espaço da Igreja"[21]: contentando-se com ter algum poder, "preferem ser generais de exércitos derrotados antes que simples soldados dum batalhão que continua a lutar... Quantas vezes sonhamos planos apostólicos expansionistas, meticulosos e bem traçados, típicos de generais derrotados!"[22]

Mas, como diz o Papa, esta "não é uma doença nova. O apóstolo João, na sua Primeira Epístola, fala dos cristãos que perdem a fé e preferem as ideologias".[23] Podemos encontrar vestígios desta doença também na história da Igreja. Neste capítulo, gostaria de me centrar na Idade Média e na profusão de heresias que então se multiplicaram, prosperando na mundanidade espiritual e na corrupção da Igreja.

---

[19] João Paulo II. *Ut Unum Sint*, 88.
[20] Francisco. Homília na Eucaristia por Ocasião do Ano Inaciano (tradução do website do Vaticano).
[21] Francisco, *Evangelii Gaudium*, 95 (tradução do website do Vaticano).
[22] Ibid., 96.
[23] Francisco. "Disciples of the Lord and not of ideology."

Capítulo 7: Heresias Medievais e Mundanidade Espiritual 225

Os cátaros

O catarismo foi a heresia mais difundida na Idade Média.[24] Neste livro, já vimos outra instância da palavra "cátaro": afinal, os novacianos autodenominavam-se *Katharoi*, ou seja, os "Puros" (ver capítulo 5). A palavra grega *Katharos* também foi usada para designar os maniqueus, os predecessores espirituais dos cátaros medievais.[25] No entanto, quando se refere aos hereges da Idade Média, a palavra "cátaro" parece ser um exónimo. Eles nunca se referiram a si próprios dessa forma. Em vez disso, autointitulavam-se "a Igreja de Cristo",[26] "Amigos de Deus" e "Bons Cristãos",[27] pois consideravam-se os únicos verdadeiros praticantes do cristianismo,[28] a única igreja verdadeira que continuava a imitar as práticas, crenças e estilos de vida dos apóstolos.[29]

Apesar dessa crença, os princípios religiosos cátaros assemelhavam-se pouco à tradição apostólica como a conhecemos. Os cátaros eram dualistas. Eles não acreditavam num único Deus, mas em dois: um deus bom e um deus mau.[30] O deus bom tinha criado o mundo invisível e espiritual, enquanto o deus mau tinha

---

[24] England. "The Reformers and the Heretics," 3.

[25] Weber. "Cathari." É interessante notar que alguns autores acreditam que "cátaro" pode não derivar do grego "*Katharos*", mas do alemão "*Katze*", que significa "gato", uma vez que os gatos eram associados ao pecado, perversão e bruxaria na Europa Medieval. Ver England. "The Reformers and the Heretics," 3.

[26] Weber. "Albigenses."

[27] England, "The Reformers and the Heretics," 3.

[28] Myers. "Morality among Cathar Perfects," 4.

[29] England, "The Reformers and the Heretics," 16.

[30] Myers. "Morality among Cathar Perfects," 5.

criado o universo material.³¹ Da mesma forma, o primeiro teria criado as almas humanas, mas o segundo aprisionara essas almas em corpos materiais, depois de as ter enganado para que abandonassem o mundo espiritual. Por conseguinte, a Terra seria um lugar de castigo, tal como o Inferno,³² e todo o mal proviria da matéria.

Numa primeira fase, os cátaros acreditavam numa espécie de *dualismo parcial* ou mitigado, em que o deus mau era identificado com Satanás, um anjo caído, uma criatura inferior ao bom Deus. No entanto, numa fase posterior, professavam um *dualismo absoluto*, em que os dois deuses eram co-eternos e igualmente poderosos. Por conseguinte, nenhum dos dois deuses podia ser omnipotente, uma vez que limitavam a liberdade um do outro. O deus mau passou a ser identificado com o Criador do Antigo Testamento, enquanto o deus bom era o Pai do Novo Testamento.³³ Obviamente, os dois tipos de dualistas não estavam em comunhão uns com os outros.³⁴

Naturalmente, estes princípios teológicos traduziam-se em efeitos práticos. Se uma alma humana estava aprisionada num corpo mau e material, habitando um mundo mau e material, então o objetivo principal da vida seria libertar o espírito desta prisão. Para o conseguir, a pessoa deveria renunciar ao deus mau e a todas as suas obras (físicas). Se a pessoa conseguisse isto, tornar-se-ia "perfeita" e estaria livre para regressar ao reino espiritual após a morte. Caso

---

[31] Weber. "Cathari."

[32] Weber. "Albigenses."

[33] Myers. "Morality among Cathar Perfects," 6. Ver também Weber. "Cathari."

[34] Ver Weber. "Cathari": "Não só os Albaneses e os Concorrezenses se opunham uns aos outros a ponto de se entregarem a condenações mútuas, mas havia divisão entre os próprios Albaneses".

Capítulo 7: Heresias Medievais e Mundanidade Espiritual

contrário, a pobre alma passaria por um ciclo de reencarnações, sendo repetidamente aprisionada em corpos humanos ou animais, até ao dia em que, de facto alcançasse a "perfeição".[35]

Os cátaros, portanto, dividiam-se em duas classes: os *perfecti* (ou "perfeitos") e os *credentes* (ou "crentes").[36] Os *perfecti* eram os líderes do movimento, tendo atingido a pureza e, consequentemente, a libertação do seu espírito. Para o lograrem, haviam-se submetido a um ritual chamado *consolamentum*[37] ("consolação" em latim). Quanto aos *credentes*, pertencentes ao segundo escalão, não podiam ser chamados de cátaros no sentido próprio da palavra, pois ainda não se haviam tornado "puros". Todavia, eles também acreditavam nas doutrinas da igreja cátara, participando ativamente da religião e das suas cerimónias, ansiando por receber o *consolamentum*, pelo menos no leito de morte.[38]

Para rejeitar o mundo físico, os *perfecti* precisavam de se submeter a uma vida rigorosa, evitando quaisquer prazeres e confortos físicos. Uma vez que a procriação resultava no aprisionamento de outra alma num corpo maligno, os *perfecti* não se envolviam em atividades sexuais, fossem elas conjugais ou extraconjugais. Não comiam nada relacionado com o coito animal, quer fosse carne, ovos ou queijo.[39] Também se abstinham de álcool e viviam em pobreza voluntária, deslocando-se de cidade em cidade,

---

[35] Myers. "Morality among Cathar Perfects," 7.
[36] Weber. "Albigenses."
[37] Myers. "Morality among Cathar Perfects," 7.
[38] Ibid., 44.
[39] Ibid., 8.

pregando e praticando rituais.[40] Uma vez que os *perfecti* se tinham tornado puros através do ritual do *consolamentum*, um *perfectus* que cometesse um pecado da carne destruiria a sua pureza e, consequentemente, a sua salvação, sendo depois condenado a uma eternidade no vazio.[41]

Quanto aos *credentes*, os meros crentes, podiam continuar o seu estilo de vida pré-cátaro,[42] embora a evicção das atividades físicas supramencionadas fosse certamente aconselhável e aproximasse o crente da perfeição. Um crente que quisesse tornar-se *perfectus* teria de se submeter a um período probatório muito rígido, em que os noviços teriam de provar que podiam suportar as duras exigências do catarismo, tal como passar por três jejuns de quarenta dias.[43]

Apesar dessas rígidas normas morais, os cátaros eram (e ainda são) frequentemente associados a comportamentos desviantes, como o suicídio ritual e a imoralidade sexual. O suicídio ritual, conhecido como *endura*, seria necessário, uma vez que muitos dos que tinham permanecido como meros crentes durante anos recebiam o *consolamentum* no leito de morte. Como a recaída no pecado após o *consolamentum* poderia ter consequências terríveis para a salvação da alma, o cátaro suicidava-se por inanição ou envenenamento se a doença não fosse fatal, para evitar transgressões morais posteriores. Além disso, como a procriação era vista como um mal, o concubinato seria visto como preferível ao casamento.[44]

---

[40] England, "The Reformers and the Heretics," 19.
[41] Myers. "Morality among Cathar Perfects," 10.
[42] England, "The Reformers and the Heretics," 19.
[43] Kaelber. "Weaver into Heretics?" 120-121.
[44] Weber. "Albigenses." Ver também Myers. "Morality among Cathar

No entanto, na última meia década, um número crescente de académicos tem questionado a veracidade dessas acusações. A maioria dos relatos desses comportamentos desviantes dos cátaros não vem de fontes primárias, mas de relatos altamente tendenciosos, como o clero católico (que os condenava) e intriguistas.[45] Às vezes, as acusações não distinguem entre réus *credentes* ou *perfecti* (devemos ter em conta que ambos tinham deveres morais muito diferentes).[46] Além disso, mesmo que tenhamos provas incontestáveis de imoralidade sexual entre alguns cátaros (mesmo *perfecti*), não há evidências de que possamos generalizar esses casos individuais para a população cátara em geral, assim como não podemos fazer o mesmo com os relatos individuais de depravação no clero católico hoje.[47] Embora não saibamos como eles se saíram na prática, sabemos que, em teoria, os cátaros defendiam uma moralidade muito rigorosa.[48]

Há uma razão adicional para permanecer cético em relação a essas acusações de licenciosidade: se os cátaros fossem tão imorais, isso diminuiria a sua popularidade. Se o clero católico da época era visto como pouco confiável devido à corrupção, por que não estariam os cátaros sujeitos ao mesmo tipo de suspeita? No entanto, a influência cátara crescia através da persuasão moral.[49] Muitas

---

Perfects," 27-28.

[45] England, "The Reformers and the Heretics," 5. Uma investigação muito completa e minuciosa dessas fontes pode ser encontrada em Myers. "Morality among Cathar Perfects," 41-55.

[46] Myers. "Morality among Cathar Perfects," 41.

[47] Ibid., 58, 62.

[48] Ibid., 52.

[49] Ibid., 59-60.

vezes, os fiéis não dominavam bem a teologia, mas consideravam os *perfecti* fiéis e confiáveis por causa do seu exemplo moral.[50]

É bastante instrutivo estudar como o catarismo se espalhou com tanto sucesso, apesar da influência da Igreja Católica durante a Idade Média. É muito tentador relacionar o catarismo com outras heresias dualistas dos tempos da Igreja primitiva, como o gnosticismo, o maniqueísmo ou o marcionismo. No entanto, a ligação histórica com essas heresias é, na melhor das hipóteses, ténue.[51] Creio que uma hipótese muito mais convincente encontra-se numa tese de Matthew England, da Universidade de Alabama, em Huntsville: a difusão do catarismo deveu-se a um espírito reformista decorrente da imoralidade generalizada entre o clero católico. Curiosamente, até a *Enciclopédia Católica* (conservadora e anterior ao Concílio Vaticano II) reconhece este facto, ao enumerar entre as muitas razões para a ascensão dos cátaros "o seu desprezo pelo clero católico, causado pela ignorância e pela vida mundana, frequentemente escandalosa, deste último".[52]

Esta corrupção clerical despertou um compreensível desejo de a

---

[50] Veja-se, por exemplo, o testemunho de Izarn de Castelsarraisn, tal como é transmitido em England, "The Reformers and the Heretics", 18.

[51] A própria *Enciclopédia Católica* admite este facto. Ver Weber. "Cathari": "Por mais atraente que seja traçar a origem dos cátaros aos primeiros séculos do cristianismo, devemos ser cautelosos para não aceitar como um facto histórico o que, até o momento, é apenas uma conclusão provável". Ver também Weber. "Albigenses": "O contacto do cristianismo com a mente oriental e as religiões orientais produziu várias seitas (gnósticos, maniqueus, paulicianos, bogomilos) cujas doutrinas eram semelhantes aos princípios dos albigenses. Mas a ligação histórica entre os novos hereges e os seus predecessores não pode ser claramente traçada".

[52] Ver Weber. "Albigenses."

Capítulo 7: Heresias Medievais e Mundanidade Espiritual

contrariar mediante reformas. Por vezes, este espírito reformista provinha de movimentos de base, tanto ortodoxos (como, por exemplo, S. Francisco de Assis e os franciscanos) como heterodoxos (como Pedro Valdo e os valdenses).[53] Mas também podia vir de cima, das alturas da hierarquia. Em 1049, o Papa S. Leão IX foi o primeiro de uma série de papas reformistas, que viria a ter a sua maior expressão com as ditas reformas gregorianas do Papa S. Gregório VII, em 1073.[54] Estas reformas seriam ainda mais consolidadas durante o Primeiro e Segundo Concílios Ecuménicos de Latrão.[55]

As reformas visavam especialmente travar dois grandes males: a simonia (ou seja, a compra de cargos eclesiásticos) e a imoralidade sexual. Para combater a simonia, Gregório proibiu a investidura de bispos e abades, o que até então podia ser feito por governantes leigos e reis – uma fonte óbvia de corrupção política. Em vez disso, Gregório insistiu que estes membros do clero deveriam ser eleitos canonicamente.[56] No que diz respeito à sexualidade, os papas reformistas sentiam que o casamento estava a corromper o clero, levando-os a dispersar os bens da Igreja através de laços familiares. Além disso, facilitava aos padres possuírem concubinas. Por isso, os papas e os concílios procuraram impor o celibato clerical obrigatório.[57] Desta forma, os padres deviam viver um estilo de vida

---

[53] Myers. "Morality among Cathar Perfects," 59.

[54] England, "The Reformers and the Heretics," 8-10. Ver também Gabriel. *Heresia disfarçada de Tradição*, 47.

[55] O'Malley. *What Happened at Vatican II*, 41

[56] Blumenthal. "Gregorian Reform". Ver também England, "The Reformers and the Heretics," 7.

[57] Mullin, *A Short World History of Christianity*, 98-9. Ver também

mais próximo dos monges do que dos socialites.

As reformas papais e conciliares foram bem sucedidas, na medida em que codificaram a proibição legal da simonia e do casamento/concubinato clerical no direito canónico.[58] Despertaram também um interesse crescente por um estilo de vida diferente, tanto dentro como fora do clero: a *vita apostolica* ou "vida apostólica", um apelo à pobreza radical e à ação evangélica, em imitação dos apóstolos e da Igreja primitiva.[59] Por fim, as reformas conseguiram convencer firmemente a população europeia de que a simonia e a imoralidade sexual eram pecaminosas e anti-sacerdotais.[60] Mas estes dois últimos êxitos encerravam também as sementes de um terrível efeito secundário.

As reformas não foram totalmente bem sucedidas na erradicação da corrupção na Igreja. Muitas vezes, a Igreja não conseguia ou não queria fazer cumprir as reformas que tinha ordenado. Uma vez que a população estava agora sensibilizada para desprezar a corrupção clerical, isto levou a uma perceção generalizada de que a Igreja Católica era corrupta.[61] No contexto desta Igreja corrupta e mundana, as pessoas que viviam "vidas apostólicas" eram vistas como uma lufada de ar fresco.

A primeira vaga de heresia na sequência das reformas clericais surgiu sob a forma dos chamados gregorianos radicais, ou seja, aqueles mais gregorianos do que Gregório VII. Eram pregadores

---

England, "The Reformers and the Heretics," 8.

[58] England, "The Reformers and the Heretics," 10.
[59] Mullin, *A Short World History of Christianity*, 100.
[60] England, "The Reformers and the Heretics," 10.
[61] Ibid., 11.

Capítulo 7: Heresias Medievais e Mundanidade Espiritual   233

extremistas que se aproveitavam da alienação do povo em relação à Igreja, para apelar ao total extermínio do clero corrupto. Estavam tão revoltados com a corrupção clerical que ressuscitaram a tendência donatista de invalidar os sacramentos dos padres pecadores (ver capítulo 5). A rigidez prática logo deu lugar à heresia doutrinária. Alguns destes pregadores incitavam os fiéis a confessar os seus pecados, não a um padre, mas entre si, dissolvendo a unidade eclesial. Seguiram-se outros erros doutrinais, nomeadamente quando alguns gregorianos radicais começaram a interpretar as Escrituras de forma privada: descartaram completamente as leis do Antigo Testamento e viram o Novo Testamento e as suas instruções de vida apostólica como as únicas dignas de serem seguidas.[62]

É certo que não se conhece nenhuma relação entre os gregorianos radicais do século XI e os cátaros do século XII em diante. No entanto, é difícil não ver os primeiros como um passo intermédio na direção dos segundos, especialmente visto que ambos compartilhavam o mesmo fundamento: um forte anticlericalismo, desconfiado da Igreja institucional; e um certo fascínio pela vida apostólica, misturado com algum marcionismo (que poderia facilmente degenerar em dualismo).[63]

No século XII, o clero católico continuava a ser tão fraco em termos de autoridade como em termos de moralidade.[64] A população em geral desconfiava, se não mesmo suspeitava, da

---

[62] Ibid., 13-4.
[63] Ibid., 13-5. Ver também Myers. "Morality among Cathar Perfects," 60.
[64] Ibid., 20.

Igreja.⁶⁵ Isto criou um vácuo espiritual, facilmente preenchido por aqueles que se mostrassem moralmente coerentes com os ideais de uma *vita apostolica*. Os *perfecti* cátaros viviam na pobreza, praticavam o ascetismo e pregavam o evangelho, aparentemente como os apóstolos tinham feito. Assim, eles atraíam para si o povo teologicamente pouco sofisticado, mais influenciado por uma vida apostólica do que por demonstrações racionais de ortodoxia.⁶⁶ Em suma, os cátaros cresceram mais por atração do que pela doutrina.

O contraste era ainda mais agravado, uma vez que os cátaros frequentemente denunciavam o laxismo do clero católico, muitas vezes com uma retórica muito agressiva e hostil. Os cátaros acreditavam que esses homens corruptos não se podiam fazer passar por padres. Da mesma forma, eles censuravam a riqueza ostentada pelos altos escalões da hierarquia.⁶⁷ Além disso, os cátaros corroeram ainda mais a autoridade da Igreja, afirmando que os sacramentos eram meros truques para enganar os fiéis e afastá-los da única e verdadeira fé cátara. Eles substituíram os sacramentos católicos pelo *consolamentum* cátaro e consideraram a Igreja Católica como uma criação do deus maligno.⁶⁸

Era óbvio que a Igreja Católica não podia ficar de braços cruzados enquanto os cátaros se expandiam pela Europa. É verdade que, no auge da sua influência, os cátaros nunca ultrapassaram 100.000 indivíduos (*perfecti* e *credentes*), um número pequeno se

---

⁶⁵ Ibid., 4.
⁶⁶ Kaelber. "Weaver into Heretics?" 115.
⁶⁷ England, "The Reformers and the Heretics," 27-28.
⁶⁸ Myers. "Morality among Cathar Perfects," 60. Ver também Weber. "Cathari."

comparado aos 25 milhões de franceses e italianos da época.[69] No entanto, a Igreja considerava-os uma ameaça que devia ser enfrentada de forma decisiva.

Numa primeira fase, a Igreja reagiu pacificamente, enviando missionários (nomeadamente franciscanos ou dominicanos, que também viviam de acordo com os ideais da "vida apostólica") para convencer os cátaros a abandonarem os seus caminhos errados e trazê-los de volta ao rebanho.[70] No entanto, estes esforços falharam e o catarismo continuou a crescer. Numa segunda fase, a Igreja respondeu com uma cruzada, utilizando o poder do Estado para conquistar cidades que se apresentavam como focos de atividade cátara.[71] Mas só na terceira fase, com a criação de uma inquisição, é que se pôs fim ao catarismo com sucesso.[72]

Justificava-se que a Igreja atuasse assim em relação a uma minoria tão pequena? Hoje em dia, desaprovamos estes métodos, e com razão. No entanto, é indiscutível que os cátaros representavam uma ameaça credível à autoridade da Igreja. Mesmo reconhecendo que as provas de suicídio ritual e de imoralidade sexual são, na melhor das hipóteses, frágeis, o facto de os cátaros verem o mundo como inerentemente mau e proibirem tudo o que estivesse

---

[69] Kaelber. "Weaver into Heretics?" 112.

[70] Myers. "Morality among Cathar Perfects," 11-12.

[71] Ibid., 12-3. É verdade que essa resposta violenta manchou a reputação da Igreja nas décadas seguintes, pois a cruzada matou muitos civis, tanto cátaros quanto católicos. Mas também é importante notar que a famosa frase "Matem todos; Deus conhecerá os seus", alegadamente proferida pelo legado papal durante a captura de Béziers, nunca foi pronunciada. Ver Weber. "Albigenses."

[72] Ibid., 13.

relacionado com a reprodução era uma ameaça à continuidade e coesão básicas da sociedade. Seguido corretamente, o catarismo levaria à extinção da humanidade.[73] Além disso, ao desconectarem-se da orientação magisterial da Igreja, os erros doutrinários dos cátaros multiplicaram-se. Para eles, a natureza espiritual de Jesus não poderia ter sofrido a corrupção de um corpo material, prendendo-O ao domínio do deus maligno. Portanto, não teria havido encarnação: Jesus teria um corpo celestial, que tinha entrado pelo ouvido da Virgem Maria (que, segundo algumas seitas cátaras, também não era humana, mas um ser angélico como Jesus, enviado de antemão para tornar possível o Seu nascimento). Da mesma forma, a crucificação e a ressurreição teriam sido acontecimentos ilusórios, não reais. Também não poderia haver ressurreição dos corpos no último dia, pois isso apenas prolongaria o jugo do deus mau. Isso significa que, assim como os pelagianos (ver capítulo 6), os cátaros acreditavam que a redenção de Jesus tinha sido instrutiva, não operativa.[74] Finalmente, a teologia cátara destruia a própria noção de pecado. Certamente, os cátaros evitavam a imoralidade, às vezes da mesma forma e até com mais força que os católicos. No entanto, eles faziam-no não porque quisessem evitar o pecado, no sentido próprio da palavra. Para eles, os pecados da carne eram produtos do deus mau – não tinham qualquer relação com o deus bom, uma vez que este último não tinha qualquer relação com a matéria. Por outras palavras, nenhum pecado da carne podia ofender ou afastar as pessoas do bom Deus. A razão pela qual os

---

[73] Weber. "Cathari."

[74] Weber. "Albigenses." Ver também Myers. "Morality among Cathar Perfects," 11.

Capítulo 7: Heresias Medievais e Mundanidade Espiritual

cátaros queriam evitar os atos da carne não era moral, era prática. Só evitando os pecados da carne poderiam os fiéis livrar-se do deus mau e libertar as suas almas.[75]

Por conseguinte, não é difícil perceber por que motivo a Igreja agiu tão decididamente contra os cátaros. O Papa Inocêncio III, que condenou alguns dos excessos cometidos pelos nobres durante a cruzada albigense, ainda assim proclamou que os cátaros eram "piores do que os sarracenos" (ou seja, os muçulmanos).[76] E a *Enciclopédia Católica* cita o académico Henry Charles Lea, que não pode ser suspeito de parcialidade para com a Igreja Católica, quando este escreve:

> Por mais que depreciemos os meios usados para a sua supressão [do catarismo] e que tenhamos pena daqueles que sofreram por causa da sua consciência, não podemos deixar de admitir que a causa da ortodoxia foi, nesse caso, a causa do progresso e da civilização. Se o catarismo se tornasse dominante, ou mesmo se lhe fosse permitido existir em igualdade de condições, a sua influência não poderia ter deixado de ser desastrosa.[77]

Alguns estudiosos afirmam que a queda do catarismo precipitou, infelizmente, um declínio da coerência moral e dogmática.[78] Mas, como veremos, a *verdadeira reforma* viria do

---

[75] Myers. "Morality among Cathar Perfects," 9.
[76] Weber. "Albigenses."
[77] Weber. "Cathari."
[78] Kaelber. "Weaver into Heretics?" 129.

interior do seio da Igreja, e em obediência a ela.

Os fraticelli

Parece que Deus também compreendeu a necessidade urgente de reforma na Igreja durante esses tempos terríveis de corrupção eclesial generalizada, uma vez que suscitou muitos santos para atingir esse mesmo objetivo. O principal deles foi um certo Francisco, nascido de um casal de comerciantes na cidade italiana de Assis, durante o século XII. Embora tenha crescido como cavaleiro de uma família abastada, Deus tinha outros planos para ele: uma fama insuperável por quaisquer feitos de cavalaria que pudesse alcançar.

Um dia, quando Francisco passava pela igreja abandonada de São Damião, sentiu uma estranha vontade de entrar e rezar diante do crucifixo de estilo ortodoxo que lá se encontrava. Enquanto se ajoelhava em oração, Francisco ouviu uma voz: "Vai e reconstrói a minha Igreja". O jovem olhou para as ruínas em redor e logicamente entendeu que esta ordem significava a restauração da igreja de São Damião, que estava a cair. Imediatamente, começou a reconstruir a igreja com as suas próprias mãos, tijolo a tijolo.[79] Mas Deus tinha querido dizer outra coisa, algo mais extraordinário: a restauração de toda a Igreja universal, para a qual Francisco daria um contributo inegável.

Francisco de Assis acabaria por abandonar a sua riqueza, doando todos os seus bens, exceto um humilde hábito castanho. Fundou também a Ordem dos Frades Menores (também conhecida por franciscanos) e, mais tarde, a Ordem das Irmãs Clarissas (ramo

---

[79] Finnis. "Rebuild my Church."

feminino dos franciscanos, também fundado por Sta. Clara de Assis) e os Irmãos e Irmãs da Penitência (uma ordem terceira leiga, com o mesmo carisma de pobreza).[80]

Com o crescimento da ordem, Francisco sentiu a necessidade de escrever uma Regra que explicasse o seu carisma e que unisse os frades. A Regra original consistia maioritariamente em passagens do Evangelho, às quais foram acrescentadas muito poucas coisas[81]: os três votos habituais de obediência, castidade e pobreza, bem como algumas outras regras práticas que lhes permitiam progredir na tão desejada *vida apostólica*.[82] Em 1209, Francisco apresentou esta Regra, sob forma oral, ao Papa Inocêncio III, que a aprovou. Posteriormente, em 1221 e 1223, Francisco redigiu-a por escrito (esta última com alguns elementos jurídicos não presentes no original).[83]

A Ordem Franciscana espalhou-se pela Cristandade e revigorou profundamente a Igreja, dando-lhe um impulso missionário e apostólico que durante séculos tinha permanecido adormecido sob camadas de corrupção e clericalismo. No entanto, não foi apenas a Ordem Franciscana que mudou a Igreja. À medida que se difundia pelo mundo, a Ordem teve também de se adaptar a novas circunstâncias e exigências.

Enquanto que numa fase anterior os frades tinham sido itinerantes, posteriormente eles acabaram por se estabelecer em

---

[80] Ibid.
[81] Perez. "Franciscanos, tras Ideales Utópicos," 68.
[82] Oliger. "Rule of Saint Francis."
[83] Perez. "Franciscanos, tras Ideales Utópicos," 68. Ver também Oliger. "Rule of Saint Francis."

locais fixos. Estes seriam, a seu tempo, convertidos em conventos de clausura. Anteriormente, os meios de subsistência eram obtidos principalmente através do trabalho manual, tendo as esmolas um papel secundário. Com o tempo, porém, os frades tornaram-se cada vez mais dependentes de contribuições externas. Em suma, os franciscanos adotaram um ascetismo monástico e mendicante. Mas, à medida que a Ordem se clericalizava, a desigualdade aumentava no seu seio: os "leigos" de camadas mais baixas realizavam as tarefas domésticas (por vezes até empregando servos seculares), enquanto o estrato "clerical" mais elevado assumia os atos de governação da Ordem e recebia um tratamento privilegiado.[84]

Ainda durante a vida de S. Francisco, estas mudanças deram origem a duas hermenêuticas que lutavam pela alma da Ordem: uns, detentores de cargos superiores, desejavam diminuir o rigor da Regra primitiva, enquanto outros, amigos mais próximos de Francisco, desejavam aderir à Regra original o mais estritamente possível.[85]

Depois da morte de S. Francisco, a Regra foi objeto de sucessivas (re)interpretações papais, agravando a sua clericalização.[86] É claro que S. Francisco não quis que a sua Regra fosse alterada após a sua morte, para manter o carisma franciscano o mais próximo possível da sua origem radicalmente reformadora. No entanto, os papas ignoraram o seu último desejo, construindo uma verdadeira "superestrutura sobre a Regra original".[87]

---

[84] Perez. "Franciscanos, tras Ideales Utópicos," 69.
[85] Douie. *The Nature and Effect of the Heresy of the Fraticelli*, 2.
[86] Perez. "Franciscanos, tras Ideales Utópicos," 69.
[87] Douie. *The Nature and Effect of the Heresy of the Fraticelli*, 2.

Estas mudanças não foram impostas apenas pelos caprichos dos papas. Eram necessárias para valorizar os grandes serviços que a Ordem prestava à Igreja e à comunidade. O rigor da Regra original tinha de ser atenuado por razões práticas. Por exemplo, a Regra original dizia que os frades não podiam receber dinheiro, quer diretamente (em pessoa), quer indiretamente (através de intermediários). Mas o Papa Gregório IX permitiu que as esmolas fossem dadas indiretamente aos frades através de um núncio ou amigo espiritual, que guardaria o dinheiro até ao momento em que os frades precisassem dele.[88] Mais tarde, o Papa Nicolau III resolveu este problema decretando que todos os bens deixados aos franciscanos pertenciam à Igreja e não à Ordem: os frades podiam utilizar esses bens para a sua subsistência e necessidades quotidianas, mas, no final, o papado detinha esses bens.[89]

Mas estas reinterpretações da Regra original tiveram um custo. Pode dizer-se que "grande parte da frescura e da espontaneidade dos primeiros dias do movimento se perdeu inevitavelmente".[90] Além disso, a corrupção voltou a aparecer: o dinheiro era depositado na coleta, o que levava a gastos num número desnecessariamente elevado de hábitos, ou em vestes litúrgicas luxuosas, bem como quadros e vitrais para adornar as igrejas. Os agiotas que beneficiavam a Ordem eram absolvidos, mesmo antes de fazerem penitência.[91]

Também aqui haverá duas reacções diferentes à nova situação,

---

[88] Ibid., 3.
[89] Ibid., 9-10.
[90] Ibid., 3.
[91] Ibid., 10.

retomando as tensões hermenêuticas já presentes durante a vida de S. Francisco. Estas duas reações diametralmente opostas cristalizar-se-iam em dois partidos: de um lado, os conventuais, também chamados "moderados"[92] ou *relaxati* (em italiano "relaxados"),[93] que abraçaram o novo paradigma monástico; do outro lado, os espirituais mais rigorosos, também chamados *zelanti* (em italiano "zelosos") e "rigoristas",[94] que pretendiam um regresso à interpretação mais restrita da Regra de S. Francisco.

Os espirituais foram também profundamente influenciados pelos escritos de um certo Joaquim de Fiore, contemporâneo de S. Francisco. Este monge cisterciense tentara prever o futuro através da análise dos padrões do passado. Para o fazer, dividiu a história em três épocas: na época do Pai (antes do nascimento de Cristo), as pessoas viviam em obediência servil; na época do Filho (entre a vinda de Jesus e o tempo de Joaquim), viviam em obediência filial; na próxima época do Espírito, as pessoas viveriam por amor. Isto significava uma mudança de uma Igreja hierárquica para uma Igreja mais *espiritual* (daí o nome "espirituais" para aqueles que aderiam aos escritos de Joaquim), uma Igreja onde os fiéis não possuiriam nada, mas teriam tudo em comum,[95] tal como no tempo dos apóstolos.

Há outros aspetos importantes nos escritos de Joaquim relativos

---

[92] Perez. "Franciscanos, tras Ideales Utópicos," 70.
[93] Bihl. "Fraticelli."
[94] Perez. "Franciscanos, tras Ideales Utópicos," 70.
[95] Ibid. Ver também Douie. *The Nature and Effect of the Heresy of the Fraticelli*, 6. Ver ainda Nagy and Biron-Ouellet. "A Collective Emotion in Medieval Italy," 5.

aos Frades Menores. A primeira época tinha sido a era dos casados, a segunda época a era dos padres celibatários, a terceira seria a era do monge contemplativo.⁹⁶ A entrada na terceira era seria resistida por um anticristo, mas, no fim, triunfaria, trazida por monges descalços. É claro que os espirituais franciscanos se reviam nestas previsões. Absorveram a teologia joaquinita e incorporaram-na no seu próprio misticismo, embora evitando sabiamente os seus excessos.⁹⁷ No entanto, também acreditavam que estas predições anunciavam o triunfo do seu partido e o regresso da Ordem ao seu estado original.

É importante notar que Joaquim de Fiore nunca escreveu nada contra o papado, nem contra o Papa.⁹⁸ De facto, o início da terceira era seria guiado, não só pelos monges, mas também por um *"pontifex angelicus"*, um papa santo.⁹⁹ No entanto, a teologia joaquinita também continha as sementes da rebelião, embora involuntariamente. Por exemplo, a terceira era seria também precedida por um "anjo do sexto selo" que carregaria estigmas e traria o "evangelho eterno": os espirituais interpretaram este anjo como significando S. Francisco e o "evangelho eterno" como sendo a Regra.¹⁰⁰ Além disso, a terceira era esmagaria a corrupção dentro da Igreja, nomeadamente a simonia e o orgulho, tão prevalentes no

---

⁹⁶ Douie. *The Nature and Effect of the Heresy of the Fraticelli*, 24.

⁹⁷ Ibid., 6, 27. Ver também Perez. "Franciscanos, tras Ideales Utópicos," 71.

⁹⁸ Douie. *The Nature and Effect of the Heresy of the Fraticelli*, 25, Ver também Perez. "Franciscanos, tras Ideales Utópicos," 71.

⁹⁹ Perez. "Franciscanos, tras Ideales Utópicos," 71.

¹⁰⁰ Ibid.

clero da época.¹⁰¹ Por fim, Joaquim contrapunha a Igreja hierárquica da segunda era, representada por S. Pedro, à Igreja espiritual da terceira era, prefigurada por S. João, o discípulo amado, preferido ao próprio S. Pedro.¹⁰² Os dados estavam lançados.

Em 1278, um certo frade espiritual, chamado Ângelo Clareno, estava a causar problemas aos dirigentes franciscanos na Marcha de Ancona. Frei Ângelo era extremamente culto e famoso pela sua austeridade, o que aumentou a influência dos espirituais na região. O ministro provincial, do partido conventual, mandou prender Ângelo e outros frades espirituais por heresia e cisma. Durante mais de dez anos, Frei Ângelo e os seus companheiros permaneceram no calabouço, acorrentados às paredes das celas, privados de livros e de sacramentos. O frade espiritual suportou este tormento exemplarmente, tanto que os carcereiros foram proibidos de falar com ele, para não se indignarem com um castigo tão cruel e injusto. Em 1289, o novo ministro geral da Ordem descobriu que a única acusação contra estes frades era o excessivo rigor na observância do voto da pobreza. Enfurecido com este facto, o ministro gritou "Quem dera que nós próprios e toda a Ordem fôssemos culpados de tal crime!" Ângelo foi liberto da prisão, mas exilado na Arménia por mais uma década.¹⁰³

Frei Ângelo encontrou um alívio temporário em 1294, quando um certo eremita foi eleito Papa Celestino V. Este pontífice, tal como S. Francisco e Frei Ângelo, era conhecido pelo seu ascetismo e pureza moral. Ângelo conhecera-o muitos anos antes, quando

---

¹⁰¹ Ibid., 70.
¹⁰² Douie. *The Nature and Effect of the Heresy of the Fraticelli*, 24.
¹⁰³ Ibid., 53-4.

Capítulo 7: Heresias Medievais e Mundanidade Espiritual 245

Celestino era ainda um eremita acossado por muitos que queriam seguir o seu exemplo.[104] Além disso, os espirituais interpretaram a eleição de Celestino como a concretização da profecia joaquinita do *pontifex angelicus*. Tratava-se de um "papa pobre", que seria certamente a encarnação do "papa evangélico" que conduziria a Igreja à terceira era.[105]

Naturalmente, Celestino nutria simpatia pelos espirituais: afinal, ele também era um asceta. Sob o seu pontificado, os espirituais foram libertos dos votos de obediência aos seus superiores franciscanos e autorizados a viver segundo a Regra de S. Francisco, no seu sentido mais estrito.[106]

Mas isto não durou muito tempo. O pontificado de Celestino foi muito curto. Apenas seis meses após a sua eleição, Celestino abdicou, sendo o último papa a fazê-lo voluntariamente até Bento XVI nos nossos dias.[107] Os papas seguintes, certamente mais mundanos, não permitiriam que as concessões celestinas se mantivessem. Para os sucessores de Celestino, a Igreja possuía o "poder de duas espadas, a espiritual e a temporal".[108] Isto era incompatível com a conceção que os franciscanos espirituais tinham da Igreja da terceira era. Começaram então a denunciar a Igreja "carnal", identificando Roma com a "prostituta da Babilónia" do

---

[104] Ibid., 51.

[105] Perez. "Franciscanos, tras Ideales Utópicos," 73.

[106] Bihl. "Fraticelli." Ver também Douie. *The Nature and Effect of the Heresy of the Fraticelli*, 55.

[107] Allen. "Next Sunday, remember that popes can admire resignation."

[108] Perez. "Franciscanos, tras Ideales Utópicos," 74.

livro do Apocalipse,[109] uma adúltera que, embora casada com Cristo, tinha tido relações extraconjugais com o Anticristo.

Os confrontos entre os conventuais e os espirituais atingiram um ponto de ebulição. A Igreja tentou obter consensos para resolver o conflito. No Concílio Ecuménico de Vienne, realizado em 1311-1312, foi aprovada uma nova constituição que interpretava a Regra de S. Francisco num sentido mais estrito.[110] Em troca desta concessão, os espirituais foram obrigados a regressar aos seus conventos e a reconciliarem-se com os seus superiores. No entanto, eles recusaram-se a cumprir este compromisso. É verdade que não queriam separar-se da sua Ordem, mas também não queriam ser obedientes.[111] Em finais de 1312, uma rebelião espiritual na Toscânia ocupou à força vários mosteiros, expulsando os conventuais das suas terras. O Papa respondeu excomungando os insurretos.[112]

Entretanto, Ângelo Clareno tornou-se o líder dos franciscanos espirituais e mudou-se para a Cúria para ajudar nas negociações sobre o estatuto dos frades radicais. De acordo com os escritos do próprio Frei Ângelo, o tempo que passou na Cúria foi-lhe mais penoso do que todos os seus jejuns e sacrifícios. Não suportava o luxo, o ruído e as intrigas de um ambiente cortês, mais duros para a sua sensibilidade ascética do que o rigor, o silêncio e o isolamento de um eremitério.[113] Mas o seu pior flagelo ainda estava para vir.

Em 1316, um certo Jacques d'Euse foi eleito papa, tomando o

---

[109] Ap 17,5-6.
[110] Bihl. "Fraticelli."
[111] Douie. *The Nature and Effect of the Heresy of the Fraticelli*, 15-17.
[112] Bihl. "Fraticelli."
[113] Douie. *The Nature and Effect of the Heresy of the Fraticelli*, 61.

Capítulo 7: Heresias Medievais e Mundanidade Espiritual

nome de João XXII. Alguns leitores já devem ter reconhecido o seu nome. É um dos papas alegadamente heréticos, usado hoje pelos críticos papais como prova de que, por vezes, é possível (ou até conveniente) resistir e corrigir o Romano Pontífice.[114] Já escrevi noutro lugar por que esta acusação não é válida.[115] No entanto, permitam-me resumir aqui a minha defesa muito brevemente:

Depois de se tornar papa, João XXII pregou algumas homilias onde afirmou que as almas dos defuntos bem-aventurados não experimentariam a visão beatífica *imediatamente*. Em vez disso, ficariam sob o altar de Deus até ao julgamento final, altura em que seriam elevadas à visão beatífica.[116] Por sua vez, o seu sucessor imediato, Bento XII, definiria infalivelmente a visão beatífica imediata como um dogma da fé. Além disso, os sermões de João causaram grande agitação mesmo durante a sua vida, com vários teólogos a corrigirem as suas afirmações. No entanto, é importante notar que João XXII disse *explicitamente*, nas suas polémicas homilias, que estava apenas a expor a sua opinião pessoal sobre o assunto, e que se alguém achasse que ele estava enganado, que viesse a público corrigi-lo.[117] Foi o que os teólogos fizeram, aproveitando o

---

[114] Ver, por exemplo, Kwasniewski. "How to Properly Understand the Role of the Papacy": "Mas o que aconteceu quando João XXII pregou isso? Toda a gente baixou a cabeça, cruzou as mãos e disse: 'Temos de aceitar isso. É melhor começarmos a reescrever o catecismo'? Disseram: 'Bem, isso está errado, mas por respeito, por submissão religiosa do intelecto e da vontade, temos de concordar com o que o Papa estava a dizer'? Não, opuseram-se-lhe. Os seus teólogos, dominicanos, franciscanos, opuseram-se a ele. Diziam: 'Isto é falso. Tens de te retratar'".

[115] Gabriel. *Heresia disfarçada de Tradição*, 355-363.

[116] Le Bachelet. "Benoit XII," 659-60.

[117] Ibid., 662.

espaço de discussão voluntariamente aberto por João nesta questão.[118] Quando a discussão mostrou que a doutrina da visão beatífica imediata estava correta, o pontífice mudou de opinião e aderiu a ela. No seu leito de morte, João confessou solenemente a visão beatífica imediata perante os seus cardeais, esclarecendo que, nos seus sermões, nunca tinha tido a intenção de ensinar a visão beatífica tardia de forma magisterial, mas apenas como a sua opinião pessoal.[119]

É interessante notar como as querelas de João XXII com os espirituais podem ter desempenhado um papel nestas polémicas, tanto como causa como como efeito. Por um lado, é possível que João tenha abordado o tema da visão beatífica para contrariar algumas das visões místicas apresentadas por alguns líderes dos espirituais.[120] Por outro lado, os franciscanos rebeldes usariam a controvérsia da visão beatífica como uma arma para minar a autoridade de um papa inconveniente. Mais do que os teólogos que discutiram o assunto, foram os espirituais que buscaram chamar o Papa de herege. Chegaram ao ponto de pedir a convocação de um concílio ecuménico para condenar o Santo Padre – um pedido que obviamente não se concretizou.[121]

João XXII conhecia as suas limitações: não tinha uma formação teológica sólida. A sua especialidade era o direito, nomeadamente o direito canónico. Mas, por isso mesmo, foi ainda mais diligente na sua abordagem da delicada questão dos franciscanos espirituais, que

---

[118] Ibid., 666.
[119] Ibid., 668.
[120] Lambert. "The Franciscan Crisis," 138.
[121] Kirsch. "Pope John XXII."

Capítulo 7: Heresias Medievais e Mundanidade Espiritual

ele sabia – mesmo com a sua tosca formação teológica – serem heréticos e prejudiciais à unidade da Igreja. O Papa João XXII examinou minuciosamente a Regra de S. Francisco, analisando-a na sua perspetiva de jurista.[122] Mas não se ficou por aí. Estabeleceu procedimentos inquisitoriais e encarregou vários peritos de investigar a questão das pretensões teológicas dos espirituais. Além disso, não se contentou com facilidade: após as primeiras conclusões, formulou novas perguntas e pediu deliberações mais profundas.[123] Que ironia que um chamado "papa herético" fosse tão diligente na defesa da ortodoxia, e que esse cuidado escrupuloso pela integridade doutrinal contribuísse para a sua má fama, espalhada pelas difamações dos seus inimigos (os verdadeiros heréticos)!

A tarefa do Papa não era fácil. Exigia uma grande dose de subtileza. João queria condenar as heresias dos franciscanos espirituais sem prejudicar os ideais de pobreza dos seus irmãos, os conventuais. Ambos os grupos de franciscanos acreditavam nos mesmos ideais de pobreza radical, embora divergissem quanto à melhor forma de a praticar. Além disso, João tinha de evitar a impressão de que os papas anteriores tinham errado quando tinham repetidamente aprovado e elogiado a pobreza franciscana em geral.[124]

No final, João XXII identificou cinco heresias prevalentes entre os franciscanos espirituais: 1) que a Igreja Romana era carnal e corrupta, enquanto eles eram os espirituais; 2) que a Sé Romana não tinha todo o poder e jurisdição; 3) que era proibido fazer

---

[122] Lambert. "The Franciscan Crisis," 125-126.
[123] Ibid., 132-133.
[124] Ibid., 134.

juramentos; 4) que os padres em estado de pecado não podiam administrar os sacramentos (uma reivindicação donatista, ver capítulo 5); e 5) que eles eram os únicos verdadeiros observadores do evangelho.[125]

Embora muitos académicos e pensadores, tanto na época como hoje, possam ter uma visão negativa preconceituosa relativamente ao tratamento dado por João XXII aos espirituais,[126] a sua insistência neste assunto era justificada e baseada num sólido realismo. As conclusões do Papa sobre este assunto – decididas após um exame cuidadoso – fazem muito sentido e mostram com exatidão os defeitos dos espirituais.[127] Ainda que não se possa negar um certo grau de mesquinhez nas motivações de João, a realidade é que as suas preocupações eram sensatas e razoáveis: os espirituais tinham-se ossificado numa oposição reacionária a qualquer reforma,[128] que não podia ser sustentada a longo prazo.

Por exemplo, os frades rebeldes tinham afirmado que a Regra de S. Francisco – nomeadamente no que dizia respeito à pobreza de Cristo – era definitiva e imutável, mesmo por decreto papal.[129] João XXII salientou que a Regra tinha de facto mudado antes, e que essas mudanças tinham sido sancionadas por pontífices anteriores. O Papa sublinhou também que a Regra incluía um voto de obediência para além do voto de pobreza, e que o primeiro era mais importante do que o segundo.[130] Ao mostrar os defeitos na sua resistência

---

[125] Bihl. "Fraticelli."
[126] Lambert. "The Franciscan Crisis," 125, 145.
[127] Ibid., 138.
[128] Ibid., 137.
[129] Ibid., 135.
[130] Ibid., 137-138.

obstinada a qualquer reforma, João estava a fornecer-lhes, por assim dizer, "um projeto para um novo começo".[131]

De facto, João asseverou a sua autoridade de uma forma muito inteligente e prática: se os espirituais consideravam que os franciscanos não podiam deter qualquer propriedade, direta ou indiretamente, então o papado deixaria de reter a propriedade da Ordem Franciscana. João anulou este acordo e devolveu os bens aos franciscanos,[132] deixando uma batata quente nas suas mãos. Isto para mostrar que não podiam interferir com a autoridade papal.

Infelizmente, os espirituais fizeram ouvidos moucos a todos os atos magisteriais do Papa. Na verdade, endureceram ainda mais a sua resistência.[133] Declararam inválida a eleição de João XXII e denunciaram-no (e, eventualmente, aos seus sucessores) como hereges sem direito ao papado, mostrando assim a mentalidade perigosa da sua seita.[134]

Alguns estudiosos defendem que Frei Ângelo adotou uma posição moderada, condenando os excessos do seu lado,[135] e mostrando-se sempre "obediente e inimigo de toda a rutura".[136] Não creio que esta posição seja sustentável. Ângelo continuava a ser sedevacantista, acreditando que João XXII tinha sido eleito de forma não canónica. Mais ainda, acreditava que o Papa João XXII era o pastor ilegítimo que pregava heresia contra a pobreza de Cristo, previsto numa alegada profecia de S. Francisco. A "obediência" de

---

[131] Ibid., 138.
[132] Ibid., 136. Ver também Bihl. "Fraticelli."
[133] Douie. *The Nature and Effect of the Heresy of the Fraticelli*, 13.
[134] Bihl. "Fraticelli."
[135] Douie. *The Nature and Effect of the Heresy of the Fraticelli*, 65.
[136] Perez. "Franciscanos, tras Ideales Utópicos," 73.

Ângelo era mais pragmática do que fiel: pensava que a oração e a paciência eram uma forma de resistência mais cristã do que a violência,[137] mas não deixava de ser uma forma de resistência.

Frei Ângelo acabaria por fundar uma nova ordem, à imagem e semelhança do que ele achava que a Ordem Franciscana deveria ser: os *"fraticelli della povera vita"* (em italiano, "irmãozinhos da vida pobre").[138] Embora as expressões "espirituais" e *"fraticelli"* sejam por vezes utilizadas indistintamente, não podem ser totalmente equiparadas. Os espirituais eram religiosos influenciados pelos escritos do abade Joaquim de Fiore. Os *fraticelli* eram uma facção radical da Ordem Franciscana. Nem todos os espirituais eram *fraticelli* – de facto, alguns espirituais nem sequer eram franciscanos. Além disso, nem todos os espirituais tinham problemas com a hierarquia da Igreja: alguns eram ruturistas sim, mas outros eram continuístas, defendendo uma reforma que preservasse a unidade. Por outro lado, todos os *fraticelli* eram um tipo particularmente extremo de espirituais, que se desviavam para a heresia.[139]

Embora os *fraticelli* estivessem de facto preocupados com a pureza da Igreja, acabariam por desenvolver pontos de vista heterodoxos, uma vez que se haviam afastado do magistério. No início, a sua heterodoxia prendia-se sobretudo com a autoridade da Igreja. Pensavam que o Papa não tinha poder para alterar a Regra de S. Francisco. Mas, a partir daí, as suas ideias tornaram-se mais extravagantes. Para eles, a propriedade, o domínio, o dinheiro e o direito civil nas coisas temporais não tinham sido instituídos pela lei

---

[137] Douie. *The Nature and Effect of the Heresy of the Fraticelli*, 65.
[138] Perez. "Franciscanos, tras Ideales Utópicos," 75.
[139] Ibid., 76-7.

Capítulo 7: Heresias Medievais e Mundanidade Espiritual   253

divina ou natural, mas introduzidos por causa do pecado e da iniquidade. Cristo, como reformador perfeito, não queria que os homens evangélicos tivessem qualquer propriedade, quer de bens quer de dinheiro. As pessoas deviam *usar* a propriedade, não possuí-la. Por isso, Cristo e os apóstolos deram-nos o seu exemplo, sendo pobres perfeitos.[140] João XXII condenaria como herética a proposição de que Cristo e os apóstolos não haviam possuído propriedade, nem individual nem coletivamente, na sua bula *Cum inter nonnullos*.[141]

Esta heterodoxia acabou por se estender também à perceção relativa ao seu fundador. No início, as representações de S. Francisco de Assis feitas por Frei Ângelo não mostravam nada da inocência quase infantil do santo, mas mostravam-no sombrio e austero, sempre pronto a lançar profecias negras sobre aqueles que corrompessem a sua Ordem.[142] Em suma, Frei Ângelo escrevia sobre um S. Francisco mais parecido com a sua própria imagem do que com a pessoa real. Mas os *fraticelli* iriam ainda mais longe, fazendo de Francisco quase um outro Cristo, escrevendo a sua Regra sob inspiração divina – inscrevendo-a em pedra imutável, mesmo contra o juízo autoritativo da própria Rocha.[143]

Além disso, os *fraticelli* tinham criado divisão dentro da Igreja, aspergindo dúvidas sobre a legitimidade de João XXII como papa. Eles eram – assim pensavam – os únicos verdadeiros observadores do Evangelho contra uma Igreja tornada apóstata. Para sustentar

---

[140] Lambert. "The Franciscan Crisis," 139.
[141] Bihl. "Fraticelli."
[142] Douie. *The Nature and Effect of the Heresy of the Fraticelli*, 71.
[143] Lambert. "The Franciscan Crisis," 141.

esta afirmação extraordinária, os *fraticelli* reformularam completamente a escatologia joaquinita de uma forma nunca antecipada pelo ortodoxo e obediente abade de Fiore. Através desta escatologia, os *fraticelli* interpretaram o pontificado de João como um período de sofrimento que teriam de suportar antes da sua vindicação final num futuro indeterminado.[144]

Em 1337, Frei Ângelo Clareno morreu. Multidões de pessoas acorreram ao seu leito de morte, pedindo a ajuda daquele santo homem com uma vida tão exemplar. Os relatos de milagres associados à sua intercessão espalharam-se como fogo entre a população.[145] Apesar disso, Ângelo nunca subiu à honra dos altares, ao contrário de S. Francisco de Assis ou mesmo do Papa S. Celestino V, o pontífice eremita. Assim, a máxima de S. Cipriano (ver capítulo 5) foi mais uma vez cumprida: todo o ascetismo e pobreza de Ângelo não conseguiram apagar o seu pecado do cisma voluntário e obstinado, pelo que nunca pôde ser venerado como santo.

Depois da morte de Ângelo – e previsivelmente – os *fraticelli* dividiram-se em vários grupos, cada um com a sua própria doutrina. Haveria outras vagas de *fraticelli*, lideradas por outros frades rigoristas, mas todas elas não deram em nada, anuladas como foram por João XXII e os seus sucessores.[146] Ainda assim, os *fraticelli* espalharam-se por toda a Cristandade, de Portugal à Arménia, da

---

[144] Douie. *The Nature and Effect of the Heresy of the Fraticelli*, 68. Ver também Lambert. "The Franciscan Crisis," 139.

[145] Douie. *The Nature and Effect of the Heresy of the Fraticelli*, 68. See also Bihl. "Fraticelli."

[146] Bihl. "Fraticelli."

Alemanha à Sicília.[147] Alguns chegaram ao ponto de, sem qualquer autoridade para o fazer, elegerem os seus próprios ministros gerais, bispos e papas.[148] Mas, no final, acabaram por desaparecer, enterrados pelo número esmagador de franciscanos que permaneceram fiéis à verdadeira Ordem e à Igreja.[149]

Finalmente, em 1473, os remanescentes dos *fraticelli* seriam, a seu pedido, reincorporados nos verdadeiros franciscanos, sob a obediência do ministro geral da Ordem.[150] Os *relaxati*, ao permanecerem unidos à Igreja, haviam triunfado sobre os *rigoristas*.

Os flagelantes

Hoje em dia, uma das caricaturas da Europa medieval mais comuns nos *mass media* é a de procissões públicas de fanáticos religiosos a chicotearem-se nas costas. Estas representações retratam um fenómeno real, que começou a surgir quase ao mesmo tempo que os *fraticelli* – e provavelmente desencadeado pelas mesmas causas. Eram os *flagelatti* ou flagelantes.

Embora as nossas sensibilidades modernas possam ter dificuldade em compreender esta tendência, ela fazia muito sentido para as pessoas na altura. O mundo era um lugar mais duro. Em Itália, em particular, a guerra e a violência eram generalizadas. As cidades pegavam frequentemente em armas umas contra as outras, motivadas por rixas ou vinganças entre famílias governantes. A

---

[147] Bihl. "Fraticelli."
[148] Bihl. "Fraticelli."
[149] Bihl. "Fraticelli."
[150] Perez. "Franciscanos, tras Ideales Utópicos," 75.

política era um negócio arriscado, em que os adversários políticos eram muitas vezes mortos ou banidos se caíssem em desgraça perante a alta nobreza, suscitando conflitos entre os que os apoiavam e os que se lhes opunham.

A sociedade estava dividida entre o *popolo*, ou povo comum, e os *milites*, ou soldados. Estes últimos eram os prevaricadores mais habituais, mas os primeiros eram os que se viam encurralados no meio das guerras, sofrendo o fardo da violência.[151] O *popolo* sentia que devia resistir a este *status quo* belicoso, mas não tinha meios para o fazer – pelo menos, não diretamente. Se as pessoas comuns queriam acabar com todo este derramamento de sangue, só o poderiam conseguir corroendo o próprio tecido social que permitia tais males.[152] Foi para satisfazer esta necessidade psicológica que surgiram os flagelantes.

Em 1260, um eremita da cidade italiana de Perúgia, chamado Raniero Fasani, afirmou ter recebido várias aparições de Nossa Senhora, dos arcanjos e dos santos locais. Numa das aparições, a Virgem revelou a Raniero que Deus ia destruir o mundo, a menos que todos fizessem penitência para expiar os pecados da humanidade.[153] Quando a sua mensagem começou a penetrar na população, Raniero começou a autoflagelar-se: uma prática que ele, como asceta, já observava com frequência. Mas, rapidamente, mais e mais pessoas se juntaram a ele, despindo-se da cintura para cima e chicoteando-se nas costas, procurando afastar a desgraça iminente.

---

[151] Nagy e Biron-Ouellet. "A Collective Emotion in Medieval Italy," 2.
[152] Ibid.
[153] Lowe-Martin. "Comparing Penitential Acts," 97. Ver também Nagy and Biron-Ouellet. "A Collective Emotion in Medieval Italy," 2—3.

Capítulo 7: Heresias Medievais e Mundanidade Espiritual 257

Era Quinta-feira Santa e os relatos da Paixão do Senhor estavam no auge, acendendo o fogo da devoção nos corações, agora mais impressionáveis com os sofrimentos de Cristo pela salvação dos pecadores. Formou-se então uma longa procissão de flagelantes, que percorreu as ruas de Perúgia.[154]

A autoflagelação não era uma prática nova. Raniero Fasani não lhe era estranho. Mas, até então, tais exercícios estavam confinados aos mosteiros e eremitérios, para serem praticados apenas por ascetas treinados ou penitentes de pecados graves. O que tornou esta procissão única foi o facto de, pela primeira vez, esta autoflagelação ter sido feita em público, envolvendo quase toda a população de uma cidade.[155] O efeito da procissão foi tão intenso que, na Segunda-feira de Páscoa, o governo da cidade emitiu decretos regulando a violência e o porte de armas por parte dos *milites*.[156] Os inconscientes apelos à paz do *popolo* tinham funcionado.

Em breve, os flagelantes passariam a ir de cidade em cidade, por toda a Itália, espalhando as notícias – e o seu ritual. À medida que percorriam as ruas de uma nova comunidade, mais pessoas se sentiam atraídas a juntarem-se a eles. As procissões, que por vezes chegavam a atingir dez mil indivíduos, consistiam numa multidão de pessoas, despidas da cintura para cima, que se flagelavam até sair sangue, enquanto entoavam cânticos à Paixão de Cristo.[157] Todos eram afetados por este contágio social: clérigos e leigos, nobres e

---

[154] Nagy e Biron-Ouellet. "A Collective Emotion in Medieval Italy," 3.
[155] Vincent, "Discipline du corps," 600-601. Ver também Nagy and Biron-Ouellet. "A Collective Emotion in Medieval Italy," 6.
[156] Nagy e Biron-Ouellet. "A Collective Emotion in Medieval Italy," 3.
[157] Toke. "Flagellants."

camponeses, homens e mulheres (embora estas participassem na intimidade das suas casas), adultos e até crianças,[158] todos chicoteavam os seus corpos para chamar o mundo ao arrependimento. Os participantes deviam suportar a penitência durante trinta e três dias e meio (tantos quantos os anos da vida terrena de Jesus), através do calor e do frio, do sol, da chuva ou da neve.[159]

Mas é verdade que, por onde passavam, pareciam brotar bons frutos. Onde antes havia guerra e discórdia, agora parecia abundar a paz e a concórdia. As pessoas prostravam-se diante dos seus inimigos de longa data, num ato público de auto-humilhação e reconciliação. Não é possível sobrestimar como estes atos foram eficazes em trazer harmonia à Península Itálica, que, de outra forma, seria um cadinho de conflitos.[160] Para além da reconciliação dos inimigos, os flagelantes traziam consigo também o pagamento de dívidas, a restituição de ganhos ilícitos e a libertação de prisioneiros.

No entanto, a procura de paz em tempos violentos não foi a única causa do fenómeno dos flagelantes. Outros fatores também contribuíram, muitos dos quais já foram mencionados previamente neste capítulo. As previsões de Joaquim de Fiore criaram "uma atmosfera escatológica com um sentido de urgência existencial", levando a população a ser mais recetiva a avisos apocalípticos.[161] Além disso, a ideia de uma vida apostólica tinha sido promovida

---

[158] Nagy e Biron-Ouellet. "A Collective Emotion in Medieval Italy," 1, 6. Ver também Toke. "Flagellants."

[159] Toke. "Flagellants."

[160] Nagy e Biron-Ouellet. "A Collective Emotion in Medieval Italy," 1.

[161] Ibid., 5-6. Ver também Douie. *The Nature and Effect of the Heresy of the Fraticelli*, 31, e Toke. "Flagellants."

Capítulo 7: Heresias Medievais e Mundanidade Espiritual

pelos precursores dos cátaros, e a "imitação de Cristo" incentivada por S. Francisco de Assis. De facto, Assis e Perúgia estão geograficamente muito próximas,[162] pelo que não é difícil perceber como uma poderia influenciar a outra.

Ainda que as autoridades eclesiásticas tenham sido inicialmente mornas, ou mesmo favoráveis a este epifenómeno, depressa descobriram que esta tendência era potencialmente perigosa e retiraram o seu apoio. Um ano após, o Papa rejeitou as procissões flagelantes. Sem sanção eclesiástica, a adesão popular diminuiu, e a tendência foi-se naturalmente dissipando, cessando quase tão subitamente como tinha surgido.[163]

Mas a história dos flagelantes ainda não tinha terminado. Em 1348, surgiu uma nova vaga. Nessa altura, a Peste Negra assolava a Europa. O número de mortos era tremendo: acabaria por matar cerca de cinquenta milhões de pessoas (60% da população total do continente).[164] Naturalmente, uma tal catástrofe não podia deixar de suscitar o mesmo tipo de mentalidade apocalíptica e escatológica na qual os flagelantes proliferavam.

Esta não foi a única razão. A Peste Negra foi apenas um gatilho, a faísca que incendiou os sentimentos e emoções inflamáveis que fervilhavam debaixo da superfície. Os escândalos e a corrupção que afetavam o mundo, e sobretudo a Igreja, fizeram com que muitos acreditassem que a humanidade estava irremediavelmente perdida

---

[162] Nagy e Biron-Ouellet. "A Collective Emotion in Medieval Italy," 6.

[163] Toke. "Flagellants." No entanto, alguns estudiosos acreditam que esta primeira vaga de flagelantes não foi condenada pela Igreja, tendo mesmo recebido legitimidade religiosa. Ver Lowe-Martin. "Comparing Penitential Acts", 96.

[164] Benedictow. "The Black Death."

e que, portanto, o fim estava próximo.[165] Mais uma vez, vemos surgir um movimento rigorista como reação legítima à corrupção eclesiástica, mas que eventualmente acabaria por se descontrolar.

Esta segunda vaga de flagelantes espalhou-se por toda a Itália, quase tão repentinamente como a primeira vaga. Mas não parou por aí – pelo contrário, continuou a espalhar-se para norte, atingindo a Alemanha, os Países Baixos, a Polónia e até a Dinamarca.[166] Também se cristalizou numa forma mais organizada. Enquanto os flagelantes originais eram itinerantes, indo de cidade em cidade, este segundo tipo acabou por se condensar em confrarias: as confrarias dos chamados "penitentes" ou *disciplinati* (os "disciplinados").[167]

No seio destas confrarias, os rituais e as práticas tornaram-se mais estruturados. A autoflagelação devia agora obedecer a normas muito rígidas e ser conduzida por um "mestre".[168] Usavam um manto branco e um hábito com uma cruz vermelha e dirigiam-se às praças públicas duas vezes por dia. Uma vez nas praças, descalçavam-se, despiam-se da cintura para cima e prostravam-se em círculo. A cada pecado corresponderia uma postura específica: por exemplo, o assassino deitava-se de costas e o adúltero de bruços. Primeiro, cada pecador era golpeado pelo mestre, e só depois se autoflagelava, gritando que a sua penitência estava a protelar o apocalipse. No final, o mestre lia uma carta supostamente enviada por um anjo à igreja de S. Pedro de Roma, dizendo que a ira de Deus iria destruir o mundo, mas que a Virgem Maria tinha prometido que

---

[165] Toke. "Flagellants."
[166] Ibid.
[167] Vincent, "Discipline du corps," 597, 599.
[168] Ibid., 603.

todos os que se juntassem à confraria seriam salvos.[169] Também realizavam reuniões privadas regularmente, nas quais repetiam a flagelação.[170]

Mais importante ainda, os novos membros eram obrigados a submeter-se a penitência durante trinta e três dias e meio. Durante este período, o noviço jurava obediência total ao mestre e pagava quatro tostões por cada dia de penitência. Para além disso, as confrarias recebiam patrocínios de nobres e de dirigentes da cidade. É claro que isto se tornou uma fonte de corrupção – uma reviravolta irónica para um movimento formado a partir da reação à corrupção eclesial. As congregações dos penitentes tornaram-se mais ricas e ostentavam a sua prosperidade com trajes finos e bandeiras que levavam nas processões. Com a riqueza veio poder e influência: há relatos de sacerdotes que se juntavam para não perderem o acesso ao seu sustento.[171]

Este tipo de manipulações, por si só, seria suficiente para merecer uma reação forte da Igreja. No entanto, os penitentes também reivindicavam para si uma indevida independência das autoridades eclesiais. Para eles, o que era central era a imitação de Cristo, sem necessidade de intermediários eclesiásticos.[172] Por isso, não necessitavam dos sacramentos: podiam confessar-se ao seu mestre, que lhes aplicaria a penitência sob a forma de autoflagelação. Esta situação era agravada pelo facto de os padres não se poderem tornar mestres nem fazer parte do conselho secreto. Os flagelantes

---

[169] Toke. "Flagellants."
[170] Vincent, "Discipline du corps," 603.
[171] Lowe-Martin. "Comparing Penitential Acts," 100.
[172] Vincent, "Discipline du corps," 599, 605-606.

evitavam qualquer tipo de supervisão pela Igreja, alegando que a jurisdição eclesiástica ordinária estava suspensa durante trinta e três anos e meio (o tempo que durariam as suas peregrinações).[173]

Outras práticas heterodoxas, de caráter mais rigoroso, eram também frequentes entre eles. Afirmavam a pecaminosidade de *qualquer* contacto com uma mulher, mesmo que acidental. Impunham jejuns às sextas-feiras mais rígidos do que os prescritos pela Igreja.[174] Tratavam o sangue derramado durante os seus rituais como se fossem relíquias de santos.[175] Certos pecadores não eram aceites no seu seio: usurários, prostitutas, homossexuais, taberneiros.[176]

Compreendendo os perigos que estes novos flagelantes representavam, a Igreja voltou a atuar. Mas enquanto a reação contra a versão de 1260 tinha sido relativamente branda, a reação contra a forma de 1349 foi decisiva. A primeira estava muito mais concorde com o ensino e a prática da Igreja,[177] enquanto a segunda era completamente irreconciliável com uma compreensão correta do cristianismo. Após um exame cuidadoso, o Papa Clemente VI condenou o movimento e proibiu todas as procissões, enviando cartas para esse efeito a muitos bispos do Norte da Europa.[178]

Apesar de os flagelantes terem sido assim feridos de morte, surgiriam recorrências espontâneas nos séculos seguintes. Por

---

[173] Lowe-Martin. "Comparing Penitential Acts," 101. Ver também Toke. "Flagellants."

[174] Toke. "Flagellants."

[175] Lowe-Martin. "Comparing Penitential Acts," 101.

[176] Vincent, "Discipline du corps," 612.

[177] Lowe-Martin. "Comparing Penitential Acts," 96, 101.

[178] Toke. "Flagellants."

exemplo, em 1360, um certo Konrad Schmid, que se autointitulava Enoque (que, segundo a lenda piedosa, era uma das duas testemunhas do capítulo 11 do Livro do Apocalipse), pretendeu transferir toda a autoridade eclesiástica da Igreja para si próprio. Durante nove anos, Konrad conseguiu enganar milhares de pessoas, até que a Inquisição anulou o seu movimento.[179]

Outros movimentos surgiriam, também inspirados nas práticas flagelantes. No entanto, estes prosperaram, pois mantiveram-se sob a alçada do magistério. Os *bianchi* (em italiano, "os brancos"), por exemplo, foram iniciados por pregadores ortodoxos, que nunca contrariaram a autoridade da Igreja. Além disso, nem todos os participantes se autoflagelavam. Os peregrinos podiam juntar-se à procissão, mas não se flagelavam a si próprios.[180] Outras procissões de flagelantes sancionadas eclesiasticamente aconteceriam ao longo dos séculos e em todo o mundo – embora não comummente – até ao pontificado de Leão XIII, no século XIX.[181]

No final, apesar de os flagelantes de 1349 terem sido gerados como uma reação legítima contra a corrupção eclesiástica generalizada, e apesar de terem produzido muito bons frutos no início, acabariam por se tornar heterodoxos à medida que se afastavam da obediência à Igreja. Assim, tal como a *Enciclopédia Católica* tão bem diz, os flagelantes "exemplificavam a tendência fatal do pietismo emocional de degenerar em heresia".[182] Um exemplo flagrante de mundanidade espiritual, de facto.

---

[179] Ibid.
[180] Vincent, "Discipline du corps," 596-597.
[181] Toke. "Flagellants."
[182] Ibid.

Capítulo 8

Jansenismo e Rigorismo

O pior [destes pecados] é a soberba, que pode contagiar também pessoas que vivem uma vida religiosa intensa. Havia outrora um convento de religiosas, no ano 1600-1700, famoso, no tempo do jansenismo: eram perfeitíssimas e dizia-se que eram puríssimas como os anjos, mas soberbas como os demónios.

– Francisco, Audiência Geral
10 de abril de 2019

No capítulo 1, já mencionámos a primeira grande controvérsia do pontificado de Francisco: as disposições que permitem a comunhão aos divorciados e recasados que não estão em estado de pecado mortal, devido a circunstâncias atenuantes que impedem o pleno conhecimento ou o pleno consentimento. Escrevi extensivamente noutro livro sobre como isto é permitido pela doutrina católica: a única condição infalivelmente definida como proibindo alguém de receber a Eucaristia é estar em estado de pecado mortal. Todas as outras restrições baseiam-se no juízo prudencial da Igreja e podem, por isso, ser ajustadas ou mesmo revertidas se a Igreja assim o entender, discernindo essa prática como adequada às circunstâncias e exigências de cada época.[1]

---

[1] Trento, 13ª Sessão, c. VII: "Se é impróprio para alguém aproximar-se de qualquer das funções sagradas, a menos que se aproxime com espírito

Capítulo 8: Jansenismo e Rigorismo

Alguns críticos atacaram a prudência desta medida. Para que um pecado seja um pecado mortal, devem estar presentes três condições: matéria grave, pleno conhecimento e pleno consentimento.² Nos casos de casais divorciados e recasados não-continentes, a matéria grave está sempre presente, mas a questão de saber se o pecado foi cometido com pleno conhecimento ou com pleno consentimento deve ser discernida caso a caso. Uma vez que a matéria grave pode ser objetivamente determinada, enquanto os outros factores não podem ser verificados com certeza, a disciplina eucarística deveria concentrar-se na primeira, para que o pecador não corresse o risco de comungar sacrilegamente.³ No entanto, este

---

de piedade, certamente, quanto mais a santidade e a divindade deste sacramento celestial forem compreendidas por um cristão, mais diligentemente ele deve cuidar para que não se aproxime para recebê-lo, mas com grande reverência e santidade, especialmente porque lemos no Apóstolo aquelas palavras cheias de terror: 'Aquele que come e bebe indignamente, come e bebe julgamento para si mesmo'. Portanto, aquele que deseja comunicar, deve lembrar-se do preceito do Apóstolo: Que o homem se prove a si mesmo. Ora, *o uso eclesiástico declara que essa prova necessária é que ninguém, consciente de si mesmo de pecado mortal, por mais contrito que pareça a si mesmo, deve aproximar-se da sagrada Eucaristia sem a prévia confissão sacramental.* Isto o santo Sínodo decretou que deve ser invariavelmente observado por todos os cristãos". Ver também o meu comentário em Gabriel. *The Orthodoxy of Amoris Laetitia*, 87-88.

² CIC, 1857.

³ Ver, por exemplo, Hickson, "Interview: Joseph Seifert on *Amoris Laetitia*": "É impossível para um padre, em cinco minutos de conversa no confessionário, determinar se um pecador impenitente é invencívelmente ignorante e está em estado de graça, mesmo que ele pretenda continuar a cometer o que são, objetivamente falando, pecados graves. Desta impossibilidade prática de aplicar um discernimento que dificilmente

discernimento já acontece diariamente com uma miríade de outros pecados objetivos. Como escreveu Victor Fernández, atual Prefeito do Dicastério para a Doutrina da Fé e alegado *ghostwriter* de *Amoris Laetitia*, num artigo sobre o assunto, nunca ninguém está "certo" de estar em estado de graça, "mesmo que não se tenha consciência de ter violado um mandamento". Portanto, estamos a falar de uma certa "segurança moral" de que a pessoa não está em pecado mortal. Esta "segurança moral pode ser alcançada através de um discernimento pessoal e pastoral, que não pode basear-se apenas em normas gerais".[4] Em *Amoris Laetitia*, o próprio Papa Francisco diz que, embora compreenda "aqueles que preferem uma pastoral mais rígida, que não dê lugar a confusão alguma", ele acredita que a Igreja não deve renunciar a fazer o "bem possível, ainda que corra o risco de sujar-se com a lama da estrada".[5]

Uma polémica eucarística mais recente teve lugar durante as Jornadas Mundiais da Juventude, em Lisboa. Durante a última missa papal, a Eucaristia foi distribuída a uma multidão de 1,5 milhões de

---

pode deixar de desembocar numa abertura geral da Confissão e da Eucaristia aos casais adúlteros e homossexuais impenitentes, decorre imediatamente a imprudência da decisão de admitir os 'casais irregulares' aos sacramentos... E assim que encontramos uma nova decisão pastoral do Papa inaplicável em boa consciência, como a de dar os sacramentos a pecadores impenitentes com base num 'discernimento' (impossível para nós) sobre se o seu pecado é compatível com a sua permanência no estado de graça por razões subjetivas... Na prática, a tentativa falhada de separar estes 'bons' e 'maus' pecadores graves levará inevitavelmente a admitir todos os adúlteros e homossexuais aos sacramentos, e muitos sacrilégios serão cometidos".

[4] Fernández, "El capítulo VIII de *Amoris Laetitia*," 459-460.
[5] Francisco. *Amoris Laetitia*, 308.

pessoas. Mas na véspera deste evento, o Santíssimo Sacramento foi guardado em cibórios, que foram colocados em caixas de plástico no descampado onde o evento teve lugar.[6] Embora apelos a um manuseamento e armazenamento mais respeitosos do Santíssimo Sacramento durante estas ocasiões de grande afluência sejam positivos, muitas pessoas nas redes sociais caíram no erro diametralmente oposto, postulando que a Eucaristia deveria ser totalmente removida destes eventos.[7] Isso significaria, na prática, que 1,5 milhões de pessoas – um número impressionante! – seriam privados da graça santificante do sacramento, só para que este pudesse manter-se fechado num recipiente mais adequado.

Para estas duas controvérsias, seria instrutivo ler o que o Papa S. Pio X ensinou no seu decreto *Sacra Tridentina Synodus*:

> Além disso, o desejo de Jesus Cristo e da Igreja de que todos os fiéis se aproximem diariamente do banquete sagrado é *dirigido principalmente a este fim,* para que os fiéis, estando unidos a Deus por meio do Sacramento, possam daí obter força para resistir às suas paixões sensuais, para se purificarem das manchas das faltas diárias e para evitarem os

---

[6] Domingues, Claire e Pedro Gabriel. "World Youth Day and plastic containers."

[7] Veja-se, como exemplo ilustrativo desta reação nas redes sociais, o comentário de JohnFoxFlash no tópico do Reddit r/Catholicism "A look behind the WYD Eucharist controversy": "Tens de ir à missa ao domingo, mas não tens de receber a comunhão sempre que vais à missa. Não acho que a comunhão deva ser dada em eventos de tão grande escala, uma vez que se torna muito difícil não se tornar irreverente devido à logística que tudo isto envolve".

pecados mais graves a que a fragilidade humana está sujeita; *Assim, o seu objetivo principal não é o de salvaguardar a honra e a reverência devidas a Nosso Senhor,* nem o de servir de prémio ou recompensa pela virtude dos comunicantes.[8]

Alguns leitores poderão ficar surpreendidos ao saber que Pio X, frequentemente aclamado pelos conservadores de hoje como um papa rígido que reprimiu a heresia liberal e laxista do modernismo, possa ter escrito algo deste género. Mas a verdade é que Pio não se limitou a lutar contra os laxistas modernistas: também teve os seus próprios confrontos com os rigoristas jansenistas do seu tempo. Mas para melhor compreendermos a posição de Pio sobre a Eucaristia, temos de contextualizar o que é o jansenismo e como surgiu.

As vésperas do Jansenismo: Calvino e Baio

Tal como o nome indica, a Reforma foi desencadeada por um desejo de travar a corrupção e os abusos generalizados na Igreja através de *reformas*. Em 31 de outubro de 1517, um monge chamado Martinho Lutero pregou noventa e cinco teses na porta da catedral de Vitenberga. Para além de monge, Lutero era também um reputado professor de teologia moral, que sofria de escrupulosidade (ver capítulo 2). Entre as suas teses estava a condenação da prática da venda de indulgências, que permitia a uma pessoa, de facto, pagar dinheiro para diminuir o seu tempo no Purgatório. Lutero também se queixou de que a Igreja se tinha tornado demasiado corrupta e

---

[8] Pio X. *Sacra Tridentina.*

Capítulo 8: Jansenismo e Rigorismo 271

luxuosa, nomeadamente nos escalões superiores da hierarquia. Embora a necessidade de reforma nestes domínios viesse a ser reconhecida pelo próprio Concílio de Trento, Lutero também fez uma série de afirmações doutrinárias que o colocaram em desacordo com a Igreja.[9] Neste sentido, ele caiu exatamente no mesmo padrão descrito no capítulo anterior.

Depois de libertar o génio da garrafa, Lutero não foi capaz de o voltar a pôr lá dentro. Outros reformadores aproveitaram o impulso criado por Lutero, sustentando teologias extravagantes nunca antecipadas por ele. Um desses reformadores foi João Calvino, um teólogo francês. Naturalmente, os seus seguidores viriam a ser chamados de calvinistas, mas também "os reformados".[10]

Os protestantes queriam cortar os abusos católicos pela sua raiz teológica, afirmando que as boas obras (como a compra de indulgências) não merecem a salvação. Como alternativa, propuseram a doutrina da *sola fide* ("somente a fé"), o que significa que Deus concede o perdão aos pecadores apenas através da fé, excluindo as boas ações. Não é de admirar, portanto, que os protestantes em geral, e Calvino em particular, recorressem aos escritos profundamente antipelagianos de Sto. Agostinho (ver capítulo 6).[11] Agostinho não apenas dava primazia à graça sobre as

---

[9] Morris, "Martin Luther as Priest." Ver também Mullin, *A Short World History of Christianity*, 122-123

[10] Mullin, *A Short World History of Christianity*, 123, 127-128.

[11] Sharp. "The Doctrine of Grace in Calvin," 84-85. Como um exemplo de retórica protestante antipelagiana contra o catolicismo, ver Bavinck. "The Influence of the Protestant Reformation", 76: "Opondo-se aos chamados abusos do sistema papista, os reformadores descobriram que esses 'abusos' eram apenas o fruto natural da árvore do pelagianismo, na

obras, mas também era um respeitado Padre da Igreja, de quem Calvino podia extrair autoridade.

Havia, no entanto, diferenças substanciais entre o calvinismo e o agostinianismo, embora Calvino provavelmente não tivesse consciência disso. Para Calvino, o pecado original não era uma privação da justiça original (como pensava Agostinho), mas uma depravação e corrupção totais. Enquanto o Padre da Igreja via o pecado original como uma espécie de doença ou ferida, Calvino pensava nele como uma ruína total.[12] Evidentemente que isto impedia Calvino de ver a graça como um remédio curativo atuando *nos* pecadores. Pelo contrário, a graça seria Deus trabalhando *através de Jesus Cristo* para salvar os pecadores.[13]

Esta mentalidade teve um impacto profundo na forma como o calvinismo encarava as boas obras e o livre-arbítrio. Para Agostinho, a salvação é de facto um dom de Deus, mas Deus salva concedendo aos Seus eleitos os dons da fé, das obras e dos méritos.[14] Deus pega no que resta de bom em nós e magnifica-o, ao mesmo tempo que nos cura das nossas inclinações pecaminosas (embora ninguém atinja a perfeição deste lado da eternidade, ao contrário do que os pelagianos sustentavam). No entanto, para Calvino, a única bondade que existe é a que Jesus imputa em nós. A justiça não seria infundida *em* nós, mas algo que funcionaria completamente *fora de* nós, sendo realizada apenas por Cristo. Isto significa que, para Calvino, a nossa vontade não é verdadeiramente livre, mas está

---

qual eles cresceram".

[12] Sharp. "The Doctrine of Grace in Calvin," 85.
[13] Ibid.
[14] Ibid., 87.

Capítulo 8: Jansenismo e Rigorismo

escravizada pelo pecado. Como vimos no capítulo 6, Agostinho estava, de facto, a lutar contra uma absolutização do livre-arbítrio em detrimento da graça. Mas Agostinho nunca procurou negar o livre-arbítrio, ao passo que Calvino pensava que o próprio termo "livre-arbítrio" deveria ser abolido, para que nenhuma ação humana livre roubasse a Deus a Sua honra.[15]

Podemos perguntar-nos: como é possível que uma teologia que minimiza tanto o livre-arbítrio e as boas obras possa acabar por se tornar moralmente rigorista? É verdade que, se um indivíduo faz o bem, deve atribuir o mérito a Deus. Por outro lado, se o mesmo indivíduo comete um pecado, a culpa é dele, não de Deus. Como conclusão lógica, o indivíduo assume toda a responsabilidade por todos os erros e fracassos. Pede-se à pessoa que obedeça a um conjunto de leis que ela não poderá cumprir sempre. Isto humilha a pessoa perante Deus, para que ela aceite o Seu plano de salvação, suportando pacientemente qualquer infortúnio como justo e bom. Mesmo que o calvinista não encontre a salvação nas boas obras, ele continua a trabalhar arduamente para a glória do Deus que o salva.[16]

---

[15] Ibid., 90-1.

[16] Ross. "The Ethical Basis of Calvinism," 440-441. Ver também o que está escrito nas atas de um concílio reformado realizado em Toronto em 1892: "E ainda, não devemos esquecer que o calvinismo, mesmo na sua forma mais estrita, difere em princípio do ascetismo romano e da 'evicção' anabatista. Estes originam-se no desprezo do mundo; no pensamento de que a vida natural, por ser de ordem inferior, não pode ser santificada. Mas o rigorismo calvinista nasceu do desejo de consagrar a vida inteira a Deus... E embora possa ser verdade que o calvinismo, pela sua pregação estrita da justiça e lei de Deus, desperte um profundo sentimento de culpa e indignidade no Homem, e que o prostre profundamente no pó diante da majestade soberana de Deus; também é igualmente verdade que, depois,

É interessante notar como, mais uma vez, não se foge do erro refugiando-se no extremo diametralmente oposto. Tanto o pelagianismo como o calvinismo são opostos no que diz respeito ao livre-arbítrio e às boas obras, mas ambos caem na rigidez moral. Tal como o pelagianismo, o calvinismo ressuscitou um certo estoicismo em matéria de disciplina (ver capítulo 6).[17] Os reformados condenavam o teatro e consideravam a arte uma idolatria.[18] Para eles, exibições como os nus de Miguel Ângelo no "Juízo Final" da Capela Sistina eram sinais do laxismo moral e do mundanismo da Igreja Católica.[19]

De facto, um dos ramos que brotaria da árvore calvinista seria os

---

eleva-o a uma altura singular de bem-aventurança, e que o faz descansar no livre, eterno e imutável bom prazer do Pai. Esse sistema certamente não é adaptado à criação de pessoas 'suaves e queridas', e é avesso a todo o sentimentalismo doentio. Mas cria homens de mármore, com um caráter de aço, com uma vontade de ferro, com um poder insuperável, com uma energia extraordinária" (Bavinck, "The Influence of the Protestant Reformation", 78, 80).

[17] Ross. "The Ethical Basis of Calvinism," 449.

[18] Ibid., 444-5.

[19] Kedmey. "How the Sistine Chapel spawned a public relations nightmare": "A inauguração do fresco teve lugar no contexto da Reforma, quando os reformadores protestantes criticavam o Vaticano como sendo um 'antro de iniquidade'. No seio da corte papal, havia um grupo de clérigos austeros, conhecidos como 'teatinos', que eram bastante sensíveis às críticas protestantes. Para eles, os nus de Miguel Ângelo eram um desastre de relações públicas. Eles só viam uma parede de corpos nus". Ver também Frazier. "Major Influences Contributing to Michelangelo's Last Judgment": "Apesar dos esforços de Miguel Ângelo, os reformadores protestantes e a Igreja Católica atacaram 'O Juízo Final'. Para os protestantes, as imagens de Miguel Ângelo eram formas de idolatria e exemplos do mundanismo que tinha invadido a Igreja".

famosos puritanos, que procuravam "purificar" um mundo corrupto da mesma forma que eles próprios tinham sido purificados pela graça de Deus. Os puritanos sabiam que a natureza era corrupta (e continuaria a sê-lo nesta vida), pelo que desconfiavam sempre de todos os seus impulsos.[20] Também procuraram "purificar" a Igreja Anglicana dos remanescentes teológicos do que eles entendiam ser "papismo católico romano".[21] Como vimos nos capítulos 5 e 7, os puritanos não foram os primeiros rigoristas morais a usar o nome de "puros".

Embora, como veremos, o jansenismo tivesse sido influenciado pelo calvinismo, essa não seria a sua única raiz. Tendo o Concílio de Trento sido convocado para tratar tanto dos erros teológicos dos protestantes quanto da necessidade de uma reforma moral da Igreja, outro teólogo participou desses procedimentos. O seu nome era Miguel Baio, um teólogo da Universidade de Lovaina, enviado como delegado do Rei de Espanha a Trento. A ortodoxia de Baio era, no entanto, suspeita e as suas ideias não agradaram aos padres conciliares.[22]

Baio queria ajudar a Igreja a combater a Reforma.[23] Ele

---

[20] Ross. "The Ethical Basis of Calvinism," 443.
[21] Editores da *Encyclopaedia Britannica*. "Puritanism."
[22] Sollier. "Michel Baius."
[23] Ver Sollier. "Michel Baius": "Uma explicação parcial, se não mesmo uma desculpa, para esta monomania, encontra-se logo no início da sua carreira teológica. Baio teria sofrido a influência de homens que, como o dominicano Pedro de Soto, acreditavam que a reação católica contra os reformadores tinha ido um pouco longe demais e sugeriam que se desse mais ênfase às Escrituras e à patrologia e menos ao tomismo. Que, pelo menos na sua intenção, Baio só queria tomar a posição mais vantajosa para melhor defender a fé contra os hereges, sabemo-lo por uma carta que

acreditava que desenvolver uma adequada compreensão católica da graça traria os protestantes de volta ao rebanho da Igreja.[24] Por esta razão, criou um sistema teológico, mais tarde criativamente designado por "baianismo". Neste sistema, o estado original do Homem antes da Queda (o "estado da natureza inocente") não era sobrenatural, mas era a condição normal da humanidade, incluindo o destino ao Céu, a imunidade à ignorância e o poder inerente de merecer. Portanto, estes não poderiam ser chamados de dons gratuitos da graça, propriamente falando. Depois da Queda veio o estado da natureza decaída, no qual o pecado original não era a perda de dons sobrenaturais e gratuitos, mas um mal real que se apoderara da natureza humana. O pecado original era – como pensava Agostinho – transmitido pelas leis da hereditariedade, mas mais do que isso, Baio pensava que era um pecado em si mesmo, de modo que até os bebés eram pecadores, mesmo antes de atingirem a idade da razão ou da vontade. Para Baio, para ser um agente moral, não era preciso estar livre de determinismo interno, mas apenas de compulsão externa. Por fim, após o sacrifício de Jesus na cruz, havia o estado da natureza redimida, no qual a inocência primitiva fora restaurada por Cristo, de modo que o pecador redimido podia praticar boas ações e merecer o Céu. Neste sentido, mesmo a Eucaristia não tinha outro poder além de ser uma boa ação que ajudava o pecador a aproximar-se de Deus.[25]

Este sistema baianista não era, porém, compatível com a ortodoxia católica. No que diz respeito ao "estado da natureza

---

escreveu".

[24] O'Connor. "Jansenism," 320.
[25] Sollier. "Michel Baius."

Capítulo 8: Jansenismo e Rigorismo

inocente", era indevidamente influenciado pelo pelagianismo, enquanto o seu "estado da natureza decaída" era demasiado calvinista. No Concílio de Trento, foi definido infalivelmente que a inocência original era um dom sobrenatural, que o pecado original era uma perda de privilégios puramente gratuitos, e que a justificação era uma renovação interior da alma pela graça.[26]

Em 1567, o Papa S. Pio V publicou a sua bula *Ex omnibus afflictionibus*, condenando uma série de proposições baianistas – sem, no entanto, mencionar Baio. Muitos seguidores do sistema baianista (e, eventualmente e por um certo tempo, o próprio Baio) tentaram escapar a essas condenações argumentando que estas não se referiam a nenhuma das afirmações reais de Baio, mas apenas a proposições imaginárias atribuídas a Baio. Seria da competência do pontífice condenar essas teorias hipotéticas, mas ele tinha falhado o alvo. Portanto, o Papa não condenara verdadeiramente a Baio ou o baianismo, tal como eles eram na realidade. Veremos táticas de evasão semelhantes mais adiante neste capítulo, quando tratarmos do jansenismo. Mesmo assim, Baio retratou-se dos seus erros, da mesma forma que Pio os havia formulado. Embora o professor tenha estado muito perto de infringir a doutrina católica, ele morreria em comunhão com a Igreja.[27] As sementes plantadas pelo seu sistema, no entanto, continuariam a causar estragos nos séculos seguintes.

Factos que não eram direitos

---

[26] Ibid.
[27] Ibid.

Para além do sistema falhado de Baio, houve outras tentativas de contrariar a Reforma Protestante. Uma das mais bem sucedidas foi a fundação da Companhia de Jesus (também conhecida como a Ordem dos Jesuítas) por Sto. Inácio de Loiola em 1545. Para além dos votos clássicos de pobreza, castidade e obediência, os jesuítas acrescentaram um voto especial de obediência ao papa. No início, este voto tinha sobretudo a ver com o trabalho missionário, mas acabou por contrabalançar parcialmente a desobediência generalizada ao papado, tão prevalente na altura.[28]

Neste contexto, um jesuíta tentou fazer algo muito semelhante a Baio: desenvolver uma teologia católica da graça com o objetivo de responder às preocupações protestantes. Este jesuíta, no entanto, realizou esse objetivo na direção oposta à de Baio: reafirmando fortemente o entendimento católico do livre-arbítrio. O nome deste

---

[28] Cameron, "The Counter-Reformation," 89: "Apesar da orientação cada vez mais direccionada pela hierarquia, a Contra-Reforma testemunhou muitas iniciativas espontâneas no cristianismo católico, nascidas a partir do corpo da Igreja. A mais notória foi o surgimento de uma multiplicidade de novas ordens religiosas... A maior e mais influente foi a Companhia de Jesus, constituída em 1540, embora já estivesse informalmente ativa antes dessa data. Um entendimento recente e importante no que diz respeito a Companhia de Jesus sugere que os seus membros, pelo menos na primeira geração, estavam em grande parte desligados das ondas do pensamento da 'Contra-Reforma', com o seu enfoque na definição doutrinal, no controlo administrativo e na reconquista militar de regiões perdidas da Europa. Os primeiros jesuítas procuravam 'o bem das almas' através da pregação e do ensino pastoral, incluindo missões no estrangeiro, e não estavam especialmente preocupados com a teologia ou o governo. No entanto, as circunstâncias rapidamente conspiraram para desviar ligeiramente os jesuítas da sua intenção original".

Capítulo 8: Jansenismo e Rigorismo

jesuíta era Luís de Molina.

Molina aceitava o princípio agostiniano de graça preveniente: a graça de Deus é necessária até mesmo para que a pessoa "inicie" o processo de conversão. É Deus quem toma a iniciativa (ver capítulo 6). No entanto, Deus também tem conhecimento prévio das escolhas livres dessa pessoa, pelo que sabe se a pessoa vai livremente aceitar ou rejeitar a graça. Na Sua omnisciência, Deus pode conceder a quantidade necessária de graça, suficiente para que o pecador se afaste do pecado, mas só eficaz na medida em que a pessoa responda positivamente a essa graça.[29] Qualquer outra interpretação, segundo Molina, seria mero determinismo de um Deus arbitrário.[30] Desta forma, o livre-arbítrio era preservado, constituindo uma alternativa adequada ao calvinismo.

Esta teologia molinista não agradou àqueles que aderiam a uma compreensão mais clássica e tomista da graça, levando a debates ferozes nos círculos teológicos católicos. Por esta razão, a Inquisição proibiu publicações sem permissão papal explícita sobre o tema da graça em 1611.[31] Mas os tomistas não foram os únicos a não gostar das ideias de Molina. Cornélio Jansénio, o bispo de Ipres (atual Bélgica), viria a ser um dos mais formidáveis adversários do molinismo.

Jansénio foi um teólogo de renome e professor de exegese na Universidade da Lovaina. Durante o curso dos seus estudos, Jansénio seria influenciado por professores simpatizantes do baianismo. Ainda assim, a tese de doutoramento de Jansénio foi

---

[29] Pohle. "Molinism."
[30] Blanchard. "Are Jansenists among us?"
[31] O'Connor. "Jansenism," 322.

uma excelente defesa da infalibilidade papal. Como ele escreveria: "O Romano Pontífice é o juiz supremo de todas as controvérsias religiosas; quando ele define uma coisa e a impõe a toda a Igreja, sob pena de anátema, a sua decisão é justa, verdadeira e infalível".[32]

Mas este Jansénio também tinha uma profunda aversão às teorias de Molina. Enquanto Molina achava que estava a salvaguardar o livre-arbítrio humano, Jansénio pensava que ele estava, na verdade, a sacrificar a gratuidade total da graça ao fazer dos humanos os autores da sua própria salvação. Para Jansénio, Deus predestinara os mortais para a salvação, mas não por causa de qualquer fé ou boas obras previstas.[33] Influenciado por Baio, Jansénio contrapôs o Homem caído ao não caído, de modo que o Homem só pode alcançar a sua verdadeira natureza através da graça divina. O Homem privado da graça de Deus escolhe inevitavelmente o mal, mas a graça de Deus *também* é irresistível. Por outras palavras, tal como a vontade do Homem, corrompida pelo pecado, não pode deixar de escolher o mal, o Homem também não pode rejeitar o dom da graça de Deus: o Homem é efetiva e irresistivelmente determinado por este dom.[34]

Aqui, Jansénio inspirou-se no princípio do "deleite vitorioso da graça", que já explorámos no capítulo 6. A alma deleita-se no mal quando está privada da graça de Deus, mas deleita-se no bem quando lhe é dada essa graça, que então triunfa sobre a concupiscência. Os dois prazeres – o terreno e o celestial – são, portanto, como dois pratos de uma balança (sendo o celestial

---

[32] Forget. "Jansenius and Jansenism."
[33] Blanchard. "Are Jansenists among us?"
[34] Palmer. *Jansenism and England*, 139-140.

Capítulo 8: Jansenismo e Rigorismo

preponderante), determinando inevitavelmente as escolhas da pessoa. O homem obedece inevitavelmente ao que lhe dá prazer, sendo dominado pela concupiscência ou pela graça: não pode resistir a nenhuma das duas, consoante o seu estado.[35] A graça não é apenas suficiente, mas eficaz.

O pessimismo antropológico de Jansénio não podia ser conciliado com o típico otimismo jesuítico de Molina e dos seus seguidores.[36] O molinismo seria um "argumento pagão" – assim argumentava Jansénio – uma vez que Deus seria um mero dispensador de graças a indivíduos autónomos, transformando o universo num mundo *de facto* sem Deus. Jansénio também tentou realçar os paralelos entre os molinistas e os "semipelagianos" (ver capítulo 6), equiparando efetivamente os primeiros aos segundos.[37] Não é surpreendente que Jansénio tenha recorrido a Sto. Agostinho, o grande campeão contra o pelagianismo, para travar a sua própria guerra. Escreveu um livro (mais tarde denominado *Augustinus de gratia*), onde se propôs reavivar uma visão agostiniana da graça com o objetivo de afastar a ameaça semipelagiana do molinismo.

Jansénio nunca veria o seu livro publicado. Em 1638, Ipres foi

---

[35] Forget. "Jansenius and Jansenism."

[36] O'Connor. "Jansenism," 320.

[37] Radner. "Early Modern Jansenism," 438. Por favor, relembrar o que escrevi no capítulo 6: "No entanto, hoje em dia, a maioria dos estudiosos não gosta desse termo, uma vez que ele foi produzido em conexão com debates posteriores sobre a graça durante o século XVI". Ver também Blanchard. "Are Jansenists among us?": "Os agostinianos que vieram a ser conhecidos como jansenistas pensavam que este novo sistema era basicamente semipelagiano". Ver ainda Palmer. *Jansenism and England*, 139.

varrida por uma epidemia mortal que também tirou a vida a Jansénio. O bom bispo morreu, ainda no seio da Igreja Católica. Se tivesse sobrevivido, teria sido subserviente ao juízo da Igreja? É uma questão de especulação. Por um lado, ele pediu que o seu livro fosse publicado com a condição de que, se "a Santa Sé desejar qualquer mudança, sou um filho obediente e submeto-me à Igreja em que vivi até à hora da minha morte. Este é o meu último desejo". Por outro lado, alguma da correspondência de Jansénio nos anos anteriores mostrava uma disposição diferente, prevendo disputas futuras para as quais era necessário preparar-se, "para que, como tantos outros, eu não seja travado por Roma antes de tudo estar maduro e oportuno" (referindo-se aqui possivelmente ao que tinha acontecido com Baio).[38] No final, a resposta a esta questão teria dependido do livre-arbítrio de Jansénio, o que significa que a sua reação seria imprevisível.

Mesmo assim, os seguidores de Jansénio tentaram cumprir o testamento do bispo moribundo, publicando o *Augustinus* postumamente. O livro viria a ser um sucesso estrondoso, sobretudo em França. No seu apogeu, iria atrair algumas das mentes mais brilhantes do catolicismo francês, como o grande apologista e matemático Blaise Pascal. É claro que os jesuítas interpretaram isto (e corretamente) como um ataque à sua teologia e apelidaram os discípulos do novo movimento com o termo pejorativo de "jansenistas".[39]

Infelizmente, apesar do seu sucesso, o jansenismo estava repleto de erros. É verdade, como vimos no capítulo 6, que Sto. Agostinho

---

[38] Forget. "Jansenius and Jansenism."
[39] O'Connor. "Jansenism," 318.

falava da graça como fazendo com que a vontade agisse "irresistível e infalivelmente". No entanto, como também vimos, ele nunca disse isto de forma a contradizer o livre-arbítrio humano. A graça conduz o Homem "irresistível e infalivelmente" à bem-aventurança, mas não suprimindo a liberdade. Pelo contrário, está implícito que isso acontece com o consentimento humano. O deleite na graça é "deliberado", não uma "necessidade" (*voluptas, non necessitas*). Ou melhor, o Homem quer *necessariamente* o que lhe dá mais prazer, mas só o quer abraçando-o com prazer *consentido*. É com esta ressalva em mente que devemos ler a máxima de Agostinho de que "ao agir, seguimos necessariamente o que nos dá mais prazer". Além disso, quando Agostinho falava do "deleite vitorioso da graça", referia-se a ela como a graça triunfando não sobre a vontade humana, mas sobre a concupiscência, de modo que, livre dos constrangimentos das inclinações pecaminosas, o Homem pode escolher melhor o bem. Neste sentido, a graça não esmaga o livre-arbítrio, mas fortalece-o.[40] Finalmente, a teologia de Jansénio também pressupunha que, se o Homem não pode resistir nem ao pecado nem à graça, então alguns são eleitos gratuitamente para alcançar a salvação, enquanto outros são arbitrariamente condenados à danação eterna. Esta dupla predestinação tinha uma terrível semelhança com o calvinismo (ver acima). Uma vez que nem todos seriam salvos, não se poderia dizer que Cristo morreu por todos.[41]

Estes erros teológicos não escaparam aos olhos da Igreja, ainda para mais uma vez que o livro *Augustinus* sobre a graça,

---

[40] Forget. "Jansenius and Jansenism."
[41] Palmer. *Jansenism and England*, 132.

contrariamente às instruções explícitas do Santo Ofício, tinha sido publicado sem aprovação papal. Além disso, o livro tinha demasiadas semelhanças com as proposições condenadas de Baio. Em 1641, a Inquisição proibiu a leitura do *Augustinus* e, no ano seguinte, o Papa Urbano VIII renovou a condenação e a interdição na sua bula *In eminenti*.[42]

Augustinus, no entanto, era já demasiado popular, apoderando-se de muitas mentes reputadas. O emergente movimento jansenista encontrou um líder em Jean Duvergier de Hauranne, o abade de Saint-Cyran.[43] Apesar de ser um homem idoso, era bastante ativo, influente e possuía boas conexões. Esforçou-se por manter o livro em circulação e por promover os seus princípios de disciplina e rigorismo moral. Mais tarde, o seu protegido Antoine Arnauld sucedeu-lhe na liderança do movimento jansenista.[44] A irmã de Antoine, Angelique, tornou-se abadessa do convento de Port-Royal des Champs, nos arredores de Paris, onde instituiu reformas para se opor ao laxismo excessivo do convento. De um instituto laxista, Port-Royal evoluiu para se tornar um importante centro do jansenismo.[45] A certa altura no século XVIII, metade do clero parisiense tinha sido "jansenizado".[46]

Não se podia permitir que esta situação se mantivesse. Depois de uma comissão papal ter examinado *Augustinus*, Inocêncio X emitiu

---

[42] Forget. "Jansenius and Jansenism."

[43] Radner. "Early Modern Jansenism," 436.

[44] O'Connor. "Jansenism," 323. Ver também Forget. "Jansenius and Jansenism."

[45] Blanchard. "Are Jansenists among us?"

[46] O'Connor. "Jansenism," 327.

a bula *Cum occasione*, condenando cinco proposições do livro de Jansénio:

1) Alguns dos mandamentos de Deus são impossíveis para os homens que desejam e se esforçam (para os cumprir), tendo em conta os poderes que têm na realidade, ou seja, a graça pela qual esses preceitos se podem tornar possíveis também é insuficiente;
2) No estado de natureza decaída, ninguém resiste à graça interior;
3) Para merecer ou demerecer no estado de natureza decaída, devemos estar livres de qualquer constrangimento externo, mas não da necessidade interior,
4) Os semipelagianos (i.e., molinistas) admitiam a necessidade da graça preveniente interior para todos os atos, mesmo para o início da fé; mas caíram na heresia ao pretenderem que esta graça é tal que o homem pode segui-la ou resistir-lhe;
5) Dizer que Cristo morreu ou derramou o Seu sangue por todos os homens é semipelagianismo.[47]

As quatro primeiras proposições foram condenadas de forma absoluta, e a quinta apenas se entendida no sentido de que Jesus morreu apenas pelos predestinados. Mas, de todas as cinco, a segunda foi o eixo de onde brotaram todos os outros erros.[48]

Os jansenistas, porém, recusaram-se a aceitar a correção do Papa. Para conseguir isso e, ao mesmo tempo, manter a sua

---

[47] Forget. "Jansenius and Jansenism."
[48] Ibid.

ortodoxia, eles inventaram um argumento inteligente, já tentado um século antes pelos baianistas (veja acima). Antoine Arnauld argumentou que o Papa tinha, de facto, a autoridade dada por Deus para condenar as cinco proposições, e rejeitou estas proposições na forma como o Papa as tinha expressado. No entanto, Arnauld conseguiu evadir-se desta situação ao afirmar que nenhuma das cinco proposições estava presente no *Augustinus* – ou, se estavam, estavam lá num sentido diferente daquele que o Papa tinha condenado.[49] Por outras palavras, mesmo que o Papa tivesse o *direito* ("*droit*") de condenar essas proposições, não podia pronunciar-se com autoridade sobre o *facto* ("*fait*") de essas proposições estarem ou não no *Augustinus*.[50] As questões de "facto" estavam fora da revelação divina e, portanto, não estavam cobertas pela infalibilidade da Igreja. Em questões relacionadas com o "direito" – assim se argumentava – os católicos deviam conformar-se sem reservas, ao passo que em questões de "facto", a resposta católica adequada seria um silêncio respeitoso, mas o assentimento interno podia ser seguramente recusado.[51] Através deste subterfúgio, Arnauld convenceu muitas pessoas de que o livro ainda podia ser lido por católicos em situação regular perante a Igreja.

Claro que a Igreja interpretou correctamente este argumento como uma afronta à sua autoridade. Se a Igreja só podia condenar os hereges de forma abstracta, sem poder afirmar se um determinado herege defendia ou não essas heresias, então as portas estavam abertas ao relativismo. O sucessor de Inocêncio, Alexandre VII,

---

[49] Ibid.
[50] O'Connor. "Jansenism," 325.
[51] Forget. "Jansenius and Jansenism."

emitiu outra bula, intitulada *Ad sanctam,* na qual afirmava que as cinco proposições estavam de facto contidas no *Augustinus* e que eram condenadas no sentido pretendido por Jansénio. Numa bula posterior, *Regiminis apostolici,* Alexandre condenou a falsa dicotomia de Arnauld entre *direito* e *facto.*[52]

Infelizmente, isto não pôs fim à polémica. O Papa redigiu um formulário a ser assinado pelos que concordavam com os seus ensinamentos. As freiras de Port-Royal recusaram-se a assiná-lo. Juntamente com elas, alguns bispos franceses também se recusaram a subscrever o formulário. E quanto mais a Inquisição os reprimia, mais isto era visto como um abuso de poder romano sobre as prerrogativas episcopais francesas por uma opinião pública crescentemente galicana. O sucessor de Alexandre, Clemente IX, procurou evitar um cisma estendendo um ramo de oliveira: os bispos rebeldes não precisariam de se retratar nem de sofrer quaisquer sanções, apenas de assinar o formulário.[53] Os bispos assinaram-no, mas obscurecendo as suas intenções: mesmo que assinassem o formulário por escrito, diziam oralmente (pessoalmente ou através de intermediários) que mantinham um silêncio respeitoso sobre questões de facto. O Papa, enganado e desejoso de um fim rápido para a polémica, não insistiu mais e permitiu a manutenção do *status quo*[54]: o Papa pensava honestamente que os bispos se tinham submetido à sua autoridade e os jansenistas tinham, com astúcia, salvaguardado a sua consciência.

Esta seria a chamada "paz de Clemente IX". Como veremos mais

---

[52] O'Connor. "Jansenism," 326.
[53] Ibid.
[54] Forget. "Jansenius and Jansenism."

adiante, era uma paz podre. Aqui, podemos ver um efeito colateral desagradável que brota da rigidez religiosa: aqueles que colocam uma ênfase indevida na Lei tendem, como vimos no capítulo 3, a ater-se demasiado avidamente à "letra da Lei" e não ao seu "espírito". Ao fazer isso, as pessoas rígidas tendem a encontrar brechas na Lei para justificar a sua própria desobediência, pois não suportam admitir a sua rebelião a si mesmas e aos outros. A falsa dicotomia entre direito e facto, criada pelos jansenistas, era uma desculpa que repetiam a si próprios a fim de aliviarem a sua consciência quando desobedeciam à mente e vontade manifestas do Papa, ao mesmo tempo que afirmavam que estavam perfeitamente dentro dos limites permitidos pela fé católica, independentemente do que o Papa dissesse ou pensasse. Assim, a *Enciclopédia Católica* diz corretamente:

> É evidente que, além do apego ao *Augustinus* e do rigorismo nos costumes, [o jansenismo] distingue-se entre as heresias pela astúcia, pela trapaça e pela falta de franqueza dos seus adeptos, sobretudo pela pretensão de permanecerem católicos sem renunciar aos seus erros, de ficarem na Igreja para estarem contra a própria Igreja, iludindo habilmente ou enfrentando impunemente as decisões da autoridade suprema.[55]

---

[55] Ibid.

Capítulo 8: Jansenismo e Rigorismo 289

Rigorismo, Laxismo e Probabilismo

Havia outras razões para o Papa ter buscado esta "paz de Clemente IX", para além do receio de um cisma. Outros erros, nomeadamente de tendência laxista, eram vistos na altura como sendo mais prementes – e os jansenistas eram vistos como aliados naturais nesta luta contra o laxismo. Inocêncio XI utilizou a produção literária de Antoine Arnauld para fundamentar a sua condenação de certas opiniões laxistas defendidas por alguns teólogos morais do seu tempo.[56]

Blaise Pascal foi particularmente veemente nas suas críticas contra o alegado laxismo moral da casuística e teologia jesuítas.[57] Além disso, Arnauld escandalizara-se com as tentativas de inculturação por parte dos missionários jesuítas, como os "ritos chineses", que tentavam incorporar elementos culturais chineses na liturgia para melhor evangelizar aquela cultura. Os jesuítas justificavam-se apelando às "virtudes pagãs", conhecidas pela razão natural, inscritas no coração dos homens.[58] Estas virtudes pagãs podiam ser utilizadas como um ponto de partida para atingir objetivos missionários. O conceito de virtude pagã era, de facto, bastante tradicional, baseando-se nas quatro virtudes cardeais de Aristóteles, que Aquino incorporou na sua teologia. Mas Arnauld chegou ao ponto de negar a existência de virtudes pagãs, uma vez

---

[56] O'Connor. "Jansenism," 327. Ver também Forget. "Jansenius and Jansenism."

[57] O'Connor. "Jansenism," 326. Ver também Forget. "Jansenius and Jansenism." Ver ainda Radner. "Early Modern Jansenism," 440.

[58] Rom 2,14-15.

que *ninguém* é virtuoso. Se os cristãos eram incapazes de virtude, quanto mais os não-cristãos! Todas as tentativas de inculturação eram, portanto, uma loucura.[59] Além disso, os jansenistas desconfiavam também do que consideravam ser abusos de piedade nas devoções populares.[60]

O jansenismo conduzia à rigidez moral, devido à sua antropologia pessimista e à sua teologia predestinacionista, de uma forma semelhante à dos puritanos. De facto, os paralelismos entre o jansenismo e o puritanismo são notáveis em certos aspectos. Tal como os puritanos, os jansenistas desconfiavam das atividades que tendiam a considerar hedonistas, como a música ou o teatro. Ambos os movimentos acreditavam que podiam reformar a Igreja através da sua pureza moral.[61] Finalmente, ambos eram agostinianos – ou assim pensavam.

No entanto, apesar de todas as suas semelhanças, os jansenistas abominavam o calvinismo. Para eles, Calvino falhara da mesma forma que o seu inimigo natural Molina falhara: tanto o calvinismo o molinismo pareciam subestimar a transformação exercida pela graça de Deus sobre a pecaminosidade humana durante o processo de redenção. Tanto o calvinismo como o molinismo pareciam encontrar garantias de salvação onde elas não existiam: o primeiro no princípio de "uma vez salvo, sempre salvo", em que a pessoa é salva apenas pela fé, mas de uma vez por todas; o segundo por causa de uma "salvação baseada em obras",[62] típica das caricaturas

---

[59] Radner. "Early Modern Jansenism," 440.
[60] Forget. "Jansenius and Jansenism."
[61] Palmer. *Jansenism and England*, 133.
[62] Ibid., 212-213.

Capítulo 8: Jansenismo e Rigorismo

católicas prevalentes naquela época. No entanto, pode-se argumentar que a razão pela qual o jansenismo era tão hostil ao calvinismo não era tanto teológica, mas atitudinal: para o jansenista, devia-se sofrer pela verdade a partir do *interior* da Igreja; a pureza moral não era uma justificação para romper a comunhão com a Igreja, mesmo que esta fosse corrupta.[63] Podia-se dizer que, enquanto Lutero e Calvino "haviam travado uma guerra aberta, o jansenismo era uma conspiração secreta a partir de dentro".[64]

É interessante notar como, ao mesmo tempo, se desenrolara um debate paralelo no domínio da teologia moral entre rigorismo e laxismo. Não se trata de rótulos cunhados por teólogos modernistas, mas de movimentos bem definidos e reconhecidos como tal dentro da teologia moral. "Rigorismo" foi uma palavra cunhada por volta de 1670 nos Países Baixos espanhóis como termo depreciativo contra aqueles que acreditavam numa absolvição tardia dos penitentes, de modo a suscitar uma contrição mais profunda antes da absolvição. Quanto ao "laxismo", trata-se de uma calúnia mais recente (do século XVIII), mas que denota conceitos já discutidos no século anterior sob a designação de "*relâchement*" (que significa "relaxamento").[65]

O rigorismo e o laxismo passaram a ser conhecidos como os dois opostos polares de uma questão: relativamente a uma escolha moral, é lícito ou não seguir a opção menos segura? Para compreendermos bem o que isto significa, é necessário um pouco de contexto. Se uma

---

[63] Radner. "Early Modern Jansenism," 440.
[64] Dalgairns. *The Devotion to the Heart of Jesus*, 6.
[65] Van Hove. "Brief Notices: Quantin, Jean-Louis. *Le Rigorisme chrétien*," 171-2.

lei proíbe uma determinada ação, os sujeitos devem abster-se dessa ação, a menos que tenham algum tipo de isenção especial. Por outro lado, se uma lei não proíbe uma ação, então o sujeito pode praticar essa ação se assim o entender. Até agora, não há nada de controverso. Mas nem sempre tudo é tão claro. Por vezes, pode haver dúvidas sobre se uma lei proíbe realmente uma determinada ação. Se for esse o caso, o que deve o sujeito fazer? Deverá apostar no lado da lei ou no lado da liberdade?[66]

Apostar no lado da lei é o que se chama de "opinião segura". Mas isso não significa que seja a "opinião mais provável". Normalmente, para determinar qual é a opinião mais provável, recorrer-se-ia a um consenso de "homens prudentes" (teólogos notáveis pela sua prudência e erudição), que se tinham convencido dessa opinião por argumentos intrínsecos ou extrínsecos. Mas quantos destes "homens prudentes" seriam necessários para formar um consenso? Aí residia o cerne da questão.[67]

O laxismo defendia que a opinião menos segura podia ser seguida com a consciência tranquila, mesmo que fosse apenas ligeiramente provável. O rigorismo, por outro lado, defendia que só se podia seguir a opinião menos segura se fosse muito provável, quase certa.[68] Dito de uma forma simples, dever-se-ia sempre pecar pelo lado da lei, exceto em assuntos em que se tivesse quase a certeza de que era permitido pecar pelo lado da liberdade. Por esta razão, o rigorismo foi também por vezes apelidado de tuciorismo, do latim

---

[66] Harty. "Probabilism."
[67] Ibid.
[68] Ibid.

Capítulo 8: Jansenismo e Rigorismo

"*tutior*", que significa "mais seguro".[69]

Alguém que não esteja familiarizado com estes debates poderia pensar que a doutrina católica seria tuciorista, mas estaria enganado. Nem o laxismo nem o rigorismo jamais obtiveram reconhecimento geral entre os teólogos morais católicos. De facto, ambos foram condenados pelo magistério da Igreja, como veremos mais adiante. Pelo contrário, a doutrina católica tendeu a preferir posições moderadas entre os extremos laxista e rigorista.[70] Entre essas posições moderadas, podemos enumerar, em termos gerais:

- Probabilismo: Pode-se seguir a opinião menos segura (ou seja, o lado da liberdade em oposição à lei) se essa opinião for *solidamente provável* (o que significaria, na prática, a opinião de cinco ou seis "homens prudentes");
- Equiprobabilismo: Pode-se seguir a opinião menos segura se esta for *tão provável como* (ou seja, tiver a mesma probabilidade que) a opinião segura;
- Probabiliorismo: Só se pode seguir a opinião menos segura quando esta é mais provável do que a opinião segura.
- Compensacionismo: Deve-se ter em conta não só a *probabilidade*, mas também a *importância* da lei; quanto mais importante for a lei e quanto menor for a probabilidade, maior deve ser a *utilidade compensatória* em seguir a opinião menos segura.[71]

---

[69] Redmond. "Conscience as a Moral Judgment," 401-2.
[70] Harty. "Probabilism".
[71] Ibid. Ver também Redmond. "Conscience as a Moral Judgment," 402-403.

Não é surpreendente que os jansenistas tivessem adotado a posição rigorista / tuciorista. O maior defensor do rigorismo na Universidade de Lovaina, o teólogo irlandês Sinnichius, era também um jansenista. Pascal, nas suas *Lettres Provinciales*, criticou severamente o probabilismo.

Mas este apoio jansenista não favoreceu a causa do rigorismo. Muito pelo contrário, entravou-a. O Papa Alexandre VII que, como vimos acima, emitiu duas bulas condenando o jansenismo, também censurou as *Lettres Provinciales* de Pascal em 1657. Algumas décadas mais tarde, as principais proposições rigoristas de Sinnichius seriam também condenadas pelo Papa.[72] Lentamente, a resistência ao jansenismo levou a Igreja a adotar o probabilismo ou o equiprobabilismo.

É evidente que os jansenistas não gostavam nada do probabilismo. Tal como o calvinismo e o molinismo (ver acima), o probabilismo parecia estar à procura de certezas de salvação onde elas não existiam. Ao basear-se numa doutrina de opiniões meramente prováveis, o probabilismo criara uma casuística formalista que estava demasiado ansiosa por se acomodar à fragilidade humana, sacrificando a necessária transformação moral que o pecador deveria sofrer.[73] O probabilismo, segundo os jansenistas, era prejudicial à vida espiritual dos fiéis, pois permitia ações que deviam ser proibidas. Os jansenistas acreditavam que o probabilismo conduziria inevitavelmente ao laxismo, porque as pessoas estão frequentemente inclinadas a considerar as opiniões como mais prováveis do que realmente são, baseando-se em

---

[72] Ibid.
[73] Palmer. *Jansenism and England*, 212-213.

argumentos frágeis. Além disso, não seria difícil encontrar cinco ou seis autores sérios que aprovassem opiniões laxistas. A única forma segura de evitar cair no laxismo seria adotar um sistema à prova de falhas como o rigorismo / tuciorismo.[74]

No entanto, o probabilismo não é um declive tão escorregadio para o laxismo como parece ser. Os argumentos a favor da probabilidade de uma opinião devem ser suficientemente sólidos para obter a aceitação de cinco ou seis homens prudentes. Além disso, esses homens prudentes devem ter recebido provas sólidas da sua prudência e da sua aprendizagem antes de a sua opinião ser considerada.[75] Além disso, como poderia o rigorismo ser mais fiável, se era defendido por hereges manifestos como os jansenistas?

Seria a opinião de peso de um certo homem prudente que faria pender definitivamente a balança da Igreja contra o rigorismo. Ele foi um dos maiores teólogos morais de todos os tempos: Sto. Afonso de Ligório (ver capítulo 2). Ninguém pode dizer que ele foi um laxista. De facto, Sto. Afonso é tido em grande estima mesmo entre aqueles que orgulhosamente se consideram rígidos contra as advertências do Papa Francisco.

Afonso debateu-se certamente com as inclinações rigoristas que lhe foram imputadas pela sua educação teológica. No entanto, o contacto com as experiências concretas das pessoas que procuravam a sua ajuda no sacramento da Reconciliação ajudou-o a moderar as suas inclinações rígidas. Como conta o Papa Francisco:

> O Santo Doutor, que se formou numa mentalidade moral

---

[74] Harty. "Probabilism".
[75] Ibid.

rigorosa, converte-se para a "benignidade" através da escuta da realidade. A experiência missionária nas periferias existenciais do seu tempo, a busca dos distantes e a escuta das confissões, a fundação e a orientação da nascente Congregação do Santíssimo Redentor, e ainda as responsabilidades como Bispo de uma Igreja particular levaram-no a tornar-se pai e mestre de misericórdia...

A conversão progressiva para uma pastoral decididamente missionária, capaz de proximidade em relação ao povo, de saber acompanhar os seus passos, de participar concretamente na sua vida, até no meio de grandes limites e desafios, levou Afonso a rever, não sem esforço, inclusive a metodologia teológica e jurídica recebida nos anos da sua formação: inicialmente caraterizada por um certo rigorismo, transformou-se em seguida em abordagem misericordiosa, dinamismo evangelizador capaz de agir por atração...

Portanto, *Santo Afonso não é nem laxista nem rigorista. Ele é um realista no verdadeiro sentido cristão*, pois compreendeu bem que no próprio coração do Evangelho aparece a vida comunitária e o compromisso com os outros.[76]

A evolução da mentalidade de Sto. Afonso passou de rigorista, a probabilista, a probabiliorista, a equiprobabilista. Este último

---

[76] Francisco. "Mensagem por Ocasião do 150º Aniversário da Proclamação de Santo Alfonso Maria de Ligório" (tradução do website do Vaticano).

sistema foi aquele que o teólogo adotou aquando das últimas edições da sua obra seminal: "*Theologia Moralis*".[77] Uma vez que esta obra se tornou num dos volumes mais influentes na teologia moral católica, tornou-se cada vez mais difícil para a Igreja condenar o probabilismo ou o equiprobabilismo sem cair na sua própria condenação.

À medida que a Igreja avançava lentamente na direção do probabilismo durante o século XVIII, a "paz de Clemente IX" estava destinada a quebrar-se. Afinal, tinha sido fundada sobre falsos pretextos e enganos jansenistas. Em 1701, iniciou-se uma discussão académica em torno do chamado "caso de consciência": poderia ser concedida a absolvição a um clérigo que tivesse certos sentimentos jansenistas, como o do silêncio respeitoso sobre questões de facto? Apesar de muitos estudiosos respeitados pensarem que tal poderia ser feito, isso expôs o ardil jansenista. O Papa Clemente XI não tardou a tomar o partido dos que votaram "não" nesta questão. Alguns anos mais tarde, ele condenou o "caso de consciência".

Clemente XI emitiu uma bula papal declarando que o silêncio respeitoso não era suficiente para obedecer à paz estabelecida pelo seu antecessor homónimo. Quando o Papa pediu ao clero e aos religiosos que aceitassem esta nova bula, muitos disseram que só o fariam "sem derrogar do que lhes dizia respeito no tempo da paz de Clemente IX".[78] Por outras palavras, a sua obediência tinha sido sempre uma farsa. Obedeciam com a boca, mas não com o coração (ver capítulo 3).

---

[77] Harty. "Probabilism".

[78] Forget. "Jansenius and Jansenism." Ver também Radner. "Early Modern Jansenism," 436-437.

Ordenou-se então que se arrasasse literalmente o convento de Port-Royal, e que as suas freiras fossem dispersas por outros mosteiros.[79] Clemente XI escreveu outra bula, intitulada "*Unigenitus*", condenando firmemente 101 proposições adicionais associadas a um novo livro jansenista, imaginativamente intitulado *Augustinus*.[80] Com *Unigenitus*, o jansenismo recebeu o seu golpe final.

No entanto, o jansenismo não morreu imediatamente. Permaneceu em França, sob um pretexto ou outro, até que as tendências anticlericais da Revolução Francesa tentaram erradicar todos os vestígios de religião (e, portanto, do jansenismo) do seio da consciência coletiva francesa.[81] No entanto, como veremos em breve, os resíduos do pensamento jansenista continuaram a contaminar o meio católico durante os dois séculos seguintes, "especialmente no rigorismo que durante muito tempo dominou a prática da administração dos sacramentos e o ensino da teologia moral".[82]

Eucaristia: não um prémio para a virtude

Outro ponto de discórdia entre jansenistas e protestantes era a Eucaristia. Os protestantes rejeitavam a doutrina católica tradicional da transubstanciação, segundo o qual o pão e o vinho se tornam

---

[79] Blanchard. "Are Jansenists among us?"
[80] Forget. "Jansenius and Jansenism." Ver também Radner. "Early Modern Jansenism," 436-437.
[81] O'Connor. "Jansenism," 332.
[82] Forget. "Jansenius and Jansenism."

Capítulo 8: Jansenismo e Rigorismo

verdadeiramente Corpo e Sangue de Cristo durante a consagração na missa. O Concílio de Trento, convocado em resposta à Reforma, tinha reafirmado o dogma da transubstanciação. Os jansenistas, que se viam como cumpridores da doutrina católica, naturalmente colocaram-se do lado de Trento nesta questão.

Em 1659, o notável líder jansenista Antoine Arnauld escreveu um prefácio para a liturgia eucarística usada pelas freiras de Port-Royal. Neste prefácio, Arnauld defendeu vigorosamente a transubstanciação, recorrendo a argumentos sólidos, alicerçados na tradição, para provar o dogma.[83] Ao envolver-se nesta controvérsia, Arnauld procurava também robustecer as suas credenciais como um pensador ortodoxo. Neste caso, não estava a escrever contra os jesuítas ou o papado, mas a defender princípios católicos inegáveis. A Igreja teria de reconhecer os seus argumentos como legítimos,[84] e isso poderia ajudar a teologia jansenista a penetrar lentamente na esfera intelectual e espiritual católica.

Infelizmente para ele, o tiro saiu-lhe pela culatra, pois, sem que Arnauld o soubesse, estava precisamente em rota de colisão com os jesuítas e o papado. Protestos começaram a ecoar em Port-Royal, escandalizados com a comunhão frequente de uma certa Marquesa de Sablé, filósofa, escritora e anfitriã de salões. A marquesa defendera-se ao afirmar que a sua receção eucarística viera na sequência de instruções do seu diretor espiritual jesuíta, que por sua vez se baseara na teologia molinista.[85]

Isso era inaceitável para Arnauld, que se pôs imediatamente a

---

[83] Hamilton. "From East to West," 83.
[84] Ibid., 84.
[85] Dougherty. *From Altar-Throne to Table*, 12.

escrever um longo tomo intitulado *De la fréquente Communion* ("*Da comunhão frequente*"), embora um título mais apropriado devesse ser "Da comunhão *in*frequente"[86] ou "*Contra* a comunhão frequente".[87] Este livro lançaria as bases para a teologia sacramental jansenista. O principal objetivo da obra era refutar a ideia de que as pessoas imorais pudessem expiar o pecado contínuo através da comunhão frequente sem arrependimento.[88] A Eucaristia era merecedora das mais elevadas venerações, pelo que o comungante deveria efetuar uma preparação rigorosa antes de participar no sacramento.[89] Não se podia arriscar a mais pequena hipótese de a Eucaristia ser profanada por uma comunhão sacrílega.[90]

É claro que isso também afetaria a maneira como os jansenistas viam o sacramento da Reconciliação. Eles tentaram recordar aos católicos que, nos primeiros séculos da história da Igreja, certos pecadores só eram readmitidos à comunhão após anos de penitência pública (ver capítulo 5). Encorajado por esta venerável tradição, Arnauld argumentava que o confessor tinha o dever de adiar a absolvição até ter a certeza da autenticidade da contrição do penitente.[91] Caso contrário, estaria a manipular a lei, absolvendo pessoas de pecados que nunca tinham sido abandonados, ignorando a necessária transformação moral do pecador pela graça de Deus.[92] A absolvição não remia o pecado, apenas declarava o pecado

---

[86] Ibid.
[87] Forget. "Jansenius and Jansenism."
[88] Orcibal. "*Les Provinciales*."
[89] Hamilton. "From East to West," 84.
[90] Dougherty. *From Altar-Throne to Table*, 13.
[91] Ibid.
[92] Palmer. *Jansenism and England*, 212.

perdoado, embora só fosse válida se o penitente tivesse alcançado uma contrição perfeita.[93] De facto, seria salutar para algumas almas que, mesmo depois da absolvição, se abstivessem da comunhão durante algum tempo, numa espécie de "jejum sobrenatural" para expiar os seus pecados prévios.[94]

O erro de Arnauld foi pegar nos ideais mais elevados da receção eucarística e transformá-los nos requisitos mínimos.[95] Os jansenistas não admitiam expetativas menores para os pecadores do que para os santos.[96] Como disse o Padre Ronald Know, um notável sacerdote católico do século XX: os rigoristas não compreendiam a máxima *"sacramenta propter homines"* ("os sacramentos são para o bem dos homens"). Prefeririam que a maioria das pessoas definhasse de sede num deserto sacramental, enquanto uma elite se tornava numa espécie de polícia eucarística, "pura como os anjos, orgulhosa como Lúcifer".[97] Um sacerdote do século XIX e discípulo de S. Cardeal Newman, o Padre John Dalgairns, também criticaria o movimento jansenista nestes termos:

> [O jansenismo] retira a Deus toda a longanimidade e compaixão com que a Sua graça se dirige ao pecador até ao fim; converte o nosso amorosíssimo Criador num tirano arbitrário, impondo ao homem leis demasiado severas para a sua fraca natureza, sem lhe dar poder sobrenatural para as

---

[93] Dougherty. *From Altar-Throne to Table*, 15.
[94] Ibid., 13.
[95] Ibid.
[96] Palmer. *Jansenism and England*, 212.
[97] Dougherty. *From Altar-Throne to Table*, 13.

cumprir. Tira a própria ternura de Jesus na cruz e destrói a graciosidade da Sua Paixão, pois sustenta que Ele, por uma ato distinto, manchou a suficiência total dos Seus sofrimentos, ao recusar oferecê-los a mais do que uns poucos eleitos.[98]

Apesar dos seus erros gritantes, da sua visão pouco misericordiosa e das suas setecentas páginas, *De la fréquente Communion* tornou-se um *best-seller* estrondoso. Esgotou num par de dias e teve quatro edições no primeiro semestre.[99] Como era de prever, enquanto as vendas aumentavam, a comunhão diminuía. A situação era tão má que alguns católicos estavam mesmo a abandonar os seus deveres pascais.[100] Um diácono parisiense escusou-se de comungar durante dois anos.[101] A partir daí, o "jansenismo" tornar-se-ia *a* palavra a culpar por qualquer diminuição na frequência eucarística, muito depois de o jansenismo enquanto movimento ter desaparecido.[102] Entre os que ficaram horrorizados com a diminuição do número de pessoas nas filas da comunhão, contava-se S. Vicente de Paulo[103]... e os jesuítas.[104]

A Companhia de Jesus tinha-se tornado a maior defensora da comunhão frequente. Estavam a defender uma tradição veneranda, uma vez que o seu próprio fundador, Sto. Inácio de Loiola, a tinha

---

[98] Dalgairns. *The Devotion to the Heart of Jesus*, 5.
[99] Dougherty. *From Altar-Throne to Table*, 13.
[100] Ibid.
[101] Forget. "Jansenius and Jansenism."
[102] Dougherty. *From Altar-Throne to Table*, 15.
[103] Ibid., 13.
[104] Hamilton. "From East to West," 84.

Capítulo 8: Jansenismo e Rigorismo

defendido. Aqui, Inácio estava a cumprir a vontade do Concílio de Trento.[105] Este concílio ecuménico não se tinha limitado a definir o dogma da transubstanciação; tinha pedido também a comunhão frequente:

> O sagrado Concílio deseja, de facto, que *em cada missa* os fiéis presentes comunguem, não só no desejo espiritual, mas também na participação sacramental da Eucaristia, para que assim possam obter deste santíssimo sacrifício um fruto mais abundante.[106]

O Concílio de Trento não estava a inovar, mas a recuperar das cinzas da história uma prática mais antiga e venerável. Na Igreja primitiva, os fiéis comungavam – ou esperava-se que comungassem – *sempre* que a missa era celebrada. Por vezes, as espécies sagradas eram mesmo levadas à casa dos comungantes, nomeadamente se estivessem doentes ou vivessem longe do local onde se celebrava a missa. Há mesmo relatos de santos que lamentavam a comunhão infrequente ou que repreendiam os fiéis por não comungarem mais vezes. Foi durante a Idade Média que esta prática tradicional e piedosa caiu em desuso.[107] O aumento da popularidade da adoração eucarística tinha levado a uma mudança da devoção para "longe do cálice e na direção da custódia",[108] tornando os fiéis mais hesitantes

---

[105] Dougherty. *From Altar-Throne to Table*, 6.
[106] Trento. 22ª Sessão, c. VI.
[107] Scannell. "Frequent Communion."
[108] Wedig. "Reception of the Eucharist."

em consumir a Eucaristia.[109]

Mas esta citação de Trento tornar-se-ia uma bandeira nas campanhas a favor da comunhão frequente durante os séculos seguintes.[110] A partir dos jesuítas dos séculos XVI-XVII, o movimento a favor da comunhão frequente cresceu para incluir também Sto. Afonso de Ligório no século XVIII,[111] e depois expandiu-se para os congressos eucarísticos do século XIX. Durante o mesmo século, os papas Pio IX e Leão XIII também recomendaram a comunhão diária como uma prática saudável.[112]

Mas um dos maiores defensores da comunhão frequente seria um certo Giuseppe Sarto, o cardeal-patriarca de Veneza. Informado pela sua prática pastoral enquanto sacerdote,[113] o patriarca tornou-se um entusiástico defensor da comunhão frequente. Sob a direção do Cardeal Sarto, Veneza acolheria o Congresso Eucarístico Italiano em 1897. Um ano mais tarde, ele faria com que o sínodo patriarcal adotasse a comunhão frequente.[114] Obviamente, o Cardeal Sarto manteve as suas ideias e a sua devoção à comunhão frequente quando foi eleito... Papa Pio X em 1903.

Um par de anos após a sua eleição, o novo papa tentou promover o movimento eucarístico, convidando o Congresso Eucarístico Internacional a reunir-se em Roma, sob os auspícios do próprio pontífice, com alguns dos seus cardeais mais ilustres como legados.

---

[109] Ver Gabriel. *Heresia disfarçada de tradição*, 165.
[110] Dougherty. *From Altar-Throne to Table*, 6.
[111] Scannell. "Frequent Communion."
[112] Ibid.
[113] Dougherty. *From Altar-Throne to Table*, 86.
[114] Ibid., 83.

Capítulo 8: Jansenismo e Rigorismo

No discurso de encerramento do congresso, Pio pediu aos sacerdotes que recomendassem a comunhão frequente. Ao mesmo tempo, Pio divulgou uma oração para encorajar a receção diária.[115]

Também em 1905, Pio encarregou a Sagrada Congregação para a Propagação da Fé de estudar e decidir sobre a questão da comunhão frequente. A Congregação produziu um decreto, que seria ratificado, confirmado e ordenado para publicação por Pio X, sob o nome de *Sacra Tridentina Synodus*.

Neste decreto, a Congregação e Pio X citaram o próprio Jesus, que nos ensinou a rezar pelo "pão nosso *de cada dia*"[116] e que contrastou a Eucaristia com o maná do Antigo Testamento[117] (tendo o maná sido também um pão quotidiano).[118] Pio e a Congregação também enumeraram muitos dos precedentes já mencionados acima como fundamentos tradicionais para a sua decisão. Em primeiro lugar, usaram a famosa citação do Concílio de Trento que se tinha tornado um elemento básico do movimento pela comunhão quotidiana. Depois, apresentaram dois precedentes papais: 1) um decreto de Inocêncio XI (o mesmo papa que condenara o laxismo usando os escritos de Arnauld) declarando "que todos os fiéis de qualquer classe... podem ser admitidos à comunhão frequente"; e 2) um decreto de Alexandre VIII condenando uma proposta de Baio, "exigindo um amor puríssimo a Deus, sem qualquer mácula ou defeito, por parte daqueles que desejam aproximar-se da Santa

---

[115] Ibid., 80.
[116] Mt 6,11.
[117] Jo 6,48-50.
[118] Ex 16,4.

Mesa".¹¹⁹

Pio e a sua Congregação também reiteraram a história da Igreja, explicando como os primeiros cristãos "se apressavam diariamente para esta mesa da vida", e como os "santos Padres e escritores da Igreja testemunham que esta prática foi continuada em épocas posteriores e não sem grande aumento de santidade e perfeição".¹²⁰ Pio, como muitos desde o século XVII, atribuiu o declínio desta prática ao surgimento do jansenismo:

> A piedade, porém, arrefeceu e, sobretudo posteriormente, por causa da praga generalizada do jansenismo, começaram a surgir disputas sobre as disposições com que se devia comungar frequente e diariamente...
>
> O veneno do jansenismo, que, sob o pretexto de honrar e reverenciar a Eucaristia, tinha infetado as mentes até dos homens de bem, não era de modo algum uma coisa do passado. A questão das disposições para a receção adequada e lícita da Sagrada Comunhão sobreviveu às declarações da Santa Sé, e era um facto que certos teólogos de boa reputação eram de opinião que a comunhão diária só podia ser permitida aos fiéis raramente e sujeita a muitas condições.¹²¹

É interessante como Pio X, tantas vezes defendido como um modelo de tradição e moralidade por aqueles que criticam Francisco, literalmente condenou a palavra "rigorismo" neste

---

¹¹⁹ Pio X. *Sacra Tridentina*.
¹²⁰ Ibid.
¹²¹ Ibid.

Capítulo 8: Jansenismo e Rigorismo 307

decreto:

> [Os] autores rivalizavam entre si, exigindo *condições cada vez mais rigorosas do que as necessárias para serem cumpridas.* O resultado de tais disputas foi que *muito poucos eram considerados dignos de receber a Sagrada Eucaristia diariamente,* e de derivar deste sacramento tão salutar os seus frutos mais abundantes; os outros contentavam-se em participar dela uma vez por ano, ou uma vez por mês, ou no máximo uma vez por semana. De facto, *o rigorismo* era tal que se excluíam classes inteiras de pessoas de uma aproximação frequente à Santa Mesa como, por exemplo, os comerciantes ou os casados.[122]

Para contrariar este rigorismo, Pio X propôs uma perspetiva saudável sobre a Eucaristia. É surpreendente como muitas das suas declarações refletem a muito difamada *Amoris Laetitia* do Papa Francisco. Por exemplo, enquanto a *Amoris Laetitia* salienta que a Eucaristia "não é um prémio para os perfeitos, mas um remédio generoso e um alimento para os fracos",[123] *Sacra Tridentina* diz que a Eucaristia não "serve como recompensa de virtude concedida aos destinatários", mas como um "antídoto pelo qual podemos ser libertos das faltas diárias e ser preservados do pecado mortal".[124]

Outro exemplo: enquanto *Amoris Laetitia* recorre à "lei da gradualidade" (já anteriormente exposta por S. João Paulo II),

---

[122] Ibid.
[123] Francisco. *Amoris Laetitia*, n351 (tradução do website do Vaticano).
[124] Pio X. *Sacra Tridentina*.

segundo a qual o ser humano "conhece, ama e cumpre o bem moral segundo diversas etapas de crescimento",[125] *Sacra Tridentina* explica como, graças à comunhão frequente, "os comungantes diários devem libertar-se *gradualmente* também dos pecados veniais e de todo o afeto a eles".[126]

Além disso, tal como a *Amoris Laetitia* baseia a sua disciplina sacramental na distinção entre pecado mortal e venial (tendo em conta circunstâncias atenuantes),[127] *Sacra Tridentina* ensina:

> Embora seja especialmente conveniente que aqueles que comungam frequente ou diariamente estejam livres de pecados veniais, pelo menos daqueles que são plenamente deliberados, e de qualquer afeto para com eles, contudo, *é suficiente que estejam livres do pecado mortal*, com o propósito de não pecarem no futuro...
>
> Os confessores, no entanto, devem ter o cuidado de não dissuadir ninguém da comunhão frequente ou diária, desde que se encontre *em estado de graça* e se aproxime com uma intenção correta.[128]

---

[125] Francisco. *Amoris Laetitia*, 295 (tradução do website do Vaticano).

[126] Pio X. *Sacra Tridentina*.

[127] Francisco. *Amoris Laetitia*, 301-3 (tradução do website do Vaticano). Note-se especialmente o parágrafo 301: "já não é possível dizer que todos os que estão numa situação chamada 'irregular' vivem em estado de pecado mortal, privados da graça santificante."

[128] Pio X. *Sacra Tridentina*. Alguns poderão objetar que *Amoris Laetitia* permite a comunhão a pessoas sem a "intenção reta", uma vez que não teriam o "propósito de não mais pecar no futuro". Mas esta resolução de não voltar a pecar deve ser lida à luz do que o Prof. Rocco Buttiglione escreveu

Capítulo 8: Jansenismo e Rigorismo

No final, Pio X resolveu a questão, definindo:

> A comunhão frequente e quotidiana, como prática ardentemente desejada por Cristo Nosso Senhor e pela Igreja Católica, deve ser aberta a todos os fiéis, de qualquer classe e condição de vida; de modo que *ninguém que esteja em estado de graça* e que se aproxime da mesa sagrada com uma intenção reta e devota (*reta piaque mente*) *possa ser proibido de a receber...*
>
> [A]pós a publicação deste decreto, todos os autores eclesiásticos devem cessar a controvérsia contenciosa sobre as disposições necessárias para a comunhão frequente e diária.[129]

Alguns académicos argumentam que o jansenismo, como movimento, já tinha então desaparecido há muito tempo, pelo que não podia ser responsabilizado pela falta de frequência eucarística durante o pontificado de Pio X. Em alternativa, mencionam como possíveis culpados, por exemplo, a crescente secularização e industrialização da sociedade, com a sua apatia espiritual e horários laborais estritos. Por conseguinte, o "jansenismo", tal como é

---

sobre este assunto: o pecador deve ter "o desejo de sair da sua situação irregular e esforçar-se por realizar atos que lhe permitam sair efetivamente de tal situação. É possível, no entanto, que o pecador não esteja numa fase em que possa realizar este desprendimento e reconquistar a sua própria soberania de forma imediata... *Ele deve, contudo, esforçar-se, de forma a manter a resolução, em conseguir deixar a situação de pecado*". Ver Buttiglione, *Risposte amichevoli*, 172.

[129] Pio X. *Sacra Tridentina.*

mencionado no decreto, não teria qualquer ligação com o movimento real, mas seria apenas uma calúnia para denotar uma repugnante aversão à Eucaristia.[130]

No entanto, os autores eclesiásticos dos séculos XIX e XX preocuparam-se de facto com os "remanescentes" da "doutrina e teologia" jansenistas. Como disse um deles: "Os hábitos são mais tenazes do que as doutrinas", na medida em que as práticas adquiridas durante as disputas jansenistas perduraram, mesmo que apenas devido à inércia natural da Igreja. É possível, contudo, traçar uma linhagem inegável entre essas mentalidades sacramentais: elas remontam a Jansénio.[131] Além disso, Pio X lamentava que: "nos nossos dias, a controvérsia tem continuado de forma mais acalorada, e não sem amargura, de modo que as mentes dos confessores e as consciências dos fiéis têm sido perturbadas, em detrimento não pequeno da piedade e do fervor cristãos".[132]

Seja como for, o decreto de Pio X parece ter sido bem recebido. Se houve resistência ao decreto, não foi sob forma impressa, pelo que não subsistiram provas disso até aos nossos dias. Talvez essa resistência não tenha sido intencional, mas apenas a superação da inércia eclesial acima mencionada.[133] No entanto, a comunhão quotidiana frequente é hoje relativamente incontroversa. Neste sentido, creio que as súplicas de Pio foram atendidas, quando ele rezou: "Que Ele [o Espírito Santo] dobre o que está rígido, inflame

---

[130] Dougherty. *From Altar-Throne to Table*, 15-6.
[131] Ibid.
[132] Pio X. *Sacra Tridentina*.
[133] Dougherty. *Do Altar-Trono à Mesa*, xxiv.

Capítulo 8: Jansenismo e Rigorismo

o que esfriou e traga de volta o que se extraviou".[134]

Todavia, creio que esses "remanescentes" da "doutrina e teologia" jansenistas sobreviveram até aos nossos dias. O Papa Francisco experimentou-os na sua própria vida, como recorda:

> [Q]uando o Papa Pio XII nos libertou da pesada cruz do jejum eucarístico. Não se podia beber nem uma gota de água – nem mesmo quando se escovava os dentes... quando era criança, fui confessar-me que tinha comungado, porque acreditava que tinha entrado uma gota de água. Por isso, quando o Papa Pacelli mudou a disciplina – "Ah, a heresia! Ele mexeu na disciplina da Igreja!" – muitos fariseus ficaram escandalizados. Porque Pio XII fez o que Jesus tinha feito: viu as necessidades do povo: "Os pobres, com tanto zelo!" Estes padres que rezavam três missas, a última à uma hora, depois do meio-dia, jejuavam. E estes fariseus eram assim – "a nossa disciplina" – rígidos na carne, mas, como diz Jesus, "apodrecidos no coração", fracos até à decomposição. Trevas no coração.[135]

Mas eu iria mais longe e atrever-me-ia a dizer que, hoje em dia, esses resíduos jansenistas se manifestam sempre que os católicos – sobretudo os mais resistentes ao magistério – parecem policiar as filas eucarísticas, colocando uma salvaguarda equivocada da dignidade do sacramento acima da sua finalidade suprema: conferir graça aos pecadores, para que não seja um prémio para os perfeitos,

---

[134] Pio X. *Il Fermo Proposito*, 27.
[135] Francisco. "Darkness of the Heart."

mas um remédio para os fracos.

Neste sentido, não deixa de ser irónico que o jansenismo, tentando combater o "semipelagianismo" de Molina, tenha acabado por adotar uma abordagem rígida, tornando-se tão semelhante àquilo que detestava:

> O jansenismo, entrelaçado com o pelagianismo, ensinava um falso estado perfecionista alcançável apenas pelo esforço humano, que não permitia erros; também enfatizava um rigoroso espírito de penitência pelos pecados e erros inevitáveis, bem como um medo constante da ira divina.[136]

---

[136] Schmidt. *Everything is Grace: The Life and Way of Thérèse of Lisieux*, como citado em Dougherty. *From Altar-Throne to Table*, 16.

Conclusão

Terminámos uma viagem pela história da Igreja, desde o século I até ao século XXI. Descobrimos que, ao contrário do que afirmam muitos dos seus críticos, o Papa Francisco não fabricou as suas constantes repreensões contra a rigidez a partir do nada. Desde o início, a Igreja teve de lidar com vários tipos de heterodoxias rígidas, que ameaçavam frustrar o projeto de misericórdia de Deus para com toda a humanidade. Então, como agora, a Igreja teve de superar a rigidez para que este projeto avançasse e frutificasse. Através da orientação do magistério vivo, a ortodoxia inevitavelmente prevaleceu – uma ortodoxia menos rigorosa do que a posição mais rigorosa disponível na altura.

Para ser claro, não estou a tentar argumentar que os católicos rígidos de hoje professam qualquer uma destas heresias do passado. Não tenho autoridade para condenar ninguém como herege. Mas penso que é importante aprendermos com estes erros passados, para podermos reconhecer vestígios dessas heresias na nossa própria mentalidade, e assim podermos corrigir o nosso rumo. Mais importante ainda, espero ter mostrado que escolher o caminho mais rigoroso não nos protege necessariamente de cair no erro. A rigidez não implica automaticamente fidelidade à doutrina católica.

Também não pretendo que este livro seja uma justificação para o laxismo. Como expliquei no capítulo 1, a rigidez não é um antídoto para o laxismo, mas um veneno completamente diferente. O verdadeiro antídoto para o laxismo é uma compreensão correta da praxis e verdades católicas, não a rigidez. Onde se situa esta compreensão correta? Como podemos encontrar o equilíbrio?

Conclusão

Como meros mortais, a nossa compreensão está demasiado toldada pela nossa natureza pecaminosa para que possamos ser juízes fiáveis deste equilíbrio, especialmente quando estamos a avaliar as nossas próprias almas. Neste caso, um terceiro pode dar-nos a objetividade necessária para sabermos quais são os nossos erros. Mas não um terceiro qualquer: um terceiro com autoridade dada por Deus para fazer tais determinações. Como vimos nos precedentes históricos deste livro, esse terceiro é Jesus Cristo, a própria encarnação de Deus... ou o magistério que Ele instituiu para ser o guia visível da Igreja na Terra. Sabendo isto, se o próprio Vigário de Cristo, que goza de "assistência divina no exercício integral da sua missão",[1] faz incessantes apelos contra a rigidez, a nossa resposta não deve ser desprezá-lo, mas prestar atenção. É bem possível que haja erros graves na nossa perceção da fé católica que tenhamos de corrigir. E, como vimos no capítulo 1, isso é tanto mais urgente quanto maior for a nossa tendência para a rigidez. Caso contrário, podemos acabar por racionalizar os nossos próprios erros sob a pretexto de uma falsa "fidelidade".

Também não podemos fazer como todas as heresias rígidas do passado, e censurar o Papa pelos seus ensinamentos contra a rigidez, sob o pretexto de que o laxismo está mais difundido, pelo que é mais urgente tratar desse erro primeiro. Os católicos fiéis são os que vão ao mundo para evangelizar e espalhar a Boa Nova. Como poderão cumprir esta nobre missão, se não compreenderam um aspeto tão central da nossa fé (sem dúvida, um dos mais importantes a apresentar aos pecadores aprisionados nas garras do laxismo) como

---

[1] CDF, *Donum Veritatis*, 24 (tradução do website do Vaticano).

a insondável misericórdia de Deus (ver capítulo 5)?[2] Como podem pedir aos pecadores que renunciem aos seus próprios preconceitos em favor de uma verdade superior, se os próprios fiéis agem como se fossem autossuficientes, confiando na perfeição das suas próprias obras (ver capítulo 6)? Como podem os fiéis pedir aos pecadores que aceitem ser corrigidos, se eles próprios rejeitam correção? Um mundo laxista e pecador espera ansiosamente pela mensagem cristã, e os fiéis ficam aquém dela devido à sua rigidez: já não são sal da terra, pois perderam o seu sabor.[3]

O Papa Francisco concedeu-nos um manancial de recursos para lidar com esta questão. Tentei reunir neste livro o maior número possível das suas intervenções sobre este assunto. O Papa não é ambíguo nem pouco claro neste tópico. Limita-se a falar de aspetos da nossa fé que muitos católicos – confiantes no seu conhecimento de outras partes da doutrina – não exercitaram plenamente e que, por isso, lhes soam estranhos. Se pararmos de procurar defeitos nas palavras de Francisco e, em vez disso, nos sentarmos para ouvir filialmente o nosso Santo Padre (como é suposto os católicos fazerem), iremos aperceber-nos dos padrões que vão surgindo, como tentei mostrar ao longo deste livro. Recordo-me particularmente de uma alocução papal aos catequistas, em que o Papa Francisco refere um precedente muito antigo, o do profeta Jonas:

Isto traz-me à mente a história de Jonas, uma figura muito

---

[2] Neste sentido, aconselho a leitura do meu artigo: Gabriel. "The Remnant: it is not what you've been told."

[3] Mt 5,13.

interessante, especialmente nos nossos tempos de mudanças e incerteza. Jonas é um homem piedoso, com uma vida tranquila e bem ordenada; isto leva-o a ter bem claros os seus esquemas e a julgar rigidamente tudo e todos segundo esses esquemas. Vê tudo claro, a verdade é esta. É rígido! Por isso, quando o Senhor o chama e lhe diz para ir pregar à grande cidade pagã de Nínive, Jonas não quer. Ir lá! Mas eu tenho toda a verdade aqui! Não quer ir... Nínive está fora dos seus esquemas, está na periferia do seu mundo. Então escapa, vai para Espanha, foge, embarca num navio que vai para aqueles lados . Ide ler o Livro de Jonas! É breve, mas é uma parábola muito instrutiva, especialmente para nós que estamos na Igreja.[4]

Como nos explica Francisco, a rigidez "significa, no fundo, pegar no chicote contra o Povo de Deus: 'não podes fazer isto, não podes fazer aquilo'. E assim, muitas pessoas aproximam-se, procurando um pouco de consolação, um pouco de compreensão, mas em vez disso são afastadas por esta rigidez".[5] Esta atitude torna-os "um povo fechado, um povo cujos ministros são rígidos".[6] Mas não é isso que somos chamados a ser, como Igreja:

Não podemos correr o risco de que um penitente não sinta a presença materna da Igreja que o acolhe e ama. Se faltar esta

---

[4] Francisco. "Discurso aos Catequistas vindos a Roma em Peregrinação" (tradução do website do Vaticano).
[5] Francisco. "Mediators or intermediaries."
[6] Francisco. "Salvation is drawn from rejection."

percepção, por causa da nossa rigidez, seria um dano grave em primeiro lugar para a própria fé, pois impediria que o penitente se visse inserido no Corpo de Cristo. Além disso, limitaria muito o seu sentir-se parte de uma comunidade. Ao contrário, nós somos chamados a ser expressão viva da Igreja que como mãe acolhe quem quer que se aproxime dela.[7]

Este é o caminho a seguir se quisermos, como Igreja, ser capazes de evangelizar eficazmente um mundo completamente secularizado e laxista, sedento do amor e da misericórdia de Deus (mesmo que inconscientemente), mas cansado e ferido pelos regimes totalitários do passado recente e pelo mau comportamento de tantos católicos individuais. Como o Papa Bento XVI tão bem o diz: "Ao início do ser cristão, não há uma decisão ética ou uma grande ideia, mas o encontro com um acontecimento, com uma Pessoa que dá à vida um novo horizonte e, desta forma, o rumo decisivo".[8]

A nossa fé não é uma fé de regras ou de leis, mas acima de tudo uma fé de amor e de liberdade. Como vimos no capítulo 2, não somos escravos da Lei, mas filhos de Deus. Quer isto dizer que podemos simplesmente quebrar os mandamentos? Não, de todo. Mas, como vimos no capítulo 3, os mandamentos devem ser vividos como expressão desse mesmo amor e dessa mesma liberdade, e não como um fardo (sobretudo quando esse fardo é imposto aos outros e não a nós próprios). Tudo o que subtrai esta perspetiva aos mandamentos, transformando-os em meras regras a cumprir

---

[7] Francisco. "Discurso no Encontro com os Missionários da Misericórdia" (tradução do website do Vaticano).

[8] Bento XVI. *Deus Caritas Est*, 1.

(mesmo enquanto se fazem grandes discursos sobre amor e liberdade), esvazia-os do seu significado espiritual e da sua força regeneradora. É este o grande perigo da rigidez.

Como escreveu S. João Paulo II na sua incontornável encíclica *Veritatis Splendor*, devemos reconhecer "o papel pedagógico da Lei".[9] "Ao homem, não é possível imitar e reviver o amor de Cristo unicamente com as suas forças"[10] (ver capítulo 6). A Lei, portanto, permite ao "homem pecador medir a sua fraqueza e retirando-lhe a presunção da auto-suficiência, abre-o à invocação e ao acolhimento da vida no Espírito" (ver capítulo 6).[11] Tendo isto em conta, é evidente que a utilização da Lei como "pedras mortas para as jogar contra os outros"[12] sairá sempre frustrada, pois ninguém pode cumprir perfeitamente a Lei senão Jesus Cristo.

Devemos, portanto, superar uma "interpretação legalista dos mandamentos"[13] "O amor e a vida segundo o Evangelho não podem ser pensados primariamente em termos de preceito, porque o que eles pedem supera as forças do homem: apenas são possíveis como fruto de um dom de Deus, que restaura, cura e transforma o coração do homem através da Sua graça".[14] Estas palavras, contidas numa encíclica tão venerada pelos críticos papais de hoje, são o núcleo da mensagem do Papa Francisco quando ele aborda os temas da

---

[9] João Paulo II. *Veritatis Splendor*, 23 (tradução do website do Vaticano).

[10] João Paulo II. *Veritatis Splendor*, 22 (tradução do website do Vaticano).

[11] Ibid., 23.

[12] Francisco. *Amoris Laetitia*, 49 (tradução do website do Vaticano).

[13] João Paulo II. *Veritatis Splendor*, 16 (tradução do website do Vaticano).

[14] Ibid., 23.

misericórdia e da rigidez. E é isso que precisamos de pôr em prática se quisermos realmente ser católicos fiéis. Rezemos, então, para que Deus cure a nossa rigidez, para que, dóceis à orientação do magistério, possamos cumprir a Sua Lei o melhor que pudermos, enquanto somos agentes da Sua misericórdia no mundo, levando o Evangelho aos pecadores e ajudando na sua conversão através da nossa benignidade e amor. Amém.

Bibliografia

Agostinho de Hipona. "Homilia 7 sobre a Primeira Epístola de S. João". Traduzido por H. Browne. *De Nicene and Post- Nicene Fathers*, Primeira Série, Vol. 7. Editado por Philip Schaff. Buffalo, Nova Iorque: Christian Literature Publishing Co., 1888. Revisto e editado para *New Advent* por Kevin Knight. http://www.newadvent.org/fathers/170207.htm.

Allen, John. "Next Sunday, remember that popes can admire resignation without dropping hints." *Crux*, 21 de agosto de 2022. https://cruxnow.com/news-analysis/2022/08/next-sunday-remember-that-popes-can-admire-resignation-without-dropping-hints.

Alt, Henry. "Newman, St. Catherine, and Pius X: Three Papalolators." *To Give a Defense*, 30 de junho de 2016. https://www.patheos.com/blogs/scottericalt/newman-st-catherine-and-pius-x-three-papalolators/.

Altieri, Christopher. "'Synodality' means whatever Pope Francis wants it to mean." *Catholic World Report*, 16 de junho de 2022. https://www.catholicworldreport.com/2022/06/16/synodality-means-whatever-pope-francis-wants-it-to-mean/.

Aquino, Tomás. *Summa Theologiae*. Traduzido pelos Padres da Província Dominicana Inglesa. Segunda Edição Revista, 1920. https://www.newadvent.org/summa/.

Aristóteles. *The Nicomachean Ethics*. Traduzido por W.D. Ross. Kitchener: Batoche Books, 1999.

Bavinck, Herman. "The Influence of the Protestant Reformation on the Moral and Religious Conditions of Communities and

Nations." *Mid-America Journal of Theology* (2014) 25, 75-81.

"Being 'Rigid' Is a Badge of Honor, Your Holiness." *One Peter Five*, 26 de setembro de 2019. https://onepeterfive.com/rigid-badge-honor/.

Benedictow, Ole. "The Black Death: The Greatest Catastrophe Ever." *History Today*, Vol 55, Nº 3 (março de 2005). https://tinyurl.com/bdhnpwsx.

Bento XVI. *Deus Caritas Est*. Libreria Editrice Vaticana, 2005. Vatican.va.

———. *Jesus of Nazareth: from the Baptism in the Jordan to the Transfiguration*. Nova Iorque: Doubleday Broadway Publishing Group, 2007.

Bergoglio, Jorge. *Reflexiones en Esperanza*. Avelladena: Ediciones Universidad del Salvador, 1992.

Bihl, Michael. "Fraticelli", *The Catholic Encyclopedia*. Vol. 6. Nova Iorque: Robert Appleton Company, 1909. http://www.newadvent.org/cathen/06244b.htm.

Blanchard, Shaun. "Are Jansenists among us?" *Church Life Journal*, 4 de outubro, 2019. https://churchlifejournal.nd.edu/articles/are-jansenists-among-us/.

Blumenthal, Uta-Renate. "Gregorian Reform". *Encyclopedia Britannica*, 23 de setembro de 2011. https://www.britannica.com/event/Gregorian-Reform.

Bray, Gerald. "Augustine and the Pelagian Controversy." *Tabletalk Magazine*, setembro de 2020. https://tabletalkmagazine.com/article/2020/09/augustine-and-the-pelagian-controversy/.

Browne, Christian. "*Misericordiae Vultus*: Mercy Without Repentance?" *Crisis Magazine*, 16 de abril de 2015.

https://crisismagazine.com/opinion/misericordiae-vultus-mercy-without-repentance.

Brugger, Christian. "Five Serious Problems with Chapter 8 of Amoris Laetitia." *Catholic World Report*, 22 de abril de 2016. https://www.catholicworldreport.com/2016/04/22/five-serious-problems-with-chapter-8-of-amoris-laetitia/.

Bryant, Joseph. "Decius & Valerian, Novatian & Cyprian: Persecution and Schism in the Making of a Catholic Christianity - Part I" *Athens Journal of History*. Abril de 2023, Vol 9, N° 2, 125-58.

———. "Decius & Valerian, Novatian & Cyprian: Persecution and Schism in the Making of a Catholic Christianity - Part II" *Athens Journal of History*. Abril de 2023, Vol 9, N° 2, 159-184.

Buccholz, Jennifer, Jonathan Abramowitz, Bradley Riemann, Lillian Reuman, Shannon Blakey, Rachel Leonard, Katherine Thompson. "Scrupulosity, Religious Affiliation and Symptom Presentation in Obsessive Compulsive Disorder." *Behavioral and Cognitive Psychotherapy*. 2019 Jul;47(4):478-492.

Buttiglione, Rocco. *Riscos Amichevoli para a crítica de Amoris Laetitia*. Ragione & Fede. Milão: Edizioni Ares, 2017.

Cameron, Euan. "Chapter 6: The Counter-Reformation." Em *The Blackwell Companion to the Bible and Culture*, Editado por John Sawyer. Malden: The Blackwell Publishing Ltd, 2006.

Chapman, John. "Donatists." *The Catholic Encyclopedia*. Vol. 5. Nova Iorque: Robert Appleton Company, 1909. https://www.newadvent.org/cathen/05121a.htm.

———. "Novatian and Novatianism." *The Catholic Encyclopedia*. Vol. 11. Nova Iorque: Robert Appleton Company, 1911.

http://www.newadvent.org/cathen/11138a.htm.

———. "Pope Cornelius." *The Catholic Encyclopedia*. Vol. 4. Nova Iorque: Robert Appleton Company, 1908. https://www.newadvent.org/cathen/04375c.htm.

Charlier, Michael. "What is 'indietrism' (backwardness) anyway?" *Rorate Caeli*, 15 de maio de 2023. https://rorate-caeli.blogspot.com/2023/05/what-is-indietrism-backwardness.html.

Chesterton, Gilbert. *The Everlasting Man*. São Francisco: Ignatius Press, 1993

Chretien, Claire. "Pope Francis on the young who like Latin Mass: 'Why so much rigidity?'" *LifeSiteNews*, 11 de novembro de 2016. https://www.lifesitenews.com/news/pope-francis-blasts-rigid-young-catholics-who-like-the-latin-mass/.

Congregação para a Doutrina da Fé. "Instrução *Donum Veritatis* sobre a Vocação Eclesial do Teólogo", 29 de dezembro de 1975. Vatican.va.

Cook, Donald. "A Gospel Portrait of the Pharisees." *Review & Expositor* (Primavera de 1987), 84.2: 221-233.

Dalgairns, John. *The Devotion to the Heart of Jesus; with an Introduction on the History of Jansenism*. Londres: Thomas Richardson and Son, 1853.

Delany, Joseph. "Scruple." *The Catholic Encyclopedia*. Vol. 13. Nova Iorque: Robert Appleton Company, 1912. http://www.newadvent.org/cathen/13640a.htm.

DeVille, Adam. "Rigidity in defense of the liturgy is no vice." *Catholic World Report*, 16 de novembro de 2016. https://www.catholicworldreport.com/2016/11/16/rigidity-in-defense-of-the-liturgy-is-no-vice/.

Devine, Arthur. "Passions." *The Catholic Encyclopedia.* Vol. 11. Nova Iorque: Robert Appleton Company, 1911. http://www.newadvent.org/cathen/11534a.htm.

Dicastério para a Comunicação. "O Brasão do Papa Francisco". Libreria Editrice Vaticana, 2019. Vatican.va.

Domingues, Claire e Pedro Gabriel. "World Youth Day and plastic containers: What really happened." *The City and the World.* 13 de agosto de 2023. https://thecityandtheworld.com/world-youth-day-and-plastic-containers-what-really-happened/.

Dougherty, Joseph. *From Altar-Throne to Table: The Campaign for Frequent Holy Communion in the Catholic Church.* ATLA Monograph Series, Nº 50 (Lanham: Scarecrow Press Inc, 2010.)

Douie, Decima. *The Nature and the Effect of the Heresy of the Fraticelli.* Manchester: Manchester University Press, 1932.

Douthat, Ross. "Jesus and the Pharisees: an extract from Ross Douthat's 'To Change the Church.'" *Catholic Herald*, 6 de abril de 2018. https://catholicherald.co.uk/jesus-and-the-pharisees-an-extract-from-ross-douthats-to-change-the-church/.

Duffield, Ian. "Difficult texts: Matthew 23." *Theology*, 2020, Vol. 123(I), 16-19.

Editores da *Encyclopaedia Britannica.* "Novatian." *Encyclopedia Britannica*, 2 de setembro de 2022. https://www.britannica.com/biography/Novatian.

———. "Pelagianism." *Encyclopedia Britannica*, 30 de maio de 2022. https://www.britannica.com/topic/Pelagianism.

———. "Puritanism." *Encyclopedia Britannica*, 21 de junho de 2023. https://www.britannica.com/topic/Puritanism.

England, Matthew. "The Reformers and the Heretics: The Reforms of the Mid-Eleventh Century Catholic Church and the Rise of Catharism." Honors Capstone Projects and Theses, 2017, 326. https://louis.uah.edu/honors-capstones/326.

Fernández, Victor. "El capítulo VIII de *Amoris Laetitia*: lo que queda después de la tormenta." *Medellín* (maio-agosto de 2017), XLIII, Nº 168, 449-68.

Finnis, Elizabeth. "Rebuild my Church." *Franciscan Seculars* (website). 13 de agosto de 2018. http://franciscanseculars.com/rebuild-the-church/.

Forget, Jacques. "Jansenius and Jansenism." *The Catholic Encyclopedia*. Vol. 8. Nova Iorque: Robert Appleton Company, 1910. http://www.newadvent.org/cathen/08285a.htm.

Francisco. "A daily struggle." 20 de novembro de 2015. Vatican.va.

———. "Address of His Holiness Pope Francis to Participants in the General Chapter of the Little Missionary Sisters of Charity." 26 de maio de 2017. Vatican.va.

———. "Address of His Holiness Pope Francis to the Pontifical Biblical Institute." 9 de maio de 2019. Vatican.va.

———. "A grandmother's lesson." 14 de dezembro de 2015. Vatican.va.

———. "A house not for rent." 5 de junho de 2014. Vatican.va.

———. *Amoris Laetitia*. Libreria Editrice Vaticana, 2016. Vatican.va.

———. "Angelus". 1 de novembro de 2021. Vatican.va.

———. "Angelus". 13 de novembro de 2022. Vatican.va.

———. "Angelus". 15 de setembro de 2019. Vatican.va.

———. "Angelus". 24 de março de 2019. Vatican.va.

———. "Angelus". 27 de março de 2022. Vatican.va.

———. "Atitudes que impedem de conhecer Cristo". 5 de maio de 2020. Vatican.va.

———. "Audiência Geral". 11 de janeiro de 2023. Vatican.va.

———. "Audiência Geral". 14 de abril de 2021. Vatican.va.

———. "Carta do Papa Francisco aos Presbíteros por Ocasião dos Cento e Sessenta Anos da Morte do Cura d'Ars". 4 de agosto de 2019. Dicastero per la Comunicazione - Libreria Editrice Vaticana, 2013. Vatican.va.

———. "Christians of action and truth." 27 de junho de 2013. Vatican.va.

———. "Coletiva de Imprensa durante o Voo de Retorno a Roma da Viagem Apostólica a Chipre e à Grécia". 6 de dezembro de 2021. Vatican.va.

———. "Coletiva de Imprensa durante o Voo de Retorno da Viagem Apostólica à Romênia". 2 de junho de 2019. Vatican.va

———. "Conferência de Imprensa do Sante Padre no Voo de Regresso a Roma da Visita Apostólica a Lesbos (Grécia)". 16 de abril de 2016. Vatican.va.

———. "Darkness of the Heart." 14 de dezembro de 2014. Vatican.va.

———. "Disciples of the Lord and not of ideology." 17 de outubro de 2013. Vatican.va.

———. "Discurso de Sua Santidade por Ocasião da Santa Missa de Encerramento do 52º Congresso Eucarístico Internacional". 13 de setembro de 2021. Vatican.va.

———. "Discurso do Papa Francisco à Comunidade do Pontifício Seminário Campano Inter-regional". 6 de maio de 2017. Vatican.va.

———. "Discurso do Papa Francisco à Cúria Romana para as Felicitações de Natal". 23 de dezembro de 2021. Vatican.va.

———. "Discurso do Papa Francisco à Delegação do 'Global Researchers Advancing Catholic Education Project'" 20 de abril de 2022. Vatican.va.

———. "Discurso do Papa Francisco a uma Peregrinação da Eslováquia por Ocasião do 200º Aniversário da Fundação da Eparquia de Presov", 6 de outubro de 2018, Vatican.va.

———. "Discurso do Papa Francisco aos Catequistas vindos a Roma em Peregrinação por Ocasião do Ano da Fé e do Congresso Internacional da Catequese". 27 de setembro de 2013. Vatican.va.

———. "Discurso do Papa Francisco aos Dirigentes e Funcionários do Jornal 'Avvenire' e seus Familiares". 1 de maio de 2018. Vatican.va.

———. "Discurso do Papa Francisco aos Fiéis da Diocese de Roma". 18 de setembro de 2021. Vatican.va.

———. "Discurso do Papa Francisco aos Jovens Consagrados". 17 de setembro de 2015. Vatican.va.

———. "Discurso do Papa Francisco aos Membros do Movimento Comunhão e Libertação". 15 de outubro de 2022. Vaticano.va.

———. "Discurso do Papa Francisco aos novos Bispos nomeados no último ano". 14 de setembro de 2017. Vatican.va.

———. "Discurso do Papa Francisco aos Párocos da Diocese de Roma". 6 de março de 2014. Vatican.va.

———. "Discurso do Papa Francisco aos Participantes dos Capítulos Gerais da Ordem Basiliana de São Josafat, da Ordem da Mãe de Deus e da Congregação da Missão". 14 de julho de

2022. Vatican.va.

———. "Discurso do Papa Francisco aos Participantes na Assembleia da Confederação Internacional da União Apostólica do Clero". 16 de novembro de 2017. Vatican.va.

———. "Discurso do Papa Francisco aos Participantes na Plenária da Congregação para o Clero". 1 de junho de 2017. Vatican.va.

———. "Discurso do Papa Francisco aos Participantes no 3º Encontro Mundial dos Movimentos Populares". 5 de novembro de 2016. Vatican.va.

———. "Discurso do Papa Francisco aos Participantes no Congresso Internacional Promovido pela Congregação para o Clero". 7 de outubro de 2017. Vatican.va.

———. "Discurso do Papa Francisco aos Participantes no Congresso Tomista Internacional Promovida pela Pontifícia Academia de São Tomás de Aquino". 22 de setembro de 2022. Vatican.va.

———. "Discurso do Papa Francisco aos Participantes no Curso de Formação do Movimento dos Cursilhos de Cristandade". 30 de abril de 2015. Vatican.va.

———. "Discurso do Papa Francisco aos Participantes no Curso Promovido pelo Tribunal da Penitenciária Apostólica". 12 de março de 2015. Vatican.va.

———. "Discurso do Papa Francisco aos Participantes no Encontro por Ocasião do XXV Aniversário do Catecismo da Igreja Católica promovido pelo Pontifício Conselho para a Promoção da Nova Evangelização". 11 de outubro de 2017. Vatican.va.

———. "Discurso do Papa Francisco aos Participantes no III Congresso dos Movimentos Eclesiais e das Novas

Comunidades". 22 de novembro de 2014. Vaticano.va.

———. "Discurso do Papa Francisco na Abertura do Congresso Eclesial da Diocese de Roma". 16 de junho de 2016. Vatican.va.

———. "Discurso do Papa Francisco no Encontro com os Missionários da Misericórdia". 9 de fevereiro de 2016. Vatican.va.

———. "Discurso do Papa Francisco no Encontro com os Sacerdotes, Religiosos e Religiosas, Diáconos, Catequistas, Associações e Movimentos Eclesiais de Chipre". 2 de dezembro de 2021. Vatican.va.

———. "Discurso do Santo Padre Francisco na Comemoração do Cinquentenário da Instituição do Sínodo dos Bispos". 17 de outubro de 2015. Vatican.va.

———. "Discurso do Santo Padre no Encontro com os Sacerdotes, os Diáconos, os Consagrados, os Seminaristas e os Agentes da Pastoral durante a Viagem Apostólica do Papa Francisco ao Cazaquistão". 15 de setembro de 2022. Vatican.va.

———. "Discurso do Santo Padre num Encontro com o Clero, os Consagrados e os Membros dos Conselhos Pastorais". 4 de outubro de 2013. Vatican.va.

———. "Entrevista Coletiva durante o Voo de Regresso a Roma da Viagem Apostólica ao Canadá". 29 de julho de 2022. Vatican.va.

———. *Evangelii Gaudium*. Libreria Editrice Vaticana, 2013. Vatican.va.

———. "Faith is not sold." 6 de abril de 2013. Vatican.va.

———. "Flour and yeast." 25 de outubro de 2016. Vatican.va.

———. *Gaudete et Exsultate*. Libreria Editrice Vaticana, 2018. Vatican.va.

———. "God of surprises." 8 de maio de 2017. Vatican.va.

———. "Half a life." 6 de outubro de 2016. Vatican.va.

———. "Homilia", 23 de janeiro de 2022. Vatican.va.

———. Homilia do Papa Francisco em Atenas – Sala de Concertos Megaron, 5 de dezembro de 2021. Vatican.va.

———. Homilia do Papa Francisco na Eucaristia por Ocasião do Ano Inaciano, 12 de março de 2022. Vatican.va.

———. Homilia do Papa Francisco na Santa Missa de Abertura da XIV Assembleia Geral Ordinária do Sínodo dos Bispos, 4 de outubro de 2015. Vatican.va.

———. Homilia do Papa Francisco na Santa Missa e Abertura da Porta Santa – Basílica de S. João de Latrão, 13 de dezembro de 2015. Vatican.va.

———. Homilia do Papa Francisco na Santa Missa e Bênção dos Pálios para os novos Arcebispos Metropolitanos na Solenidade dos Santos Apóstolos Pedro e Paulo", 29 de junho de 2021. Vatican.va.

———. Homilia do Papa Francisco na Celebração Matutina Transmitida ao Vivo da Capela da Casa Santa Marta. 15 de maio de 2020. Vatican.va.

———. Homilia do Papa Francisco na Santa Missa na Solenidade de Pentecostes, 24 de maio de 2015. Vatican.va.

———. Homilia do Papa Francisco na Santa Missa por Ocasião da Festividade de Nossa Senhora de Guadalupe, 12 de dezembro de 2015. Vatican.va.

———. Homilia do Papa Francisco no Domingo da Palavra de Deus, 23 de janeiro de 2022. Vatican.va.

———. Homilia do Santo Padre na Celebração das Vésperas com

Sacerdotes, Consagrados e Seminaristas, 20 de setembro de 2015. Vatican.va.

———. Homilia do Santo Padre na Santa Missa no Aeroporto Enrique Olaya Herrera, Medellín, 9 de setembro de 2017. Vatican.va.

———. "Letter of the Holy Father to the Priests of the Diocese of Rome." 7 de agosto de 2023. Dicastero per la Comunicazione - Libreria Editrice Vaticana, 2013. Vatican.va

———. "Mediators or intermediaries," 9 de dezembro de 2016. Vatican.va.

———. "Mensagem do Papa Francisco por Ocasião do 150º Aniversário da Proclamação de Santo Alfonso Maria de Ligório Doutor da Igreja". 23 de março de 2021. Vatican.va.

———. "Mercy first and foremost," 6 de outubro de 2015. Vatican.va.

———. *Misericordia et Misera*, Libreria Editrice Vaticana, 2016. Vatican.va.

———. "Não esqueçamos a gratuidade da revelação", 13 de março de 2020. Vatican.va.

———. "Never slaves of the law," 24 de outubro de 2016. Vatican.va.

———. "O que acontece quando Jesus passa". 22 de março de 2020. Vatican.va.

———. "O relacionamento com Deus é gratuito, é uma relação de amizade", 15 de maio de 2020. Vatican.va.

———. "Resistance vs. docility," 9 de maio de 2017. Vatican.va.

———. "Rigid but honest," 5 de maio de 2017. Vatican.va.

———. "Salvation is drawn from rejection," 1 de junho de 2015. Vatican.va.

———. "The holiness of negotiation," 9 de junho de 2016. Vatican.va.

———. "Three judges and three women," 23 de março de 2015. Vatican.va.

———. "Two wonders," 6 de fevereiro de 2017. Vatican.va.

———. *Vos Estis Lux Mundi*. Libreria Editrice Vaticana, 2019. Vatican.va.

———. "Witnesses to obedience," 27 de abril de 2017. Vatican.va.

Francisco de Sales. *Selected letters*. Tradução de Elisabeth Stopp. Nova Iorque: Harper & Brothers Publishers, 1960.

Frazier, Robin. "Major Influences Contributing to Michelangelo's Last Judgment, 1536-1541: The Commission, The Subject, The Sack Of Rome, and The Counter-Reformation." Tese de Mestrado em História da Arte (Universidade Estadual da Califórnia, Los Angeles, 2015).

Ferrara, Christopher. "Pope Pelagius?" *The Remnant*, 30 de maio de 2017. https://remnantnewspaper.com/web/index.php/articles/item/3219-pope-pelagius.

Gabriel, Pedro. *Heresia disfarçada de tradição*. São Luís: EnRoute Books and Media, 2024.

———. "Silence: the shield against Suspicious Man." *Where Peter Is*, 10 de dezembro de 2018. https://wherepeteris.com/silence-the-shield-against-suspicious-man/.

———. *The Orthodoxy of Amoris Laetitia*. Eugene: Wipf and Stock, 2022.

———. "The Remnant: it is not what you've been told." *Where Peter Is*, 8 de abril de 2019. https://wherepeteris.com/the-remnant-it-is-not-what-youve-been-told/.

Gleason, Maud. "Review of Stoicism and Emotion". *Common Knowledge*, 2009, Vol. 15, Nº 2, 214-215. Projeto MUSE: muse.jhu.edu/article/262211.

Grech, Mario. ""Synodality at the core of Pope Francis' ministry," *Vatican News*, 11 de março de 2023. https://www.vatican-news.va/en/vatican-city/news/2023-03/cardinal-grech-synod-bishops-pope-10th-anniversary-synodality.html.

Grondin, Charles. "Why Did Jesus Condemn the Practice of Corban?" *Catholic Answers*, 14 de julho de 2022. https://www.catholic.com/qa/why-did-jesus-condemn-the-practice-of-corban.

Hamilton, Alastair. "From East to West: Jansenists, Orientalists, and the Eucharistic Controversy", em Willemien Otten et al. *How the West was Won: Essays on Literary Imagination, the Canon, and the Christian Middle Ages for Burcht Pranger*. Leida: Brill, 2010, 83-100.

Harrison, Brian. "*Amoris Laetitia* Laxity Trickles Down to Parish Level". *One Peter Five*, 13 de junho de 2016. https://onepeterfive.com/amoris-laetitia-laxity-trickles-parish-level/.

Harty, John. "Probabilism". *The Catholic Encyclopedia*. Vol. 12. Nova Iorque: Robert Appleton Company, 1911. http://www.newadvent.org/cathen/12441a.htm.

Hickson, Maike. "Interview: Josef Seifert on the *Amoris Laetitia* Debate with Rocco Buttiglione." *One Peter Five*, 7 de novembro de 2017. https://onepeterfive.com/interview-josef-seifert-amoris-laetitia-debate-rocco-buttiglione/.

Hirsch, Emil, Kaufmann Kohler, Joseph Jacobs, Aaron Friedenwald,

Isaac Broydé. "Circumcision." *The Jewish Encyclopedia*, Nova Iorque: Funk & Wagnalls, 1901-1906. https://www.jewish-encyclopedia.com/articles/4391-circumcision.

Hitchens, Dan. "An Ambiguous Exhortation." *First Things*, 12 de abril de 2018. https://www.firstthings.com/web-exclusives/2018/04/an-ambiguous-exhortation.

Huckabee, Tyler. "Christians, Stop Using 'Pharisee' as an Insult." *Relevant Magazine*, 11 de agosto de 2021. https://relevantmagazine.com/faith/christians-stop-using-pharisee-as-an-insult/.

Hunwicke, John. "Indietrism again." *Fr Hunwicke's Mutual Enrichment*, 1 de dezembro de 2022. http://liturgicalnotes.blogspot.com/2022/12/indietrism-again.html.

"Hypocrite". *Merriam-Webster.com*. 2023. https://www.merriam-webster.com.

Igreja Católica, Ed. *Catecismo da Igreja Católica*. Libreria Editrice Vaticana, 1993. Vatican.va.

Inácio de Loiola. *Ignatius of Loyola: The Spiritual Exercises and Selected Works*. Editado por Georg Ganss. Nova Iorque: Paulist Press, 1991.

Ivereigh, Austen. *The Great Reformer: Francis and the Making of a Radical Pope*. Nova Iorque: Henry Holt and Company, 2014.

João Paulo II. *Familiaris Consortio*. Libreria Editrice Vaticana, 1981. Vatican.va.

———. *Ut Unum Sint*. Libreria Editrice Vaticana, 1995. Vatican.va.

———. *Veritatis Splendor*. Libreria Editrice Vaticana, 1993. Vatican.va.

Kaelber, Lutz. "Weaver into Heretics? The Social Organization of

Early-Thirteenth Century Catharism in Comparative Perspective". *Social Science History*, primavera de 1997, Vol. 21, Nº 1, 111-137.

Kaufman, Peter. "Donatism Revisited: Moderates and Militants in Late Antique North Africa," *Journal of Late Antiquity*, 2009, Vol 2, Nº 1, 131-142.

Kedmey, Dan. "How the Sistine Chapel spawned a public relations nightmare." *Ideas TED*, 26 de janeiro de 2016. https://ideas.ted.com/how-the-sistine-chapel-spawned-a-public-relations-nightmare/.

Kraus, Kelly. "Queer Theology: Reclaiming Christianity for the LGBT Community." *e-Research: A Journal of Undergraduate Work*, 2011, Vol 2, Nº 3, 99-110.

Kirsch, Johann. "Pope John XXII." *The Catholic Encyclopedia*. Vol. 8. Nova Iorque: Robert Appleton Company, 1910. http://www.newadvent.org/cathen/08431a.htm.

———. "Lapsi". *The Catholic Encyclopedia*. Vol. 9. Nova Iorque: Robert Appleton Company, 1910. http://www.newadvent.org/cathen/09001b.htm.

Kwasniewski, Peter. "How to Properly Understand the Role of the Papacy (Guest: Dr. Peter Kwasniewski)" por Eric Sammons. *Crisis Magazine*, 19 de agosto de 2022. https://www.crisis-magazine.com/podcast/how-to-properly-understand-the-role-of-the-papacy-guest-dr-peter-kwasniewski.

———. "Pope Francis's Hermeneutic of Anti-Continuity." *The Remnant*, 22 de dezembro de 2019. https://remnant-newspaper.com/web/index.php/articles/item/4708-pope-francis-s-hermeneutic-of-anti-continuity.

———. "True Obedience: A Key Consideration for Our Time." *One Peter Five*, 17 de dezembro de 2021. https://onepeterfive.com/true-obedience-a-key-consideration-for-our-time/.

Lamberigts, Mathijs. "Recent Research into Pelagianism with Particular Emphasis on the Role of Julian of Aeclanum." *Augustiniana*, 2002, Vol. 52, N° 2/4, 175-198.

Lambert, Malcolm "The Franciscan Crisis under John XXII." *Franciscan Studies*, 1972, Vol. 32, 123-143.

Lambert, Mark. "What Does the Pope Mean By 'Rigid'?" *De Omnibus Dubitandum Est*, 15 de fevereiro de 2022. http://marklambert.blogspot.com/2022/02/what-does-pope-mean-by-rigid.html.

Lawler, Phil. "Pope Francis Has Become a Source of Division." *Catholic Culture*, 27 de janeiro de 2017. https://www.catholic-culture.org/commentary/pope-francis-has-become-source-division/.

Leão XIII. *Aeterni Patris*, Libreria Editrice Vaticana, 1879. Vatican.va.

Le Bachelet. "Benoit XII." *Dictionnaire de Théologie Catholique. Tome Deuxième*. 13ª edição. Paris: Letouzey et Ané Editeurs, 1910, 653-669.

Leone, Pietro. "The Church and Asmodeus - Part 5, conclusion." Traduzido por Francesca Romana. *Rorate Caeli*, 6 de abril de 2017. https://rorate-caeli.blogspot.com/2017/04/the-church-and-asmodeus-part-5.html.

Lewis, Clive. *The Four Loves*. Nova Iorque: Harcourt Inc., 1960.

Lewis, Mike. "Pope Francis, neologisms, and doctrinal development." *Where Peter Is*, 2 de agosto de 2022.

https://wherepeteris.com/pope-francis-neologisms-and-doctrinal-development/.

———. "Why does Pope Francis pick on 'rigid Christians'?" *Where Peter Is*, 19 de outubro de 2018. https://wherepeteris.com/why-does-pope-francis-pick-on-rigid-christians/.

Ligório, Afonso. *Conscience: Writings from Moral Theology by Saint Alphonsus*. Traduzido por Raphael Gallagher. Ligório: Publicações Liguori, 2019.

———. *The Sermons of St. Alphonsus Liguori for All the Sundays of the Year*. 4ª edição. Charlotte: TAN Books, 1982.

LiMandri, Charles, "Faithful Catholics are condemned for being too rigid. They should wear the label proudly." *LifeSiteNews*, fevereiro 18, 2020. https://www.lifesitenews.com/opinion/faithful-catholics-are-condemned-for-being-too-rigid-they-should-wear-the-label-proudly/.

Ljubas, Zdravko. "Pope Francis: Corruption is an Ancient Evil, Devil's Dung." *OOCRP*, 4 de novembro de 2020. https://www.occrp.org/en/daily/13354-pope-francis-corruption-is-an-ancient-evil-devil-s-dung.

Loader, William. *Jesus' Attitude Towards the Law: A Study of the Gospels*. Michigan: William B. Eerdman's Publishing Company, 2002.

Longley, Clifford. "*Amoris Laetitia*: Pope Francis Has Created Confusion Where We Needed Clarity." *The Tablet*, abril 18, 2016. https://www.thetablet.co.uk/blogs/1/919/amoris-laetitia-pope-francis-has-created-confusion-where-we-needed-clarity.

Lowe-Martin, Aimee. "Comparing Penitential Acts: Why the Flagellants of 1349 were Condemned while those in 1260 were not." *The General*, 2022, Vol. 7, 96-102.

Luño, Angel. "Características y Temas Fundamentales de la Ética de la Virtud." (curso, Pontificia Università della Santa Croce, 9 de março de 2023).

———. "La Novedad de la Fe como Criterio de Interpretación y Actuación para la Existencia Moral" em *La Verdad os hará libres. Congreso Internacional sobre la Encíclica Veritatis Splendor*, ed. Carlos Scarponi, (Buenos Aires, Pontificia Universidad Católica Argentina–Ed. Paulinas, 2005), 235-54.

Mathews, Shailer. "The Council at Jerusalem." *The Biblical World*, Vol. 33, No. 5 (maio de 1909): 337-42.

McCusker, Matthew. "Key Doctrinal Errors and Ambiguities of *Amoris Laetitia*." *LifeSiteNews*, 9 de maio de 2016. https://www.lifesitenews.com/opinion/key-doctrinal-errors-and-ambiguities-of-amoris-laetitia/.

Ming, John. "Human Acts." *The Catholic Encyclopedia*. Vol. 1. Nova Iorque: Robert Appleton Company, 1907. http://www.newadvent.org/cathen/01115a.htm.

Morris, David. "Martin Luther as Priest, Heretic, and Outlaw: The Reformation at 500." *The Library of Congress*, 2 de janeiro de 2019. https://www.loc.gov/rr/european/luther.html.

Muhammad, Jeanette. "Pope Francis Issues Orders Aimed At Cracking Down On Vatican Corruption." *NPR*, 1 de maio, 2021. https://www.npr.org/2021/05/01/992710917/pope-francis-issues-orders-aimed-at-cracking-down-on-vatican-corruption.

Mullin, Robert. *A Short World History of Christianity*. Louisville: Westminster John Knox Press, 2008.

Myers, James. "Morality among Cathar Perfects and Believers in

France and Italy, 1100-1300." *Master's Theses*, 1976, 2385. https://scholarworks.wmich.edu/masters_theses/2385.

Nagy, Piroska, e Xavier Biron-Ouellet. "A Collective Emotion in Medieval Italy: The Flagellant Movement of 1260." *Emotion Review*, 2020, Vol 12, Nº 3, 135-145.

Newman, John Henry. *An Essay on the Development of Christian Doctrine*. 6ª Edition. Notre Dame: University of Notre Dame Press, 1989.

Novak, Michael. "The Holy Spirit did preside." *First Things*, agosto de 2012. https://www.firstthings.com/article/2012/08/ the-holy-spirit-did-preside.

O'Connor, Thomas. "Jansenism" em *The Oxford Handbook of the Ancien Régime*, editado por William Doyle, Nova Iorque: Oxford University Press, 2012.

O'Malley, John. *What Happened at Vatican II*. Cambridge: Belknap Press, uma impressão da Harvard University Press, 2010.

Ogliari, Donato. *Gratia et certamen: The Relationship between Grace and Free Will in the Discussion of Augustine with the So-called Semipelagians (Bibliotheca Ephemeridum Theologicarum Lovaniensium)*. Paris: Leuven University Press, 2003.

Oliger, Livarius. "Rule of Saint Francis," *The Catholic Encyclopedia*, Vol. 6. Nova Iorque: Robert Appleton Company, 1909. http://www.newadvent.org/cathen/06208a.htm.

Olson, Carl. "Digging into Pope Francis' remarks about the 'old Latin Mass', 'rigidity' and 'insecurity.'" *Catholic World Report*, 14 de novembro de 2016. https://www.catholicworldreport.com/ 2016/11/14/digging-into-pope-francis-remarks-about-the-old-latin-mass-rigidity-and-insecurity/.

Orcibal, Jean "*Les Provinciales* of Blaise Pascal". *Encyclopedia Britannica*, 19 de outubro de 2020. https://www.britannica.com/biography/Blaise-Pascal/Les-Provinciales.

Ó Riada, Geoffrey. "Pelagius to Demetrias." *Sullivan County* (blog), 3 de dezembro de 2003. https://sullivan-county.com/z/pelagius2.htm#3.

Palmer, Thomas. *Jansenism and England: Moral Rigorism across the Confessions*. Nova Iorque: Oxford University Press, 2018.

Park, Jae-Eun. "Lacking Love or Conveying Love? The Fundamental Roots of the Donatists and Augustine's Nuanced Treatment of Them." *Reformed Theological Review*, agosto de 2013, Vol. 72, Nº 2, 103-121.

Pelágio. "A letter from Pelagius." 413 d.C., https://epistolae.ctl.columbia.edu/letter/1296.html.

Perez, Echeverry. "Franciscanos, tras Ideals Utópicos," *Historia y Espacio*, 2007, Vol. 3, Nº 28, 65-91.

Pickup, Martin. "Mathew's and Mark's Pharisees," em *In Quest of the Historical Pharisees*, editado por Neuser, Jacob e Bruce Chilton, 67-113. Waco: Baylor University Press, 2007.

Pio X. *Il Fermo Proposito*. Libreria Editrice Vaticana, 1905. Vatican.va.

———. *Sacra Tridentina Synodus*, conforme publicado em EWTN. https://www.ewtn.com/catholicism/library/decree-on-frequent--daily-reception-of-holy-communion-2174.

Pio XII. *Humani Generis*. Libreria Editrice Vaticana, 1950. Vatican.va.

Pocetto, Alexandre. "Freedom to Love: A Close Reading of Francis de Sales' Letter of 14 October 1604 to Jane de Chantal." *Studies in Salesian Spirituality*, 2004. http://hosted.desales.edu/files/salesian/PDF/PocettoFreetoLove.pdf.

Pohle, Joseph. "Molinism." *The Catholic Encyclopedia*. Vol. 10. Nova Iorque: Robert Appleton Company, 1911. http://www.newadvent.org/cathen/10437a.htm.

———. "Pelagius and Pelagianism." *The Catholic Encyclopedia*. Vol. 11. Nova Iorque: Robert Appleton Company, 1911. http://www.newadvent.org/cathen/11604a.htm.

———. "Semipelagianism." *The Catholic Encyclopedia*. Vol. 13. Nova Iorque: Robert Appleton Company, 1912. http://www.newadvent.org/cathen/13703a.htm.

Pokorsky, Jerry. "Rigidity Dog Whistle." *The Catholic Thing*, novembro de 16, 2016. https://www.thecatholicthing.org/2016/11/16/rigidity-dog-whistle/.

"Pope Spits At Faithful Catholics Again," *Catholicism Pure & Simple*, 6 de maio de 2017, https://catholicismpure.wordpress.com/2017/05/06/pope-spits-at-faithful-catholics-again/.

Rádio Vaticano. "Pope Francis: if you want mercy, know that you are sinners" 21 de setembro de 2017. http://www.archivioradiovaticana.va/storico/2017/09/21/pope_francis_if_you_want_mercy,_know_that_you_are_sinners/en-1338134.

Radner, Ephraim. "Chapter 28: Early Modern Jansenism" em *The Oxford Handbook of Early Modern Theology, 1600-1800*, editado por Ulrich Lehner, Richard Muller e AG Roeber, Nova Iorque: Oxford University Press, 2016, 436-450.

Rackett, Michael. "What's Wrong with Pelagianism? Augustine and Jerome on the Dangers of Pelagius and his Followers" *Augustinian Studies*, 2002, 33:2, 223-237.

Redmond, Walter. "Conscience as a Moral Judgment: The Probabilist Blending of the Logics of Knowledge and Responsibility." *The Journal of Religious Ethics* (outono de 1998), Vol. 26, Nº 2, 389-405.

Reno, Russell. "Faith Amid Corruption." *First Things*, 8 de maio de 2019. https://www.firstthings.com/article/2019/05/faith-amid-corruption.

———. "A Stubborn Givenness." *First Things*, 11 de abril de 2016. https://www.firstthings.com/web-exclusives/2016/04/a-stubborn-givenness.

Scalnell, Thomas. "Frequent Communion." *The Catholic Encyclopedia*. Vol. 6. Nova Iorque: Robert Appleton Company, 1909. http://www.newadvent.org/cathen/06278a.htm.

Schaetzel, Shane. "How to Deal with Corruption in the Catholic Church." *Real Clear Catholic*, 10 de julho de 2022. https://realclearcatholic.com/2022/07/10/how-to-deal-with-corruption-in-the-catholic-church/.

Schneider, Athanasius. "Catholics are not called to blind obedience to the Pope." *LifeSiteNews*, 20 de fevereiro de 2017. https://www.lifesitenews.com/news/bishop-schneider-catholics-are-not-called-to-blind-obedience-to- the-pope/.

Schneider, Matthew. "Aquinas: Some Sins Worse Than Sexual Sins (Updated)." *Fr. Matthew P. Schneider, LC* (blogue), 10 de dezembro de 2021. https://frmatthewlc.com/2021/12/aquinas-some-sins-worse-than-sexual-sins/.

Schönborn, Christoph. "A Conversation with Cardinal Schönborn on '*Amoris Laetitia*.'" Entrevista por Antonio Spadaro. *La Civiltà Cattolica*, 1 de março de 2017. https://www.laciviltacattolica.com/conversation-cardinal-schonborn-amoris-laetitia/.

Serratelli, Arthur. "The faith confronting Neo-Pelagianism and Neo-Gnosticism." *Catholic News Agency*. 17 de maio de 2018. https://www.catholicnewsagency.com/column/53883/the-faith-confronting-neo-pelagianism-and-neo-gnosticism.

Sharp, Larry. "The Doctrine of Grace in Calvin and Augustine." *The Evangelical Quarterly* (abril-junho de 1980), 52.2, 84-96.

Skeel, David. "What Were Jesus and the Pharisees Talking About When They Talked About Law?" *Journal of Law and Religion*, 2007/2008, Vol. 23, N° 1, 141-146.

Soba, Juan. "Ética y Teología Moral", *SCIO*, Nov. 2011, Vol. 7, 77-115.

Sollier, Joseph. Michel Baius." *The Catholic Encyclopedia*. Vol. 2. Nova Iorque: Robert Appleton Company, 1907. http://www.newadvent.org/cathen/02209c.htm.

Squires, Stuart. "Jerome on Sinlessness: a *Via Media* between Augustine and Pelagius." *The Heythrop Journal*, julho de 2016, Vol. 57, N° 4, 697-709.

———. "Reassessing Pelagianism: Augustine, Cassian, and Jerome on the Possibility of a Sinless Life." Dissertação para o grau de Doutor em Filosofia (Faculdade da School of Theology and Religious Studies da Catholic University of America, 2013).

Staff, Toi. "Pope urged by Jews to take care over Pharisees talk." *The Times of Israel*, 12 de maio de 2019. https://www.timesofisrael.com/pope-urged-by-jews-to-take-care-over-pharisees-talk/.

Stravinskas, Peter. "Good Pharisees, bad Catholics, and the humble of heart." *Catholic World Report*, 1 de agosto de 2021. https://www.catholicworldreport.com/2021/08/01/good-pharisees-bad-catholics-and-the-humble-of-heart/.

Su, Kuen. "A Study on the Significance of Jesus' Pronouncement of the Seven Woes and Laments in Matthew 23." Tese de Doutoramento em Ministério (Faculdade do Southern Baptist Theological Seminary, 2021).

Toke, Leslie. "Flagellants." *The Catholic Encyclopedia*. Vol. 6. Nova Iorque: Robert Appleton Company, 1909. http://www.newadvent.org/cathen/06089c.htm.

Tranzillo, Jeffrey. "*Amoris Laetitia*, the Human Person, and the Meaning of Marital Indissolubility." *Homiletic & Pastoral Review*, 1 de agosto de 2016. https://www.hprweb.com/2016/08/amoris-laetitia-the-human-person-and-the-meaning-of-marital-indissolubility/.

"A Treatise Against Novatian by an Anonymous Bishop *Ad Novatianum*," conforme publicado em EWTN. https://www.ewtn.com/catholicism/library/treatise-against-novatian-by-an-anonymous-bishop-ad- novatianum-11427.

Trento, Concílio de. "6ª Sessão", 13 de janeiro de 1547. http://www.thecounciloftrent.com/.

———. "13ª Sessão", 11 de outubro de 1551. http://www.thecounciloftrent.com/.

———. "22ª Sessão", Capítulo VII, 17 de setembro de 1552. http://www.thecounciloftrent.com/.

van den Aardweg, Gerard, Claude Barthe, Philip Beattie, Jehan de Belleville, Robert Brucciani, Mario Caponnetto, Robert Cassidy, et al. "*Correctio Filialis de Haeresibus Propagatis*". 16 de julho de

2017. https://www.correctiofilialis.org/.

Van Hove, Brian. "Brief Notices: Quantin, Jean-Louis. *Le Rigorisme chrétien*. [Histoire du Christianisme.] (Paris: Les Éditions du Cerf. 2001. Pp. 161. 95F paperback.)" *The Catholic Historical Review* (janeiro de 2002), Vol. 88, Nº 1, 171-172.

Vaticano II, Concílio. *Gravissimum educationis*. 28 de outubro de 1965. Vatican.va.

Vilijoen, François. "Jesus' Teaching on the 'Torah' in the Sermon on the Mount." *Neotestamentica* Vol. 40, Nº 1 (2006): 135-155.

Vincent, Catherine. "Discipline du corps et de l'esprit chez les Flagellants au Moyen Âge." *Revue Historique*, julho / stembro 2000, T. 302, Fasc. 3 (615), 593-614.

Viss, Simon. "Augustine and the Donatist controversy." Artigo de investigação (Talbot School of Theology, 2018).

Weber, Nicholas. "Albigenses." *The Catholic Encyclopedia*. Vol. 1. Nova Iorque: Robert Appleton Company, 1907. http://www.newadvent.org/cathen/01267e.htm.

———. "Cathari," *The Catholic Encyclopedia*. Vol. 3. Nova Iorque: Robert Appleton Company, 1908. http://www.newadvent.org/cathen/03435a.htm.

Wedig, Mark. "Reception of the Eucharist Under Two Species." *Pastoral Liturgy*, 27 de novembro de 2010. http://www.pastoral-liturgy.org/re-sources/0705ReceptionEucharistTwoSpecies.php.

Welborn, Amy. "You indietrist, you." *Charlotte was both* (blogue), 11 de maio de 2023. https://amywelborn.wordpress.com/2023/05/11/you-indiestrist-you/.

Wijngaards, John. *The Ordination of Women in the Catholic Church: Unmasking a Cuckoo's Egg Tradition* Londres: Darton, Longman

& Todd Ldt, 2001.

Williams, Brian. "The Tragedy of *Traditionis Custodes* in Two Pictures." *Liturgy Guy* (blogue). 18 de outubro de 2022. https://liturgyguy.com/2022/10/18/the-tragedy-of-traditionis-custodes-in-two-pictures/.

Williamson, Zane. "Moral Rigorism and the Jansenist Monster under the Bed." *One Peter Five*, 23 de janeiro de 2017. https://tinyurl.com/4u5u883y.

Wooden, Cindy. "Texts of Argentina homilies come with pope's notes on preaching." *Crux*, 10 de novembro de 2016. https://tinyurl.com/2p9dta4y.

www.ingramcontent.com/pod-product-compliance
Lightning Source LLC
Chambersburg PA
CBHW050851160426
43194CB00011B/2109